省教育学院科研基金资助项目

思想与智慧

——龙江教育家型小学校长之论

主 编◎宋志辉 吴 宏

副主编◎孙长龙 姚 蓓

黑龙江人民出版社

图书在版编目（CIP）数据

思想与智慧：龙江教育家型小学校长之论／宋志辉，吴宏主编. — 哈尔滨：黑龙江人民出版社，2018.9
ISBN 978 - 7 - 207 - 11533 - 1

Ⅰ. ①思… Ⅱ. ①宋… ②吴… Ⅲ. ①小学—校长—学校管理—文集 Ⅳ. ①G627.1 - 53

中国版本图书馆 CIP 数据核字（2018）第 229110 号

责任编辑：孙国志
封面设计：鲲　鹏
责任校对：秋云平

思想与智慧——龙江教育家型小学校长之论
主　编　宋志辉　吴　宏
副主编　孙长龙　姚　蓓

出版发行　黑龙江人民出版社
地　　址　哈尔滨市南岗区宣庆小区 1 号楼
邮　　编　150008
网　　址　www. longpress. com
电子邮箱　hljrmcbs@ yeah. net
印　　刷　永清县晔盛亚胶印有限公司
开　　本　787×1092　1/16
印　　张　14
字　　数　250 千字
版　　次　2018 年 9 月第 1 版　2021 年 6 月第 2 次印刷
书　　号　ISBN 978 - 7 - 207 - 11533 - 1
定　　价　40.00 元

前　　言

　　教育家型校长的培养是一项系统工程,如果仅仅从培训的角度讲也是一项复杂的、综合性的培训。这种培训不仅需要前期精细的调研论证和整体设计,更重要的是中期过程中的细节优化与方案微调,以及后期智慧成果的绽放,正是这些新的灵动与创意使培训过程的价值意义更加凸显。教育家型校长培养的终极目的当然是培养出教育家,但这只是一种期待,这个逻辑并不成立,现实而直接的目的是培养出那些具有教育家诸多品质的教育实践者、行动者和创新者。基于此,我不能说本书的所有作者经过我们这样的培训都可以称作教育家,但我坚信这些校长确是在教育实践中与我们理想中的教育家形象最接近的人。

　　龙江教育家型小学校长培训班历经四年终于结出硕果了,本书汇集了他们的思想精华和实践特色。这四年也是我人生中或说在我的专业发展中最难忘的四年,如果说他们在研修中获得了专业进步,那么也可以说我和他们在相知、相学、相研、相信中共同成长。这四年我走遍了他们所在的学校,其中许多学校多次去过,他们在学校发展中所挥洒下的汗水和贡献出的智慧以及他们身上散发出的对教育事业的勃勃力量和对师生产生巨大影响的人格美德给我以深刻印记。他们在用先进的教育理念引领学校发展,他们在用文化的元素绘构学校教育的画卷,他们在创新中发展自我,他们在奉献中实现自我,他们在用理想、爱和包容编织绚丽多彩的教育梦想。我相信他们在明天的教育实践中还会不断地给人们展现出更多的精彩,为龙江教育这块黑土地播种下更多的绿色种子,哺育龙江教育苗壮成长。

　　本书由宋志辉、吴宏担任主编,孙长龙、姚蓓担任副主编,吴宏对全书进行了统稿,孙长龙、姚蓓对部分内容进行了编辑,最后由宋志辉定稿。

本书的出版得到了黑龙江省教育学院庄严院长的大力支持,也得到了学院党委吴涛书记的鼓励,在此特别致意感谢!同时也向本书的各位作者们致敬!在此,我也要感谢为教育家型小学校长培训班做出大量工作的我的同事吴宏、孙长龙和姚蓓三位老师,正是有他们的辛勤付出和四年培训探索之路上的真诚合作,才有我们这个培训项目的圆满完成。最后,还要感谢黑龙江人民出版社的编辑和领导给予的支持!

宋志辉

2018 年 8 月 8 日于哈尔滨

砥砺耕耘　不负使命

——写在教育家型小学校长培训班结业之际

宋志辉

黑龙江省教育家型小学校长培训班的结业大幕即将拉下,回首四年的培训历程,可以用六个字来描述:艰辛、喜悦与充实。如果把学习历程概括一下,可以分为四个部分,即第一部分"从实践开始",第二部分"从理性开始",第三部分"从共享开始",第四部分"从使命开始"。这四个部分逻辑递进又密切融合,构成了完整的体系。前三个部分是过程,后一个部分是责任与使命。

第一部分　从实践开始

2013 年 11 月,根据黑龙江省教育厅的文件精神,我们黑龙江省基础教育行政干部培训中心从全省 13 个市地和两个企业系统遴选出 23 名优秀小学校长组成了黑龙江省教育家型小学校长培训班,开创了省级名校长培养的新模式。这支队伍平均年龄 46 岁,全部拥有中教一级专业技术职称,是一支享誉龙江的卓越小学校长团队。2014 年,培训班依照培训计划奔赴广东台商子弟学校开始了"以打开视界为路标,以更新理念为目的,以反思问寻为方法,以团队合作为动力"的驻校培训模式。学习期间,学员们完成反思作业 200 余份,问题导出 100 余条,学习效果检测 150 余篇,学习笔记 23 本。圆满地完成了学习任务,得到了合作学校的充分赞许。在实践学习过程中,各位校长展现出了良好的学习风貌,和文明高雅的德行,为我省校长队伍树立了标杆形象。本次培训我们形成了如下认识:

1. 以学校实践作为培训的原点,符合校长们的认识习惯,得到了更多校长的欢迎。

2. 高起点的学校选择,更能够满足名校长们的理念需求。

3. 紧贴实际的课程设计,更适合校长们的操作性的管理需要。

4.专业的培训管理,更能激发校长们的学习自觉。

第二部分 从理性开始

理性的逻辑起点是概念,理性的过程是正确的判断和推断。教育家型校长的成长方向之一,就是理性能力特别是教育理性的发展。几年来,我们注重对校长们的理性能力的培养,力图通过提升校长们的教育理性促进教育思想的成熟。四年来,我们着重从三个方面培养校长们的思想理性,一是要求校长们阅读古今中外上百本经典的教育理论专著,一些校长写下了几十万字的读书笔记,校长们教育思想的系统性、全面性和理性深度有了较大的提高;二是我们通过布置课题研究进一步引领校长们的理性思维向学术性思维发展,在 20 位校长中,每人都有省级课题的立项和结题,发表专业论文 40 余篇,出版专著 30 余部,有四人评上了正高级职称,还有四人成为教育部领航班的学员,可以说,这既是学员们在研修期间所取得的成就,也是培训中生成的阶段性成果。三是通过课程培训,促进理性思维的方法掌握和理性精神的形成。我们把台湾多位知名的学者请过来和大陆的学者共同为我们提供了思想理性的盛宴,使我们对教育的认识进入了新境界,使我们对教育的理解进入了新殿堂,使我们对教育的发展进入了新梦想。通过对校长理性的导航,我们有以下感悟:

1.教育家型校长培养的核心是理性精神的成熟,这种精神包含思想的深刻与丰富。

2.教育家型校长的培养,是一个促进校长形成文化理性自觉的过程。

3.教育家型校长的学习,在某一阶段仍然需要专业团队的引领。

第三部分 从共享开始

共享是习近平同志提出的新时代需要秉持的重要发展理念。在教育家型小学校长的培养上,我们坚持这一理念并主要是通过两种方式进行。一是开展校长网上主题论坛,通过校长间的学习交流,思想碰撞,问题质疑和批判性学习达到思想交融,思想共享。在长达半年的论坛学习期间,校长们发言踊跃,观点鲜明,通过争纷辨识达成思想共识。论坛所取得的效果是显著的,受到了校长们的热评与响应。二是开展校长教育思想展示活动,促进学员间的相互学习和采长补短。从 2016 年开始至 2018 年 4 月,我们在全省 11 个市共举办了十六场教育家型小学校长的思想展示活动,扩大了影响,提升了教育家型小学校长培训班的知名度,得到了当地教育局领导、知名专家和广大校长们的认同。在历时两年的活动开展过程中,学员们认真准备,系统疏理自己的教育思想和办学实践,以最充实的内容和独具特色的形式展示出了校长学校管理实践中的智慧创新与思想成果。现在,已经形成了思想各异、和而不同、各具特色的教育思想。有以人本思想为核心的教育思想,有以生命思想为核心的教育思想,有以现代教育技术为核心的教育思想,有以传统文化为核心的教育思想等等,这些,已经成为这个班的思想财富。另外,学员们积极参加每一次活动,有的校长体弱多病,但依然坚持;有的校长家人需要照顾,但依旧没有请假;他们放弃了家务,放弃了难舍的工作繁忙,他们在培训中寻找到了追求,在学习的收获中寻找到了支撑和快乐!大家共同走过了春、夏、秋、冬。可以无愧地说,这就是教育人的情怀,这就是教育家应具有的品格。这些,又汇聚成了这个班的精神财富。通过培训的共享活动,我们有以下几点体会:

1. 能否共享思想是衡量教育家型校长的境界尺度。

2. 校长教育思想的完善是在不断地交流与启迪中完成的。

3. 有思想的人在一起会生成新的思想火焰。

4. 品格永远是教育家型校长的重要标识。

第四部分　从使命开始

四年的学习只是人生中的一次闪光,只是漫漫教育之路上的一个片断,教育家型校长终生追求的将是时代赋予的责任与使命。

作为教育家型校长,在新时代应该扮演什么样的角色,应当在社会中担负起什么责任?我的回答是,应该引领社会价值选择,应该回应社会对教育问题的追问与关切。

首先,作为教育家型校长应该成为教育规律的研究者,成为教育理念和教育价值的守护者。如果我们不能深刻地认识教育的规律、教育的本质、教育的本真,我们将失去对教育的话语。如果我们不能坚守最基本的教育公平、教育平等和人本教育等这些基本价值,我们就将失去做教育者的职业荣光。

其次,作为教育家型校长应该做教育思想的承载者、探索者和生成者。人类的教育思想是非常丰富的,校长们应该认真研究、传承与创新。这是我们做教育的选择。我们一定要站在前人教育的集大成基础上,研究自己所做的教育事业。我们要把每天所做的具体的教育实践,经过认真探索之后抽取出来形成自己所拥有的独特的教育思想。

最后,作为教育家型校长应当做一个教育实践的开拓者。从无到有是一种开拓,从旧到新也是一种开拓。但是,我们今天可以做得更好的是从有到还有,要做这样一个开拓者!当我们把抽象的理论和具体实践结合起来,就能够找到教育的追求和教育应该实现的目标。

我想把这样一段话作为结束语献给大家:

做教育要遵循教育的规律,做校长要守住教育的理念。思想上不保守,实践上不盲从,少一些功利,多一份奉献,做师生喜欢的教育,这或许就是教育的本真。

祝愿校长们在这条正确的教育之路上继续前行,实现我们共同的教育理想!

目　　录

为学生一生成长铺好第一块基石

——"阳光教育"践行探索

哈尔滨市师范附属小学校　石瑾娜

为人师要有大爱,学要有所长,教要有所专。为校长要有大气,育人要有法,治校要有方。我始终坚持着自己对教育的执着,为师的信念。在三十五载的光阴里,我用青春的无悔、勤奋的实践,努力为教育的明天描绘着对未来的企盼。我用我的耕耘,在人生履历上刻下了这样一串记载——

全国优秀教师,国家级骨干教师,享受国务院特殊津贴专家,全国五一劳动奖章获得者,首届全国教育改革创新杰出校长,全国十佳小学校长,全国优秀小学校长,全国 NOC 创新管理校长。黑龙江省特级教师,省数学"十佳"教师,省"三八"红旗手,第五届、六届省有突出贡献的中青年专家。

1984 年 7 月,我从哈尔滨师范学校毕业,分配到师范附属小学,一干就是 35 年。35 年,弹指一挥间。我送走了一批又一批老教师,迎来充满朝气的青年教师,从豪情满怀的青年到 54 岁的老教育人,始终有一种信仰:每个孩子都有成功的未来;始终有一份责任:为每一个选择附小上学的孩子家庭负责;始终有一个追求:做每个孩子成长的引路人;始终有一个教育的情怀:为孩子的一生成长铺好人生的第一块基石。

从一名班主任、教导主任、副校长到校长,虽然在同一所学校工作,所处的岗位不同,但对教育的挚爱与责任却始终没有改变。1984 年到 1997 年,我做了 13 年班主任、数学教师。1993 年 4 月我代表黑龙江省参加在南昌举行的"全国首届数学教师课堂教学比赛",作为一名青年教师我有幸参加了这次比赛,并以人教版四年级《分数的意义》一课获得了全国第八名——二等奖第一名,这是我教学生涯上的一个里程碑。1998 年 5 月哈尔滨市教育学院在我校召开"石瑾娜教学风格研讨会",在全市推广教学经验,我被评为哈尔滨市第一个数学名师。1997 年,我担任学校教导主任,1995 年破格晋升为黑龙江省特级教师。2002 年

4月提拔为副校长主管教学工作,2005年10月,我当选为师范附属小学校长。做一名教师,可以跟着学校干;而当校长,要当家,要让老师认同,更要带着老师一起干,要谋划学校的未来与发展。从"教学"走向"办学",我面临新的挑战。用什么样的教育思想? 办一所什么样的学校? 培养什么样的学生? 我的目标是实施阳光教育,为学生一生的成长铺好第一块基石,办一所孩子们喜欢的学校。现在,师范附小实施阳光教育已走过13个年头,我们在尝试、归纳、感悟,在不断实践、总结和反思,探索出一条阳光教育的办学之路。

一、"阳光教育"办学理念的阐释和提出

阳光代表着温暖、普惠、公平、活力、快乐、健康、和谐、向上等诸多含义。我们提出阳光教育的初衷就是用阳光的这些特征,培养孩子学会做人、公平竞争、乐观生活、健康心理、快乐成长。从教育的角度来说,阳光是一种语言、一种文明、一种行为、一种心态。阳光教育是充满尊重、充满理解、充满赏识、充满激励的教育;是倡导教师顺从天性、承认差异、追求阳光、宽容失败的教育;是引导学生相信自己、鼓励自己、超越自己的教育;是尊重每个学生的生命特质、挖掘每个学生的生命潜能的教育。

上任之初,我经常问自己:校长对一所学校的发展到底有多重要,孩子们在学校度过的五年时光,他们最有价值的收获应该是什么? 这种收获对孩子的影响会持续多久? 是毕业即逝? 是三年五年? 还是能让孩子受益终身? 定格在自己脑海中的答案就是:"有一个天天携一本书在校园里出入的校长,全校的师生就会喜欢读书;有一个把师生当主人的校长,校园里就会弥漫着民主的气息;有一个气质高雅的校长,师生们也就会像君子一样优雅;有一个脸上有着微笑的校长,校园里就会处处充满笑声。"校长的责任和使命就是:"踏踏实实做事,认认真真研究,在任能给学校留下一种精神、一套制度、一批名师和一种属于学校特有的文化。"

思考是实践的先导,要想办好一所学校,就要聚焦学校现有问题,认真分析学校的发展现状,于是我组织校领导班子、各层面的教师代表进行讨论、研究。总结出三大核心问题:

一是当时独生子女教育的心理问题。我国约有1/5左右的青少年都存在不同程度的心理行为问题,如自私、说谎、作弊、任性、焦虑、抑郁等。如何引导教育儿童和青少年拥有阳光健康心态,已经成为教育急需解决的重要问题。

二是附小学生多,教师压力大。附小江南江北两岸三地办学,三个校区拥有学生近5000人,教师200多人。教师平均年龄在29岁,70%的教师为独生子

女,是一支年轻的教师队伍,80后教师的心理状态更趋向于直率、张扬、感性,不会和家长沟通、交流。面对家庭教育的缺失,面对社会问题的困扰,面对学校工作强度大等诸多因素,他们势必形成巨大的心理压力,如何帮助他们排解压力,形成健康、阳光的师者心态是学校管理者探讨研究的重点问题。

三是家庭教育期望值较高。附小是一所市教育局直属小学,学生生源来自周边几所高校社区,学生基础素质高,家庭期望值也高,因此家长针对学校教育的期望就非常高。作为高校教师的学生家长不仅要求学校教会学生求知,更多的是要求学校教育引导孩子具备综合素质、阳光心态、健康体魄,追求具有前瞻性的创新教育、素质教育、多样性教育。

面对诸多教育问题,我们到底应该为学生提供什么样适合的教育?换位思考,站在孩子们的角度,大家勾画的是一所充满活力与生机、创造快乐和健康、打造积极与公平、感受温暖与和谐的阳光家园。于是附小确立了实施"阳光教育"的特色办学思想,提出了"用阳光心态,塑阳光少年,建阳光校园"的办学理念。

二、"阳光教育"特色校园的建设

"十一五"和"十二五"期间附小的阳光教育重点从三个层面去实施建设。一是建设气氛和谐、发展均衡、管理有序的阳光校园;二是打造学识广博、能力卓越、健康成长的阳光教师队伍;三是培养身心健康、主动学习、全面发展的阳光学生。

(一)实行阳光管理是实施阳光教育的重要保证

不断加强学校领导班子建设,打造一支思想过硬、作风过硬、工作过硬的领导团队,始终是班子建设的工作重点。在班子成员素质提升上,提出"立足岗位实际,树立道德垂范、专业引领、务实亲民"的领导形象,采取"科学用人,以用促提"的管理方法,增强全面为师生服务的能力。做到用人不疑,疑人不用,在工作中大胆放权,让中层领导有空间、有权力地施展才能、放手工作。制定领导干部工作职责,使领导干部树立"为人服务,奉献进取,身在其位,必负其责"的责任意识,与教师们一道学习,共同进步。

附小是参加国家制度改革法人治理结构的省内教育部门唯一一家试点单位,同时是哈尔滨市参加现代学校制度改革五所试点学校之一,制度的建立健全为学校阳光教育提供了有力的保证。学校董事会云集社会各界代表开展议事会活动。通过议事会的主题活动,走进学校,参与管理、参与教育,做好学校

及社会关注问题的沟通协调工作,促进学校的进步与发展;对学校发展及社会关注的热点问题,提出诸多合理化建议,很好地发挥监督沟通协调作用,体现了透明民主公平的学校阳光管理。

(二)培养阳光教师是实施阳光教育的坚实基础

学校在阳光教师职业与发展中提倡:师德素养、专业素养与文化素养的"343"专业培养工程理念。

"3"即阳光教师师德素养的提升采取三种措施。一是立规矩、严考评,规范教师教书育人的行为;二是抓思想、促师德,提升教师的精神境界;三是搭平台、创条件,给予教师更多人文关怀。形成"我为团队多付出,团队优秀我光荣"的良好氛围。

"4"即阳光教师专业素养提升采取四种途径:一是实施专业化培训,以内涵促发展。从多种渠道开展了课堂教学、专业技能岗位大练兵活动。二是建立学习型团队,以学习促发展。把学习型团队建设作为教师专业发展的有效平台,积极推进良师兴教、名师兴校策略。三是开发联动式帮扶,以引领促发展。学校积极探索"校际交流,区校联动,挂职培训"的特色联动式帮扶模式,充分发挥名校特色办学和优秀教师示范、引领和辐射作用。四是搭建多元化平台,以实践促发展。多次接待英、美、日、新加坡等国家的教育交流活动,并与他们建立联谊关系,成为省市对外交流的基地校。

"3"是阳光教师文化素养提升采取三种方法:一是组建提升阳光教师才艺水平的专业团队。教师舞团屡获全国、省、市教工文艺汇演金奖,百人合唱团屡次在汇演中荣获特等奖。二是组建提升阳光教师生活质量的健身团队。组建羽毛球队、篮球队、排球队、乒乓球队。三是组建提升阳光教师内涵修养的书香团队。开展阳光阅读工程,开展"漂书"活动,召开读书交流会。

(三)培养阳光学生是实施阳光教育的最终目标

附小在阳光少年身心培育与发展中提倡:"能力比知识更重要,开花比结果更值得欣赏,今天的我比昨天的我更进步"的评价理念,以"德育教育"为主线,引领学生有层次、有步骤地开展阳光教育活动。

1. 和谐校园,培养学生做身心健康的阳光少年

学校以在校园生活中熏陶和培养有道德的阳光少年为育人理念,通过开展"七彩阳光校园实践活动",使学生学会关心集体,乐于助人,成为一个个彰显美德的阳光少年。

阳光课程:结合学校阳光教育的办学特色,学校积极开发具有阳光特质和时代特征的校本课程,从构建"特色引领,多元发展,成就未来"的学校课程文化入手,努力培养"兴趣＋能力"的多元型学生,塑造"特长＋发展"的专业化教师队伍,建设"和谐、阳光、高质、特色"的校园文化,发挥学校自身的办学特色和资源优势,通过六种途径自主开发了20多门校本课程,呈现出五彩缤纷的学校课程文化景观。

一是将教育科研成果转化为礼仪教育、传统文化、多元评价素质教育等校本课程。

二是将校内课程资源转化为智能机器人、科技博览、头脑体操、经典相约等校本课程。

三是发挥教师自身特长优势,开发了中国结、形体、音律、琵琶、古筝、萨克斯、硬笔书法、软笔书法等校本课程。

四是把活动课提升为校本课程。结合各校区的优势,突出一校一亮点,将花样跳绳、中国武术、太极功夫扇进行重新开发,成为学校的校本课程。

五是充分利用家庭和社会教育资源,家校联动开发了多彩假期、快乐阅读、每日习字、家长课堂等校本课程。

阳光课堂:学校在探讨有效课堂教学,转变教与学方式的过程中,提倡"落实三个环节,提高四种能力",即:落实学生主动参与、乐于探究、勤于动手的三个环节,培养学生搜集和处理信息、获取新知识、分析和解决问题及交流与合作的四种能力。积极引领教师挖掘自身优势,分析学科特点,关注学生变化,提高育人能力。探索出一条"减轻学生过重课业负担,提高教育教学质量,培养全面发展阳光少年"的新路。2012年4月成功举办哈尔滨市减负现场会,附小的减负成果得到同行们的高度赞誉,中央电视台焦点访谈栏目还专题进行了报道。《哈尔滨日报》《新晚报》《生活报》《晨报》等新闻媒体也进行了重点报道。

阳光艺术:作为全国艺术教育先进集体,附小提出"让每个孩子具有艺术家的气质,让每个孩子具有演讲家的口才"的育人目标。学校组建阳光社团,成立电子琴、合唱、舞蹈、古筝、萨克斯、葫芦丝、琵琶、电声乐队等二十余个学生社团。小丁香乐队被市教育局任命为市中小学生乐团基点校;童声合唱团也曾多次在省、市、区合唱比赛中获一等奖。

阳光运动:倡导师生参与运动的理念是:"我运动,我健康,我快乐,我成长"。学校根据学生的年龄特点和实际能力水平,开发了花式跳绳、太极红扇、武术操、篮球操、轮滑等活动课。每月一特色,展示孩子们的运动技能。孩子们在阳光体育活动中不仅锻炼了身体,还体验着阳光运动带给他们的健康与

快乐。

阳光实践:建设校内生命体验馆、校史馆、图书馆、体育馆、天文馆、实验教室、古筝教室、舞蹈教室、书法教室、合唱教室、未来教室等十几个实践活动教室,把课堂搬到了家庭、社会和大自然。学校与社区联手建立了社区教育基地,与师范大学、消防、驻军武警部队、交警、科技馆、博物馆、大剧院、公园、大型企业等进行教育合作,组织学生开展寻找金灿灿的秋天,播种美丽的牵牛花,走进完达山、可口可乐生产基地、关东古巷、群力新区。亲近自然,体验生命,感受快乐的实践教育,提高了学生的实践能力。

阳光节日:研发"节日承载文化,教育传递文明"的特色节日道德教育手册,已经成为附小阳光德育教育的重要内容。2009 年学校首创的"校园科技节"更是让孩子们在探索中感受、体验着科技的奥秘。孩子们在实践中收获着快乐和能力。

阳光评价:提倡"能力比知识更重要,开花比结果更值得欣赏,今天的我比昨天的我更进步"的评价理念,探究出了具有附小特色的"学生阳光评价手册",建立"阳光少年"评价体系。通过"自评""互评""家校沟通""成果积累""心得感悟""实践纪实""教师评语""家长评语"等,使学生学会查找自身优点和不足,让学生在赏识中健康、快乐、阳光地成长。

2. 亲情体验,培养学生做懂得感恩的阳光少年

学校开展"孝敬父母,体验亲情"活动,从简单的家务劳动入手,培养孩子们的自理能力,从生活细节入手增强孩子们的感恩意识、节俭意识、劳动观念。让孩子在"亲情体验"实践活动中学会分担家务,关爱家人,做孝敬父母懂得感恩的阳光少年。通过开展"争当家庭自立小明星""我做父母小帮手""假如我是家长""今日菜价调查""我和妈妈逛超市"等家庭主题活动,让家长引导孩子放手去做,在实践的过程中勇于承担属于自己的责任,养成自立的良好习惯。

3. 社会实践,培养学生做有道德的阳光少年

学校将社区德育教育与学校德育教育紧密结合,变封闭式教育为开放式教育,把学校"小课堂"同社会"大课堂"结合起来,形成教育网络。通过开展"爱心奉献"活动,引导孩子们积极参加扶老助残,环境保护,文明出行等活动,在社会实践中做"爱心天使""社区义工""文明使者",使他们在关爱他人、奉献社会中感受真情、体验光荣、获得幸福,做敢于担当的有道德阳光少年。

教育学生做"爱心天使"。组织学生走进敬老院、福利院,为孤寡老人、残疾人、福利院儿童提供服务,帮助他们读书读报、打扫卫生、聊天谈心,解决实际生活中的困难,做有道德的"爱心天使"。

号召学生做"社区义工"。号召学生积极投身社区活动,参与社区卫生清洁、环境保护、植树护绿、公益宣传和文化活动,做有道德的"社区义工"。

倡导学生做"文明使者"。倡导学生广泛参与"讲文明 树新风"活动,学习宣传礼仪知识、文明出行、礼貌待人、乐于助人,做有道德的"文明天使"。

三、"阳光教育"办学取得的成果

"用阳光心态,塑阳光少年,建阳光校园",附小的教育像阳光普照万物一样,影响教师和孩子们幸福的一生。阳光教师、阳光学生、阳光课堂、阳光校园、阳光活动、阳光评价……在一次次的实践、总结、反思、再实践、再总结、再反思中,附小探索出一条"阳光教育"的办学之路。

(一)阳光育人模式,使附小收获丰硕成果

在阳光教育的引领下,十三年间附小培养了9000余名阳光少年,更有5000多人次在科技类、艺术类、体育类和教学竞赛中获奖。小丁香乐队被市教育局任命为市中小学生乐团基点校;童声合唱团也多次在省、市、区合唱比赛中获一等奖,名声享誉哈市;少儿舞蹈团成绩斐然,舞蹈《梦飞翔》参加全国少儿舞蹈比赛获金奖。学校科技小组参加全国DI活动大赛获达·芬奇大奖,并连续两年蝉联承重环节第一名。学校成为国际级机器人理事单位,连续多年在全国、省市地区比赛中获得团体一等奖,2012年还获得亚太地区参赛资格。松北校区的学生跳绳队成为亚洲跳绳联盟理事单位,花式跳绳展示还先后在中央电视台焦点访谈、省电视台少儿栏目、哈尔滨市电视台体育专栏播出,得到社会、家长的广泛认同,学校被评为全国足球试点学校。2012年4月我们学校成功举办哈尔滨市"减负现场会",附小的减负成果得到同行们的高度赞誉,中央电视台"焦点访谈"栏目还专题进行了报道。

2007年,附小开始印制记载阳光教育实施过程的年度"大事记",并开始设计使用《学生综合素质评价手册》。2008年阳光教育毕业画册开始印制,同年全新的阳光教育校本课程体系正式出台并在三个校区开始实践。2009年《我们与新课程共成长》手册印制并在全市交流,成功举办哈尔滨市新课程现场会。2008年被评为全国安全文明校园,2010年4月被省标准化评估验收组授予"黑龙江省优质品牌学校",2010年,附小"阳光教育"办学特色在全国中小学整体改革专业学术会议上被推广,2010年9月被评为"全国创新学校",2011年10月,学校组织教师编写的《走在阳光教育的路上》一书正式出版。2012年被授予"哈尔滨市首批特色学校"称号,2012年7月被教育部中国教师发展基金会

命名为"全国特色学校",2012 年,总结附小阳光教育办学特色的《走在阳光教育的路上》一书正式出版,2014 年我编著的《教育与梦想同行》一书出版。还有百名教师的文章发表或刊登《黑龙江教育》《哈尔滨教育》和附小的《悟语》《大事记》等校内刊物上。学校还先后被评为"全国创先争优先进集体""全国创新学校""全国绿色学校""全国艺术教育先进单位""全国教育信息化试点学校",黑龙江省"六个十佳"和谐单位、黑龙江省百姓口碑最佳单位、黑龙江省文明单位标兵。

(二)集团化办学,推广"阳光教育"办学模式

附小的阳光教育成果还体现在集团化办学的不断发展中。附小从实施集团化管理模式到成立教育集团(联盟)学校,共经历了两个阶段。第一阶段:学校实施"紧密型"自身集团化办学管理模式。第二阶段:建立"合作型"不同区域、不同管理主体的联盟式教育集团办学模式。

2017 年师范附小江南、江北三个校区在集团化办学模式的引领下不断壮大。2005 年建校的松北校区,三年学生人数由原来的 200 人增长为 900 人,翻了三番。五年由一所新建小学,快速成长为省级标准化优质学校。2016 年 9 月,松北校区拥有 34 个教学班,学生 1620 名。不仅满足了松北新区居民对优质教育的需求,也为拉动松北新区经济建设和发展做出了贡献。江南校区也扩大为 83 个教学班级,4400 名师生的庞大规模。生源的不断增加并没有削弱教育教学质量,附小在特色阳光教育的引领下,已经成为哈尔滨市办学规模最大的一所素质教育龙头学校、特色学校。

2015 年哈尔滨市各区县将名校集团化办学作为教育发展的核心平台,附小与南岗区、松北区学校尽管不是一个管理主体,但是作为哈尔滨市集团化办学的典型学校,附小一直致力于发挥直属优质学校的带动辐射作用,致力于推动教育均衡发展。因此,按哈尔滨市教育局要求,得到南岗区与松北区的信任,附小又一次承担了哈尔滨市集团化办学的重任,成立由附小牵头,红岩、和兴、建文、前进五个学校组成的"合作型"教育集团(联盟)学校。

(三)区域教育引领,彰显名校办学责任

为推动学校教育的不断提升,发挥优质教育资源的辐射和带动作用,肩负名校推动教育均衡发展的责任。师范附小还将阳光教育成果不断拓展和延伸,带领全体教师积极努力,在引领农村教育、带动新区建设、促进国际教育区域间的交流方面做出了较大贡献。

支援地方薄弱学校,带动城乡教育的均衡发展。通过"乡村教师进名校""手拉手帮扶结对""名师送教下乡"等多种形式的校际交流活动,帮扶薄弱学校9所,有11位教师支援农村教育一年以上,有30位名优骨干教师到阿城、宾县等9个县市进行讲学,共培训乡村教师4000多人次,培训西藏校长50余人次,充分发挥了名校特色办学和优秀教师的示范、引领和辐射作用。

省内示范,省外交流,使共建双方实现共赢。学校先后与英国埃维戴欧、新加坡、中国香港等地的三所学校建立友好合作关系,使师范附小成为省内示范、省外交流的窗口学校。学校先后接待日本、俄罗斯、美国、英国、新加坡等国际友好参观团,接待北京、广州及全国各地校长参观访问团30多次,接待铁力、伊春、绥化、通河、兰西等20余次交流学习。积极参加教育部组织的赴香港教育交流学习活动,选派最优秀的教师到香港交流学习一年,还在香港与黑龙江之间搭建了网络交流平台,实现了远程在线视频研讨活动。优势互补的教育创新发展尝试,使优质的教育资源达到"共享",让共建双方实现"共赢"。

四、"阳光教育"的思考与创新

我们的阳光教育,如今正站在一个新的发展起点之上,面临着新的重大的发展机遇。"落实核心素养,培育阳光新人"将作为阳光教育研究与探索的长期课题。

(一)阳光教育新起点、新背景

一是习近平总书记2016年9月10日在北京八一学校考察时,发出了"努力把我国基础教育越办越好"的号召,做出了"广大教师要做学生锤炼品格的引路人,做学生学习知识的引路人,做学生创新思维的领路人,做学生奉献祖国的引路人"的指示。

二是以确立阳光教育的生命观、生活观、生存观为标志的阳光教育理论体系构建的完成,为阳光教育的发展明确了方向。

三是致力于回答"培养什么人"这个教育根本问题的中国学生发展核心素养研究成果的正式发布,为阳光教育实践研究的深入标出了发展路径。

(二)阳光教育新途径、新内容

在新的发展起点、新的时代背景下,如何精准落实核心素养,探索阳光教育新途径? 为此,从2016年10月至今,学校从"阳光课堂构建""阳光德育""阳光体育""阳光阅读"等方面着力培养教师、学生素养;以"阳光文化"为内涵,引领

师生乐观豁达、积极向上的阳光品质,培养阳光人;以"道德文化"为底蕴,锤炼师生重道讲义、诚信端正的善良品格,培养中国人;以"国学文化"为引领,弘扬敏而好学、锐意进取的拼搏精神,培养读书人。

1."阳光课堂构建"——聚焦核心素养 打造高效课堂

2016年10月开始,每个月我们都会坚持举办教研系列活动,通过领导进课堂、骨干教师引领课、青年教师研讨课、320校本研修等方式探索学科核心素养培养策略与方法,造就能反思、有能力、懂引导的教师队伍,使核心素养在打磨与思辨中不断融合升华,在日常课堂教学中生根发芽。

2."阳光德育"——探究核心素养落地的力量

"立德树人"是我国教育的根本任务,既符合中国国情,又与世界教育趋势相呼应。一直以来,我校都在尽力为学生搭建平台,打造"行走的课堂",力求开展种类多样化、形式趣味化、参与全员化的活动,让孩子在动中学、学中悟,养成适应终身发展和社会发展需要的必备品格和能力,自主发展、创新实践。

3."阳光体育"——以体育人促成长 身心健康赢未来

师范附小始终重视学生和老师身心健康,致力于实践有效的阳光体育理念,根据学生的年龄特点和实际能力水平,开设花式跳绳、太极红扇、武术操、皮球操等活动课。定期开展特色体育活动月、运动会等活动,组织教师参与友谊赛、徒步郊游等活动,增强体魄,树立理想,塑造品格。

4."阳光阅读"——核心素养下的头脑风暴

读书交流会是学校校本研修的传统项目,也是老师们最喜欢的活动之一。老师们集思广益,迅速地获得大量的新设想与好创意,进一步认知核心素养。文化积淀与创新思维的碰撞,让教师们在研究中促成长,借交流求进步。

五、"阳光教育"未来发展的愿景

阳光教育十三年,我们通过探索、研究、努力、实践取得了成绩,但是,我们更应该思考的是阳光教育未来的目标定位在哪里。

我校76届毕业生张捷,获得了"国家勘探地球物理学会2015杰出教育奖"。他创立了斯坦福—中国科大—麻省理工(SUM)三校合作平台,为国际地球物理勘探领域做出了巨大贡献。张捷是国家培养的研究型尖端人才。我国高端科技人才仅有一万人左右,美国是我们的十倍。每个人都会思考,为什么中国14亿人口的大国培养出的研究型高端人才却比只有3亿人口的美国还少?因为我们的教育还存在很多问题。

当下我们的老师们缺乏一种研究性的生活,出现极度的职业倦怠。所以对教师角色的再认识是教育在今天能不能更好向前发展的核心问题之一。

因此附小"十三五"的阳光教育发展目标是:引领教师探究研究性生活,将教育问题随时随地渗透到教师的生活中,带动教师不断发现自己,时时刻刻都会为了问题而激动、惊喜,思考着如何向前走,忙得来不及倦怠,为教育的发展献计献策、探究创新,成就新时代阳光教师。进而通过"研究型"阳光教师的引领,培养更多具有问题思考意识和解决实际问题能力的"问题型"学生。

作为阳光教育的思考者、倡导者,我深知每一个改革者都应该在思考中走向教育本真。我们要有对人的思考,对孩子的思考。未来,我们要让每一个孩子敢于表达自己意见,敢于更多地质疑,敢于提出问题、解决问题,让孩子们在不断和别人的讨论中形成更加高层次的认识,让他们在不同的意见中学会倾听、汲取,扩充原来自己并不完善的想法。

将"新劳动教育"绘成人生底色

牡丹江市立新实验小学　隋桂凤

有没有一种教育能让孩子不用每天被各种试卷扼杀掉应有的创造力？有没有一种教育能让孩子在老师陪伴下建立属于自己的文化归属？有没有一种教育能让老师与孩子在大自然的怀抱中共同成长？我想，这样的教育一定有。这一定是我们每一位敢于尝试改革的教育人共同的理想。那么构建一种系统的、科学的能够全面覆盖学生生活空间，并能够调动学生全部感官参与的教育理论和实践模式，以弥补现行的以学术性课程为主的课程体系在全面育人方面的不足，是十分必要的。"新劳动教育"理论与课程体系的建构正是以此为目的的一种尝试。

1985 年师范毕业，我便踏进了牡丹江市立新实验小学，从班主任起步到教导主任、副校长、校长一路走来，与立新相依相扶一同走过 33 年。对于语文课堂的无比热爱和对"劳动育人"思想的执着钻研，让我经历了从名师到教育家型校长的转变，正高级教师，省特级教师，牡丹江市领军人才梯队学科带头人、首批青年拔尖人才、优秀中青年专家等荣誉的获得让我肩负起了在专业技术示范引领的责任。而 2014 年作为黑龙江省唯一一位入选教育部首批"中小学名校长领航工程"的小学名校长，借助于教育部授予的"隋桂凤校长工作室"这一平台，在更高层面上担负起了辐射带动青年校长成长，领航龙江基础教育改革与发展的重任。

责任即压力。为了更好地提炼和总结自己的育人理念和办学思想，我在结合自身教育实践经验和立新实验小学 60 年"劳动育人"办学特色的基础上，在全国率先提出了"新劳动教育"理论，并投身实践，其理论依据、结构框架、实践策略等在专家、学者的科学论证中获得高度评价，其育人效果更是赢得了学生、家长及社会的认可。2015 年 12 月，教育部名校长领航工程导师团走进牡丹江，在"隋桂凤校长工作室"揭牌仪式上我首次发布了"新劳动教育"理论，引发热议,轰动全国,2016 年 3 月份的《黑龙江教育》全文刊发了这一成果。2016 年 5 月,《中国教育报》以"隋桂凤:将新劳动教育绘成人生底色"为主题报道了我的研究历程。"新劳动教育"研究成果先后获得了教育部基础教育优秀教学成果三等奖、黑龙江省基础教育优秀教学成果一等奖。

从教以来,我在自己钟爱的教育事业中不曾一日停下奋斗的脚步,在做深实践与做实理念的勤耕苦作中诗意地行走,在躬身实践与革故鼎新的交错里探索着守正与创新的关系,在"新劳动教育"的研究中一步一步地实现着为学生"打好人生底色"的教育初心。

一、"新劳动教育"理论的提出

"教育与生产劳动相结合"是马克思主义教育学说的基本原理。"新劳动教育"理论的基础是立新实验小学"劳动育人"办学思想,是对 1958 年 9 月中共中央、国务院在《关于教育工作的指示》中提出的"教育与生产劳动相结合"这一教育方针的落实。而这一思想在立新实验小学 60 年间的传承与发展中保持着与时俱进的生命力。

随着时代的发展和教育目标的不断调整,以综合实践为主要形式的教育方式越来越被认可。2009 年作为贯彻落实教育方针的典型,中国教育电视台为"新中国建立 60 周年"献礼的大型纪录片《新中国教育纪事》摄制组来校进行了为时三天的专题拍摄,其采访函中写道:"全面反映牡丹江市立新实验小学在'教育与生产劳动'相结合方面所做出的历史成就。"这也让我重新认识了立新"劳动育人"的历史地位。2010 年"劳动校本课程的开发与实践"被教育部评为基础教育课程改革教学研究成果三等奖,这是对"新劳动教育"前期研究成果的肯定,给了我开启"新劳动教育"理论与实践研究的信心。

任何一种新的理论、新的实践方式的产生都是以解决矛盾、解决问题为目的的,"新劳动教育"也不例外。它的提出是基于对三个"矛盾"的破解:

一是基于中国传统认知与教育目标之间的矛盾。在中国"劳心者治人,劳力者治于人"的思想根深蒂固,家庭对于儿童未来发展的预设往往过于"虚高"。而国家的教育目标是培养"全面发展的社会主义建设者和接班人",高素质劳动者、专门人才和拔尖创新人才的培养是教育实用价值的体现,且这三类人才的数量呈金字塔形分布。因此,为了破解传统认知与教育目标之间的矛盾,必须重新界定劳动教育的内涵与形式。

二是基于儿童成长现状与时代发展要求之间的矛盾。目前,二代独生子女是基础教育的受教育者主体,在过度呵护中成长的他们聪明伶俐、见多识广,但

 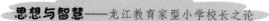

也形成了总体上心理脆弱、动手能力差、依赖性强、懒惰的特征。而时代发展对人才的要求则趋向于具有较强行动力、独立性、研究性,其综合素质能够支撑参与核心竞争的复合型人才。为了缩小儿童成长现状与未来发展之间的距离,必须提出新的育人理念与实践模式。

三是基于学校办学特色的再发展与城市小学现状之间的矛盾。立新实验小学是一所百年老校,坐落在城市中心,占地面积 23000 平方米,在"劳动育人"传承发展的半个多世纪中,校办工厂、校田地、饲养场等劳动实践基地逐渐被城市建设所替代,城市小学空间小、制约条件多等现实情况,从根本上促进了"劳动教育"向"新劳动教育"的转型。

"我们已经走得太远,以至于忘记为什么出发?"(纪伯伦语)作为直接接触受教育者的基层教育工作者,我更清楚学生的成长到底需要什么。习总书记在讲话中曾特别指出"以劳动托起中国梦",包括教育部在内的国家三部委也联合下发了《关于加强中小学劳动教育的意见》,在全国范围内形成普遍重视劳动教育的氛围,这也催促着我在传承与创新的路上大步前进。

二、"新劳动教育"理论的内涵

(一)什么是新劳动教育

做纯粹的教育就是要让师生都能置身其中。对于"新劳动教育"理念与实践的研究正是出于这一目的。

新劳动教育的概念:通过有目的、有组织的劳动实践活动调动学生各种感官的协调运动,促进学生的综合素养全面提升的育人活动。

新劳动教育的"新"——它是有目的、有组织的实践活动。改变校本综合实践活动的零散、随机、不确定性,构建符合学生年龄特点和成长需要的校本课程体系,在丰富多彩又科学严谨的课程体系中训练、提升学生的行动力。

新劳动教育的"新"——它是调动学生各种感官的协调运动。学生告别了传统劳动教育单一固化的教育形式,从"劳"中脱胎出来,而将育人目标的核心放在"动"上,为学生创设行动的空间,让学生行动起来是"新劳动教育"最显著的特征。

新劳动教育的"新"——它是促进综合素养全面提升的育人活动。学生在各种劳动教育实践中"遇见"各种各样的事和各种各样的人,经历各种各样的困难,他们会在反复的多次的经历中学会解决、改变或者适应,从而一点一点地形成良好的意志品格。

(二)"新劳动教育"的育人目标——打好人生底色,培育行动力

"从实践中来,到实践中去"(毛主席《实践论》)准确地描述出了"新劳动教育"理论的形成过程。三十多年的从教经历让我积累了丰富的经验,持续不断的高端培训让我逐渐开始了理性思考,而每一个观点的形成又都经历了教育实践的检验。

"打好人生底色"——我对小学教育的根本认识

小学阶段是人身心成长的重要阶段,是启蒙和奠定基础的阶段,"打好人生底色"这一观念正是对小学阶段育人目标的高度概括。关于"人生底色"的界定,或者说诠释,我将其落在了对"教育的本质"问题的追问与思索上。

"教育的本质是什么?"当然是"育人"。中国学生发展的核心素养的提出,从本质上敦促我们将教育的重点从"使学生掌握知识"转移到"促进学生形成素养"上来。如果说教育最终给学生的是"核心素养",那么小学阶段能够给学生打好两个方面的基础便可以了:一个是为学生打好形成健康人格的基础,培养能幸福生活的人,对社会有益的人;另一个是为学生打好行动力发展的基础,也就是要培养学生具备一定的思维与理解、探索与实践、合作与执行、创新与发现的行动的力量,为学生奠定成长的基础,促进人的自我发展。

"我们又应如何育人呢?"人的成长是与学习相伴的,具身认知理论告诉我们,人的身体本身在认知过程中起着非常关键的作用,其本质就是让学生在亲身参与中生成认知,在知识的迁移中生成能力,在学习过程的反复刺激下思考,进而将知识、能力内化,成为伴随其一生的素养。因此,我们的教育就要为学生提供身体参与学习的"场",也就是为学生提供丰富的综合实践空间。

要为学生打好的"人生底色"是多彩的底色,是变化的底色,是全面发展的底色,也是个性张扬的底色。这一底色的形成是以"新劳动教育"为载体,以行动力的培养为核心,以自治、逸美、焕新为行动支点,让学生在多元立体的学习空间中"学生活的知识,练生存的技能,悟生命的意义",实现全面育人和促进人的全面发展的目的。

"行动力"——打好人生底色的核心意义

行动力就是乐于尝试、坚韧不拔、勇于探索、积极向上、充满自信的个性和善于解决问题、擅长动手操作、能够将思想转化为现实的能力。具有行动力的人,行为的主动性高,具备一定冒险精神,倾向于在不断尝试、在"做"的过程中学习和提升,对工作的未知因素没有畏难情绪,不怕困难和挫折,相信自己。

在学校教育中,行动力是什么? 我认为行动力就是自制力,就是让学生学

会自我控制，克服与生俱来的"怕"与"懒"，建立自信；行动力就是自觉性，就是要激发学生自主、自觉行动的力量，克服被动接受指令的惯性，学会探索；行动力就是使命感，就是要让学生形成责任感与担当意识，克服个人主义、利己主义，勇于承担。自制力、自觉性、使命感相互交错、杂糅、相辅、共生，在逐层递进的过程中又相互促进，行动力在这种循环往复中形成并不断加强。

"行动—行动力"是"人生底色"的集中表现，落实到学生的日常学习中则概括为"我行，故我行"。其中第一个"行"指行动，第二个"行"指行动力，同时也传达"我能行"的自信。也就是我希望学生打好的"人生底色"就是让学生拥有行动的力量，在行动中学习积累知识、训练提高能力、感悟形成精神。要让学生树立"行动成就梦想"的意识，为学生在未来生活中奠定和掌握迎接挑战、解决困难的基础和本领。

（三）"新劳动教育"的实践支点——自治 逸美 焕新

将"打好人生底色"作为新劳动教育的育人目标往往给人"虚""空"之感，"人生底色"的意义何其广阔啊，家庭、社会、学校等任何一个与人的生长相关联的因素都会为这一成长中的"底色"画上一笔，谈到"打好"则更难了。谈我们应该为学生的成长打好怎样的底色这个问题时，我们可以借鉴目前教育的权威思想"中国学生的核心素养"中的六大素养——人文底蕴、科学精神、学会学习、健康生活、责任担当、实践创新，假设中国学生在大学毕业后能够获得或拥有这六大素养，那么分解到小学阶段我们应承担些什么呢？我想这就是"人生底色"的意义所在。

于是，为了让"打好人生底色"这一目标落地，对"人生底色"做了深刻的剖析。小学阶段是学习的开始，小学教育的成果往往具有很强的滞后性，教育成果一般通过学生未来的求学过程或发展方向上显现。我常想，小学六年的教育相当于给学生的人生安装了一台发动机，这台"发动机"的性能怎么样，能够支撑学生走多远，就要靠我们教育的认识和实践来给予了。

我认为小学阶段可以实现的育人目标可以归纳为三个方面：一是掌握基本的生存、生活技能；二是养成良好的学习习惯，具备展开深度学习的学习力，能够进行创新、创造的探索；三是积累一定人文底蕴，形成良好的审美观。这三个方面可以给学生一个动力十足的"发动机"，可以让学生在未来的学习和生活中找到乐趣，树立自信，拥有立足社会的竞争力。这三个方面最终浓缩成了"自治、逸美、焕新"三点，作为"打好人生底色"的三个实践支点，在学校得以落实。即形成学生在"行动"中增长自我服务与服务他人的本领，培养美己美人的情怀和懂美会美的品味,树立想到即行动的研究意识和探索精神,明确学生应具备的适应终身发展和社会发展需要的必备品格和关键能力。

"自治 逸美 焕新"育人目标分解

	劳动自治	劳动逸美	劳动焕新
关注点	技术与能力	情感与品位	改变与发展
目标	满足成长需要	培养对美的认知	培养创新创造品质
内容	生活自治	品德之美	生活灵感
	学习自治	工艺之美	解决问题
	岗位自治	艺术之美	创新思维
	服务自治	品位之美	主题研究

自治、逸美、焕新是"打好人生底色"对于人的全面发展的不同方面,也可以说是对生命质量不同维度的一种实践转化。"自治"为人生底色打下的是长度和宽度构成的基础底色,"焕新"给学生打下的是人生高度的底色,在长、宽、高围成的框架中充满的则是"逸美"带给人生的丰富色彩。自治、逸美、焕新共同支撑起了学生终身发展的人生底色。

(四)"新劳动教育"课程建构——"三类十门"校本课程体系

爱因斯坦有两句话,一句是"我没有特殊的天赋,我只是极度的好奇",另一句是"想象力比知识更重要"。我们都相信儿童的想象力与好奇心特别强,但我们的教育正在不知不觉中压抑或扼杀着孩子们与生俱来的好奇心与想象力。我主张自由而丰富的教育,为学生的成长提供多姿多彩的环境,给他们提供选择的机会,让学生潜在的兴趣与专长得到激发,让学生的好奇心与想象力在这里焕发活力。

新劳动教育"三类十门"校本课程体系的建构,其主旨是让学生"动"起来,以行动代替说教,以行动力的培养反哺知识学习,并以校园为中心将家庭与学校、社会与学校联通起来,形成一个开放、多元、立体的课程空间,以认知、实践、创新三个方面划分"行动"的三个层面,形成三个课程类型:

劳动认知类课程——以劳动意识的启蒙为核心

学校利用劳动基地中的五个植物园区和一个小动物园设计开发了基地观察课和以课堂为阵地的学科渗透课程,引导学生通过观察、实践参与和知识的迁移拓展等途径感受劳动的价值,作为"行动力"培养的基础,多维度构建学生

17

对劳动的积极认知。

劳动实践类课程——以劳动技能的操作与实践体验为核心

实践类课程就是要引导学生从做事情的过程中增长本领、树立自信,养成想到即做到的行为习惯。课程包括以培养学生生活技能为主的自我服务课,以校园岗位实践为主的校园实践课,以培养学生家庭责任感和社会责任感为主的家庭体验课,以走进社会、参观学习、开阔视野为主的社会实践课,在"劳技室"中进行的技能训练课。

劳动创新类课程——以创新意识的培养为核心

创新类课程的主旨是保护和激发学生的好奇心与想象力,形成求知欲和探索精神。课程包括以科学学识普及、开展小实验操作为主的科技普及课,以创意手工、废物利用、艺术训练为主的班级创意课,以劳动科研、劳动创新、课题研究为主的科学研究课。

新劳动教育"三类十门"校本课程实施分解表

类别	课程	授课地点	上课年级	课时安排
认识类课程	基地观察课	园林	一年级	隔周一节
		百花园	二年级	
		蔬菜园	三年级	
		农作物园	四年级	
		葡萄园	五年级	
		小动物园	六年级	
	学科渗透课	班级	1—6年级	与学科内容共用课时
实践类课程	自我服务课	课堂　家庭	1—6年级	课余时间
	校园实践课	校园	1—6年级	课间或岗位活动时间
	家庭体验课	家庭	1—6年级	每周四集中授课
	社会实践课	校外劳动实践基地	1—6年级	隔周一大节（合并两课时）
	技能训练课	插花室	一年级	
		果艺室	二年级	
		陶艺室	三年级	
		布艺室	四年级	

续表

		烹饪室	五年级	
创新类课程		木刻室	六年级	
	科技普及课	班级	1—6 年级部分班级	每周一节
	班级创意课	班级	1—6 年级	隔周一大节（与技能训练课交替）
	科学研究课	创课室	自愿	社团活动时间

三、"新劳动教育"理论的实践

"新劳动教育"是我们为实现立德树人、全面育人教育目标建立的重要阵地,也是实现我对学校教育本质属性探索的唯一途径。伴随着我对学校教育实践的深入而逐渐清晰的认识有以下三点:一是学校育人的目的归根结底是要把孩子培养成人格健全的人,为其奠定全面发展的基础。人的一生占有知识很重要,比知识更重要的是能力,比能力更重要的是习惯,比习惯更重要的是品格,比品格更重要的是人性。人性有善的一面,也有不善的一面,学校教育就是顺应人性的发展,扬善抑恶。二是基础教育最不可能忽略的就是童年。小学是梦开始的地方,我们的学校和老师有责任让孩子做好梦,而不是做噩梦。儿童最大的资源优势是童心、童真和童趣,小学阶段教育最应该做的事就是保护好孩子这份好奇心和求知欲,积淀到一定的时候它就会转化为学习的兴趣和持久的学习力。三是任何美好品质的养成都来自于亲身实践。具身认知理论强调人的身体在学习过程中的参与,各种感官的协调运动是能力形成的关键,所以自主、探究、合作的学习方式要贯穿于学习全过程,让学生在"行动"中形成"行动力"。

(一)开展丰富多元的行动实践

在"自治、逸美、焕新"的行动实践中,充分调动各种教育资源,开发丰富多样的教育形式,让学生在不断的尝试"行动"的过程中形成认知、提高能力、养成习惯。

在劳动自治"行动"中,学校每学期末都举行"自我服务技能大比武"和一年一度的"劳动技能节",为学生提供参与评价与成果展示的平台,"每天劳动10 分钟""我做小讲师""校园劳动实践岗"和志愿者服务等活动内容将学校与

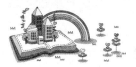

家庭联通起来。在学校运动会上成功举办的立新商学院自制美食义卖场,学生们从各种美食的制作、包装、定价到销售、结算全部独立参与完成,新劳动教育带给学生不一样的成长与变化;在校园里每年一次的端午猜谜大会上,包括会场布置、活动设计等所有内容都由学校大队干部组织完成,他们超强的行动力令我欣喜与骄傲;立新的学生在家里做家务、人人争做劳动小能手已成为了一种习惯和一道道亮丽的风景,立新的家长们也纷纷为孩子们的生活能力、劳动本领和感恩知孝竖起了大拇指。

在劳动逸美的"行动"中,进行了小乐件进课堂、非遗传承、创意手工制作,给学生以美的启迪与浸润。走进工厂、部队、高校、研学基地,为学生们打开了一扇观察社会的窗口,将学校与社会联通起来。2017年,学校组织开展了"一带一路"主题性学习活动,学生们通过午说、办手抄报、期末语文测试等方式走进国家大事、了解世界风云。尤其是最后呈现的一台以"一带一路童心唱"为主题的大型艺术节,令大家留恋而难忘。短短一天时间,新华社客户端的点击量就超过了百万。引用一位立新家长的评价就是:这是缩小版的春晚,是政治与艺术的完美结合。看了令人心动、感动和震撼。在"二十四节气"主题学习中,学生们在了解、观察、体验、参与二十四节气相关知识和实践活动过程中,深入地触蹼到了中国传统文化的精髓,激发出了对古典艺术、文学、科学的向往与追求,提升了文化底蕴和气质修养。

在劳动焕新的"行动"中,我们通过从"六园"中观察,到"植物盆"种植,再到"班级科研所""立新少科院""小小创客室"的探密,学生的好奇心被激发出来,一项项小课题研究应运而生,将学校与世界联通起来。近五年来,立新已有百余名学生荣获"中国少年科学院小院士"称号、学校被命名为中国少科院科普教育基地。立新优秀毕业生邱琪同学获得了175项国际设计大奖,当他重返校园时,骄傲地向立新的弟弟妹妹们说:"是立新的劳动教育让我对科学产生了浓厚的兴趣,我也是在成千上万次的实践和失败中学会了自信、勇敢和坚持。"

(二)解决理论落地的现实问题

在理论落地的过程中,我们解决了四个具体的现实问题,让"新劳动教育"真正发挥出了它的育人功能:

其一,解决劳动实践基地不足问题。随着城市的发展,学校原有的果树园、饲养场、小工厂逐步淡出劳动基地,新劳动教育的育人需求也对基地建设提出了新的要求。我们将校园内所有可以利用的空间开发使用到了极致,累计投入500多万元,建成了相对完善的包括"九室六园两院"的劳动实践基地。

立新实验小学劳动实践基地概览表

校内劳动实践基地				校外劳动实践基地
九室		六园		工厂、养殖场、院校、社区、驻军部队、市档案馆、图书馆、青少年宫等二十余家共建单位。
A区	B区	果树园	少年商学院	
花艺室	创课室	百花园		
果艺室	陶艺室	蔬菜园	少年科学院	
研培室	布艺室	农作物园		
标本室	烹饪室	葡萄园		
木艺室		小动物园		

其二,解决师资队伍专业化问题。在解决校本课程任课教师的专业化问题上,我们采取了以下三项措施:其一,建立行之有效的培训制度,在原有教师中培养有一技之长的教师,使之能尽快适应校本课程的需要。其二,面向社会招聘专业人才,充实到校本课程教学的一线。其三,充分利用家长资源,聘请校外辅导员进班授课。学校现有专职劳动教师6人,兼职教师48人,聘请农林、园艺等教授、讲师22人,校外辅导员50人。

其三,解决校本课程课时不足问题。我们主要采取三种形式:一是班级全员参与的普及课,正常排入课表,每周或隔周一节;二是集中授课制,以班级或年级为单位轮流集中授课。三是安排在放学之后的打破年级、班级界限的社团活动。此外,班级创意课中的走班形式和利用上课时间派出学生进行职场体验,也是对课时安排的一种补充方式。

其四,建立特长认定评价体系。针对学生的校本课程评价体系,是结合校本课程的特点和综合素质评价工作的需要制定的。其一是以记录学生成长过程为主的特长认定制度;其二是根据《"我行故我行"学生综合素质评价方案》的要求进行综合评价;其三是成果展示评价。多种评价方式并用,使"新劳动教育"的育人效果得到有效监测。

(三)关于育人效果与实践反思

"新劳动教育"的育人实践,极大地丰富了学校的教育资源,为全校师生搭设了学习与展示的平台,学生、教师、学校都已成为课程开发的受益者。并随着研究的不断深入,"新劳动教育"的开发与研究也经历了由实践积累到理论研究再到实践检验的过程,其育人效果和可操作性都得到了验证。

其一,"新劳动教育"的育人效果。

学生们在校本课程的学习中发生的变化可归纳为 4 点:一是学习兴趣得到极大激发,身体的参与让深度学习得以发生,学习力明显提高;二是实践能力得到锻炼和提升,随着使用工具解决问题、合作学习、动手操作等能力显著提升,学生的自信心、处群能力都得到很大提高;三是创新精神得到激发和培养,好奇心与想象力得到呵护与释放;四是综合素养的结构发生变化,由知识储备向能力提升发展,对职业定向发生兴趣。

教师在校本课程的开发与实践中提升了专业素养与科研能力,形成了骨干教师梯队。成就了一批在原岗位上默默无闻但有一技之长的教师,成为校本课程实施中的骨干,在学习专业、优化专业的过程中成长,促使教师的育人理念发生质的转变,全面育人的思想深入人心。

"新劳动教育"的研究不仅将学校的办学特色推向了一个新的高度,也为城市小学在德育、综合实践活动和校本课程开发等领域的实践开辟了新路。2015年《人民教育》以"劳动为教育开新路"为题全面地报道了"新劳动教育"实践成果。2016 年 5 月"中国品质学校发展共同体"成立,牡丹江市立新实验小学和北京史家小学、上海市上外静安外国语小学、杭州市崇文实验学校等在内的 8所全国知名小学共同发布章程。同年 9 月"共同体"举行了首届高峰论坛,我在会上发表了《"新劳动教育"——学校品质发展的有效途径》的论述,明确了"新劳动教育"在学校的精神气质、办学理想和教育品格发展上的作用。2017 年 7月,在全国中小学校长夏季论坛上,我又推出了以"新劳动教育课程体系的建构与实施"为题目的实践成果论文,进一步论证了"新劳动教育"理论的科学性和实践的可行性。与此同时,我借助教育部领航工程这一平台,将"新劳动教育"理论先后在河北、西藏、新疆、北京、浙江、陕西、湖南、海南等多地进行讲座、交流、研讨,获得专家、学者、名校长的肯定,并被各地中小学校学习与借鉴。"新劳动教育"的研究成果也多次成为"国培计划"、黑龙江省中小学校长"双百工程"培训、"明德教育"校长培训等活动的课程内容。2017 年立新实验小学获得了首批"全国文明校园"殊荣,已形成名校辐射带动态势。

其二,"新劳动教育"的实践反思。

任何一项改革都是在实践中不断完善的,"新劳动教育"的产生就深深植根于教育实践,我们欣喜地看到了"新劳动教育"理论的实践应用收获的喜人成果,也更加深刻地思考"新劳动教育"本身存在的不足和实施过程中因各种变量的存在而产生的不确定性,督促着我进行更加深入的研究。

一是对"新劳动教育"本身的反思。

　　"新劳动教育"不同于学术课程,开放性与多元性特点明显,在内涵与外延的界定存在着无限放大的可能,因此结合校情、生情、师情等现实条件进行主观设计的可能性增大。

　　"新劳动教育"的应用性与实践性,导致学生的参与形式、参与路径十分丰富,因此其教育功能的有效性、稳定性难以把控,其常态化运行存在不确定性。

　　二是对研究及实践过程的反思。

　　研究过程中,由于"新劳动教育"育人效果呈现滞后性,导致实验中量化数据不足,效果定性描述多,定量呈现不足,后续追踪不够。

　　实践过程中,我深深地感到"新劳动教育"理论与课程实施需要必要的资源支持,校内外劳动实践基地的完善是其推广应有的基础,校本课程教师队伍的专业水平是教育质量的保证,这两点缺一不可。

　　教育之路"道阻且长",教育改革更是时刻冲击着每一位教育人的心,屏除了功利之心的教育才是真正以人为本的教育,注重内涵建设、根植于校园和师生内心的改革与创新才是真正有利于学校发展的教育探索。我愿身体力行,为教育改革略尽绵力,更愿为教育的未来添砖加瓦。

以幸福的教育培养幸福的人

——关于"幸福教育"的实践与思考

七台河市第九小学　李爱英

做校长的就要把幸福送给老师,让我们的老师天天生活在幸福之中。做老师的就要把幸福送给孩子,让我们的孩子天天生活在幸福之中;让幸福天天溢满校园,让每一个孩子都拥有幸福人生!

这是我从事教育工作 30 年的心声和期待。30 年前走出师范校门的我,带着对教育事业的美好憧憬,带着要做一名好老师的职业追求,开启了我的教育人生之旅。我很庆幸,我遇到了三位好校长:第一位校长给了我信心,点燃了我对教育的激情;第二位校长给了我方向,让我有了追求;第三位校长给了我平台,让我得到成长! 所以,当自己走上校长岗位,我就懂得了要给予新教师激励,要帮助教师确定目标,要多为优秀教师搭建平台,要充分挖掘每位教师的潜力,要让每位教师都得到成长,要让教师体会到事业成功带给自己的成就感和幸福感。我的工作经历与"7"有着不解之缘:7 年的班主任,7 年的教导处主任,7 年的教育教学副校长。2009 年在七台河市第六小学走上校长岗位,针对学校的实际状况,我当时只有一个想法:让孩子们快乐地学习,让老师们幸福地工作! 我与班子成员经过反复的思考,提出了"幸福教育"的办学理念,与我的同伴们经历了 7 年的实践,形成了完善的幸福教育办学体系,学校凸显"幸福教育"的办学特色。一所生源流失,名气不振的小学一跃成为家长、孩子都向往的市区有名气的学校。2015 年的 12 月 31 日,我调入了现在的工作单位七台河市第九小学,担任党总支书记兼校长。上任以后,我一直在思考,如何立足文化办学,办有灵魂的学校? 在"幸福教育"这一理念的指导下,结合学校的文化背景,在传承与创新中,我们确定了学校的主题文化"走向和乐","和乐教育"成为全校师生的共同愿景。"打造师生共同成长的幸福家园"是我校的办学目标,我希望每个孩子都能享受到幸福的教育,每位教师都能体会到教育的幸福。我愿与大家分享在实施幸福教育的历程中自己的思考和尝试。

一、什么是幸福教育

关于"幸福教育"概念的表述有很多版本。通俗地说,幸福教育就是在幸福中开展教育,在教育中体验幸福;通过教育创造幸福,通过幸福促进教育。关于幸福教育的著作也有很多,美国斯坦福大学荣誉退休教授、美国教育哲学协会和约翰·杜威研究协会前任主席内尔·诺丁斯所著的《幸福与教育》,哈师大附中沙洪泽校长的《教育——为了人的幸福》,上海师范大学刘次林教授的《幸福教育论》,郭子林所著的《教育的目标是幸福》,黑大教授袁敏的《追求幸福的教育》等等,我一本本认真地拜读。通过教育专家和一线教育实践者的阐述,综合起来看,幸福教育至少包括两个方面的内涵:一是把幸福作为一种有待于教、有待于学的情感内容,这样的"幸福教育"就是"教幸福,学幸福";二是把幸福当作教育过程中师生双方的情感体验,把教育当作一件幸福的事情来做,这样"幸福教育"就是"幸福地教、幸福地学"。这二者之间,我们更多的人会倾向后者,这是我们实施幸福教育的最重要的目标和导向。但前者也不能完全忽略,因为幸福知识、幸福技能是可以传授的,幸福品质、幸福人格是能够养成的;幸福教育就是要培养出能够创造幸福、享用幸福的人。由此可见:"幸福教育"就是要通过教育教学过程,培养学生感知幸福、追求幸福、创造幸福的能力,从而为学生的终身幸福奠基。我认为,幸福教育不是一种教育内容,也不是一种教育方法,它是一种教育理念、理想与追求,是回归教育本源的终极追求。

二、怎样实施幸福教育

办师生都幸福的学校是我们学校品牌的战略定位,我们已经明晰了办学目标,围绕这样的目标,我们必须要进行战略选择,寻求突破口:就是怎样去办幸福学校,如何创建方法,优化模式,凸显幸福教育办学特色。

(一)打造幸福文化

办学校就是办一种精神,办一种文化。文化是一种共同价值观,犹如一个磁场,身在其中的人会自觉受到文化的影响,形成特质。打造幸福文化,建设幸福学校是实施幸福教育的基础,也可以说是根基。只有幸福成为师生的一种习惯、一种追求、一种状态,这样的学校才是幸福的。我们学校在打造幸福文化方面主要抓了以下几个方面:

1. 精神文化突出一个"准"字

这个准就是指定位准,导向明,能让大家找到核心,达成共识。我校精神文化的形成经历了两年的时间,最后才在教工大会、家长委员会上全盘通过。办学理念:为每个学生的幸福人生奠基。办学目标:打造师生共同成长的幸福家园。培养目标:培养会感知幸福、追求幸福和创造幸福的人。校训:读活书,做真人。校风:让幸福成为习惯。教风:善研、乐教、爱学生。学风:善学、乐思、爱读书。校歌:《让我们幸福成长》。

"读活书、做真人"是我们的校训,这是叶圣陶先生"生活教育理论"的观点。"读活书"核心在于一个"活"字,即读活的书,活读书,把书读活。这里的书不仅仅是有字之书,也包括无字之书。"做真人"就是要表真情,说真话,做真事,求真理。两方面合起来简单理解,就是会做人、会学习、会生活。这些是每个人人生幸福最起码的标准。我们用这句话作为师生的座右铭,时刻提醒自己,要"读活书,做真人",为幸福人生做好积淀。

2. 环境文化突出一个"乐"字

环境会给人以熏染和启迪。环境文化具有很强的育人功能。我校以"幸福文化"为主题精心设计了方厅文化、各楼层走廊文化,分别以(一楼)文明的刻度、(二楼)思考的角度、(三楼)教育的灵度、(四楼)知识的广度、(五楼)艺术的维度为主线,以十个"乐"为主要内容,即乐为、乐群、乐学、乐思、乐教、乐善、乐读、乐赏、乐动、乐创。环境文化的所有展品都出自于教师和学生。所有的设计都由教师和家长、孩子做主,所以大家有归属感,更有自豪感和幸福感。我们还为孩子们精心打造了围棋墙、象棋墙、擂主墙,这是孩子们最喜欢去的地方,彼此对弈,挑战擂主。我们还有一个荣誉墙,全是教师的锦旗,原来他们都静静地躺在资料室里,起不到任何作用。后来在家长志愿者的帮助下,按原样做成了一面面小锦旗。他们希望把家长的心意都展示出来,因为每一面锦旗都代表着家长的心声,每一面锦旗的背后都有一个感人的故事。所以,我们的环境文化,就是师生参与、感染师生、服务师生、教育师生、幸福师生。

3. 制度文化突出一个"活"字

在制度建设上我们总是强调"严"字和"全"字,健全制度必须严格执行。这里的"活"不是没有原则而是定活制度、用活制度。

定活制度——制度由教师来定。避免制度成为张贴在墙上的冷制度。制度应该内化于每个人的心里,得到广大教师的认同,这样大家才能主动地去遵守。在执行中,才没有抗拒感和排斥心理。所有的制度都由教师修订,通过工会小组反反复复地研究,反反复复地修订,班子成员以普通会员的身份深入到各组,与大家一起讨论、修改。这样,我们修订出来的制度,教师能够自觉遵守,而且反反复复地修改过程中,内容已经内化,便于执行。还有岗位职责,谁的岗位,由谁制定,然后拿到主管领导那修订,再拿到班子会上,根据学校的要求,再修订,最后转回岗位人手中,得到他的认可。这样他不觉得是学校要求他做什么,而是我自己应该履行的工作责任。投入工作的心态自然不一样,要好得多。人都是那样,不愿意被管,主观上愿意做的才能做得更好。

用活制度——制度管理与人文关怀相结合。制度面前人人平等,一视同仁。但有的时候,制度也会带给我们一些无奈。所以我们必须用活制度。用活制度也要有个度。在执行的过程中要一个尺度,必须班子集体通过,并得到全体教师认同,既不违背制度,又让人心里舒服。例如:学校的考勤制度是很严格的,并与绩效工资、年终奖金、年终考核挂钩,老师们很在意。但是也有特殊的时候,比如面对教师父母生病住院,必须要尽孝道,工作重要、父母也重要,如果上一天班,父母没人照顾,如果照顾父母,又耽误一天的工作,怎么办? 面对这样的矛盾,我们想如何让老师既不耽误工作,又能抽出时间照顾父母? 于是,我们采取帮助教师调课,让他们把课上完,这样就有时间去照顾父母。既解决了教师的后顾之忧,又不影响教育教学工作,同时也不影响教师的考核和绩效。

在制度执行过程中,我们根据校情及实际,在不违背原则的情况下,灵活变通,给予教师一些方便。虽然事很小,但对于教师而言,是一份理解、一份关爱,更是一份幸福。

4. 管理文化突出一个“和”字

“以和为贵、和气生财、家和万事兴”这是中国的“和”文化。学校就是一个大家庭,作为管理者,我们必须要凝聚人心,让大家“心往一处想、劲往一处使”。这是一所学校长足发展的根本保证。

“管理”就是“管心”。我们都知道,许多人在一起不是团队,许多心在一起才是一个团队。优秀的团队要彼此信任、尊重、沟通、换位、快乐。我们用心倡导这种“和”文化,努力实现在这样的团队中享受快乐。人心齐,泰山移。之前我所在的第六小学从办学条件到师资水平,从社会声誉到生源基础,各个方面都无法与兄弟校相比,之所以没有落后,一跃走进先进行列,其中一个重要原因就是赢得了人心,凝聚了士气。我常对老师讲,每位教师都是一根筷子,只要大家紧紧团结在一起,就是一捆筷子,是不容易被折断的。众人拾柴火焰高,只要我们每个人都为学校的发展添点柴、点把火,学校声望才会越来越好。作为教育人,只有学校办出了品味,只有学生有了发展,只有家长和社会给予我们认可,我们才能体会到自身的价值,才会真正体会到职业成就感和幸福感。

（二）成就幸福教师

教师是学校工作的中流砥柱，是学校办学理念的实践者，是学校发展的推动者。学校的教育理念再先进，如果没有教师去贯彻、去实践，任何教育理想都只能是空中楼阁。所以，实施幸福教育，必须让我们的老师先幸福起来。"帮助教师找到工作的快乐"，是我校的管理理念。几年来，我们积极探索，努力构建尊重人、理解人、激励人、发展人的管理模式

1. 发现——激发教师的潜能

人的潜力是无限的，每个人也都有自己的强项和弱项。

每个人都希望得到别人的尊重和理解，希望获得别人的鼓励和欣赏。教师也是一样，作为管理者，我们要做到善待教师，尊重教师，信任教师，欣赏教师，让每一位教师都有归属感和荣誉感。使学校真正成为每位教师的精神家园。老师好的建议，我们要积极地采纳，让他切实体会到自己是学校的主人，学校的荣誉、学校的发展有自己的一份责任。老师遇到了困难，我们要竭尽全力地帮助解决，让他体会到，学校是大家庭，大家是相亲相爱的一家人。

校长要走进教师，了解他们的擅长、爱好、优势和劣势，不断发现教师的能量。安排工作时，尽量用其所长，投其所好，评其所长，让每位教师都有一种存在感、价值感、成就感，这样在工作中他们的潜能就得到最大的发挥。

我们开展的"三尺讲台谱真爱，四有教师展风采"活动，全体教师还有家长以不同的形式走上台，讲述自己发现的身边好老师感人的故事。对全体教师而言，是一次很好的师德教育；对被讲述者而言，同伴的赞赏，互相的鼓励，更是一种理解和激励。我们还结合一些节日，比如三八妇女节、教师节，在老师不知情的情况下，我们会和他的家人沟通，以信件、视频等方式，把老师在学校的一些成绩传递给家人，家人也会反馈一些信件和视频，老师们看到都非常感动。

其实，被人关注，欣赏别人和被人欣赏，本身就是一件幸福的事情。

2. 关爱——丰盈教师的精神境界

教师的工作太辛苦了，压力也太大了。如果每天累得苦不堪言，何谈幸福啊？所以，当校长的首先必须给教师减负，只有给教师减负，才有真正意义上的学生减负。因为教师负担减轻了，才有更多的精力研究学生、研究教法，才能提高教学效率，精心地设计作业，反馈学生的作业状况……因为一个人的精力毕竟是有限的。

我担任校长的两所学校，我都进行调研。老师提出了"事多、材料多、活动多、工作负荷重"等问题。我们走进教师，本着"实效性"的原则，与老师们共同

研究我们每天所做的工作,充分了解教师的意见和建议,最后进行了整改。本着"促进师生发展,服务于教育教学"这一原则,对于一些计划、记录、总结以及各种笔记等材料,能整合的就整合,意义不大的就废弃。追求工作的实效性,不追求形式,不迎合检查,一切从师生的发展出发。尤其我市小学班主任任教数学、语文两个学科,每天的备课、作业、集备、教研、班级管理就要花费大多数的时间。而且班主任又都是学校里比较优秀的教师,哪项工作、任何活动基本上都离不开他们,所有部门的活动都要牵涉他们。所以,我们必须要把好关,活动要精,而不要多。

"让教师生活有品位,工作有质量"是我们的追求和愿望。学校是教师工作、学习的地方,更是心灵成长的地方。我们没有能力给予老师物质上的待遇,所以只能尽我们所能,丰富教师的课余生活,引领教师有高雅的生活情趣,愉悦教师的身心。我们成立了八大健身协会(排球、乒乓球、瑜伽、健身操、太极、花毽、跳绳、徒步),新建了教师健身室,鼓励教师健身。只有一个好身体,才有高质量的工作。我们积极开展各种活动,提升教师的精神品位,"三八节"组织女教师走红地毯——人人是教坛明星;教师节酒会——了解红酒文化;迎新年旗袍秀——传承传统文化;并利用每月一次的工会活动,开展各种文体活动,让教师在活动中增强团队凝聚力,提升生活品位,丰盈精神生活。

这就是我们的出发点:提高教师的生活品质,让我们的教师有尊严、有品位地生活和工作,从而也提高教师的幸福指数。

3.引领——促进教师的专业发展

学校应该是教师实现自我价值,享受幸福人生的乐园。把每位教师都培养成研究型教师、专家型教师,都成长为名师,是我们的理想和愿望。作为校长,我们必须要成为教师成长的铺路石、助推器,为教师的成长做好引路人。

一是引领教师学习。一个不爱学习的老师,怎么能培养出爱学习的学生呢。我们鼓励教师学习,提倡教师向名师学、向同事学、向学生学、向网络学、向书本学、向实践学,在学习中成长。创造一切条件,让教师走出去。不仅是学习经验,更重要的是开阔教师的视野,结识更多的教育名家和名师。现在有很多老师通过外出学习,加入了一些名师群、学科研究群,对他们的影响和自身的收益都很大。学校成立了10个读书社团,每月一个社团同读一样的书,然后大家坐在一起进行交流。这个氛围是很让人欣喜的,静下心来读书、教书、谈书、做学问,教师间互相影响,丰富了内涵,提升了修养,本身就是一件幸福的事。

二是引领教师研究。苏霍姆林斯基说:"如果你想让教师的劳动能够给教师带来乐趣,使天天上课不至于变成一种单调乏味的义务,那你就应当引导每

一位教师走上从事研究的幸福道路上来。"这是苏霍姆林斯基在《和青年校长的谈话》一书中,给校长的建议。可见,要想让教师体会到教育的幸福,一定要引领教师进行教育教学的研究。这种乐趣和幸福是与职业生涯并存的,是持久和永恒的。它是一种力量,一种境界,一种责任。

我校在引领教师研究方面,主要抓实了三件事:

第一件事是抓好团队建设。研究绝不能单打独斗,教学研究需要与人交流和分享。所以,我们努力进行教师团队建设。这些团队建设是立体的、交叉的。每个团队都有负责人,有自己的研究群,大家经常聚在一起开展研究。尤其是团队中有教师进行公开教学,小到组内教研,大到省级赛讲,大家在一起反反复复地研究,群策群力,各抒己见,好像是自己的事一样。每年我们进行"和谐团队奖"的评选,从制度上鼓励教师建立积极依赖的团队关系,奖励的是团队优秀而不仅仅是个人的优秀,倡导教师在团队研究中共同成长。这个过程,不仅提升了教师本身,也促进了同事间的感情。

第二件事是抓好校本教研。教学改革会生发许许多多的问题,我们一直以来,都紧紧依托校本教研这一有效载体,解决来自教学改革中的系列问题。我们也总结出了专题式、合作式、互动式、展示式等不同的富有实效的教研方式。无论哪一种模式的教研,我们都注重实效,不走形式。领导与教师平等交流,直言不讳,谈观点,谈理由,有争论,有反驳。

我校校本教研活动的原则是:淡化行政色彩,增添学术气息。研究本身就是学术交流,大家都是平等的,这里没有领导,没有权威。研讨的氛围必须是民主、平等、和谐、轻松的,这样才能激活教师的思维,让教师充分展示自己的想法,利于促进教师自身发展。我们构建了"1+1+1"校本教研模式,即每周各学科集体备课"研—讲—议"一体化,每周三下午全校教师集体备课,深度磨课,实现了周周有集备、天天有教研、时时在研究。目前老师们研究意识强烈,研究方式灵活,研究内容深入,不拘泥形式,不走过场,呈现出"工作即研究,研究即工作"的良好态势。

第三件事是抓好教育科研。科研课题的研究是比较系统的、规范的。我们以课题为牵动,带领教师开展系统的、扎实的、深入的研究活动,使教师树立科研意识,能发现教育教学中的问题,并能结合自己的教学实践解决问题,总结经验,从而成为一名研究型的教师。

三是引领教师发展。教师在成长的路上需要别人的关注和认可,更需要激励。我们要为教师的发展,提供机会和平台,鼓励教师在事业上有所成就。让教师切身体会到自身价值的成就感,体会到职业成功的幸福感。教师在展示交流中体会到成功的快乐,学校在展示交流中收获了教师的快速成长。教学研究不仅仅幸福了教师,也成就了学校。

(三)构建幸福课堂

课堂是师生每天生命相遇、心灵相约的重要场所。学生学习的过程主要是伴随课堂而存在的,学生必须回归课堂的主体,成为课堂的主人。教师要努力成为学生的"学习伙伴",让学生喜欢课堂,爱上学习。

那么何为幸福的课堂呢?我认为,幸福的课堂应该是快乐的、民主的、轻松的、自由的、平等的、高效的。

也可以说,应该是简洁有效的课堂、充满生机的课堂、思维灵动的课堂、个性彰显的课堂。

幸福课堂需要师生共同创造,其特点应该是:教师乐教、会教,学生善学、好学。学生课堂上呈现的状态是小脸通红、小眼放光、小手常举、小口常开。

几年来,在幸福课堂的构建上,我们用了很多心思,也付出了很多努力。抓住深化课堂教学改革这一契机,结合我校"十二五"省教育学会规划课题"新课程背景下小学课堂教学有效性的研究"这一课题,带领课题组教师,潜心研究、大胆尝试,总结出了"345课堂教学"模式,其实,也是一种教学思想。

"345教学"模式即三个特点:以学生为主体,以发展为主旨,以训练为主线;四个环节:出示目标—学案导学—合作探究—反馈检测;五个解放:解放孩子的大脑,让学生充分地思考;解放孩子的双手,让学生充分地操作;解放孩子的嘴巴,让学生充分地表达;解放孩子的眼睛,让学生充分地观察;解放孩子的实践,让学生充分地展示。

在这一思想的指导下,我们构建了低年级的"快乐课堂"和高年级的"自主课堂"。在快乐课堂上,让学生体会到参与的快乐、动手的快乐、评价的快乐、展示的快乐。高年级的自主课堂上,学生课前会预习、思考会质疑、倾听会评价、探究会合作、展示会交流、检测会反思。

在幸福课堂上我们提出了培养学生的"六大良好习惯"(认真读书的习惯、积极思考的习惯、善于提问的习惯、合作学习的习惯、客观评价的习惯、认真书写的习惯)和自主学习的"六项要求"(声音要亮、语言要准、合作要诚、展示要精、倾听要专、书写要整)。

在幸福课堂的构建上,我们已经迈出坚实的一步,但距离我们理想的幸福课堂还有很大的距离,幸福课堂的构建将是我们一直的追求。

四、培养幸福学生

幸福教育的责任,就是为学生幸福的人生奠基。

我们的培养目标是培养能够感知幸福、追求幸福和创造幸福的人。围绕这一目标,我们如何建立为目标服务的课程体系呢?

生活是丰富多彩的,学生的个性特点、兴趣爱好也有着巨大的差异,有着无限的发展潜能。为了打造幸福教育的办学特色,我们积极开发校本课程,针对学校的师资,本着学生的兴趣爱好,我们的校本课程分为四类,一是传统文化类(琴棋书画、经典诵读、节日文化);二是实践活动类(交警实践小队、消防员实践小队、矿山服务小队、雷锋小队等);三是学科拓展类(花键、篮球、足球、速滑、播音、茶艺、盘艺、衍纸等30多种);四是特色类(花样跳绳、写字、竖笛、速滑)。

全员选修——发展学生特长

我校每周五下午都是30多种选修课开放的时间,也是孩子们最快乐的时光。每学期初,学生根据菜单自主选择,进行一年的学习,一年后可以重新选择。除了单项选修,我们还有全校普及的项目。一是跳绳,这是我校长达十年一直坚持的体育项目,要求人人达标,年年比赛。全市跳绳比赛,我校几乎包揽所有单项、团体冠军。跳绳作为我校的特色,已经成为我校一个品牌。课间操是创编的绳操、绳舞。阳光跳绳队的精彩表演已经多次走上舞台,并在全市运动盛会上进行表演,非常震撼。二是竖笛,我们一直坚持乐器进课堂,除了年组开设的葫芦丝、口风琴等乐器,一至五年级学生竖笛不离手,全校两千人的竖笛齐奏场面非常壮观。三是书法,作为国家级写字示范校,我校坚持多年组织教师大练写字基本功,教师功底扎实。建设了书法教室,开设书法课,学生每天都有练习书法的时间。四是速滑,我校是省级短道速滑特色学校,年年浇筑冰场,三年级开始冬季上冰上课,作为世界冠军王濛的母校,我校已经向省队、国家队输送了多个短道速滑后备人才。

这些选修课程的开设,提升了学生的综合素养,孩子们在学习中体会着快乐,也为他们幸福的人生做好了知识储备。

传统文化——促进启蒙养正

中国自古以来就是礼仪之邦,文明礼貌是中华民族的优良传统。为了让学生有教养,我们将《弟子规》纳入学校的校本课程,结合学生的年龄特点,分年级进行《弟子规》的诵读、深解和践行。《弟子规》一共360句,1080字,比较好记忆,而且集孔孟等圣贤道德教育之大成,是启蒙养正、教育孩子的最佳读物,至今传承300年,被誉为"人生第一步、天下第一规"。我们通过环境熏陶、早午吟诵、情景剧创编、弟子规吟诵表演比赛、创编弟子规课间操等一系列的做法,促使全校师生学习、内化。这个活动也有很多的家长参加,通过家长学校,倡导家长与孩子共同学习,家校联手,规范孩子的行为,为孩子的成长导行。一个好的品行将是孩子幸福人生的基础。

节日文化——根植爱国情怀

我们中华民族有着五千年灿烂的文明,有着丰富多彩的民族文化。传统节日作为中华民族特有的文化传统,以其璀璨辉煌被人膜拜;也以其古老陈旧被人疏远。为了弘扬中华传统文化,涵养学生的家国情怀。我们每年都选取一个节日,组织全校师生共同过民俗节。每到一个节日,家长、老师、学生一起动手,把班级、走廊、方厅布置得极具节日特色,学校充满了节日的氛围,活动非常有意义。从节日的准备开始,处处是教育,搜集节日来历、风俗、各地文化差异,布置场景,手工制作,排练节目等等,全校师生都动起来,还扩展到家庭。孩子们不仅仅了解了节日文化,更重要的是传承了中华传统美德。我们要让学生铭记:我们是中国人,中国人要过中国节。

走进经典——享受阅读快乐

养成良好的读书习惯,将让孩子终身受益。引领师生走进经典,享受阅读的兴趣,是我们追求的目标。我校大力营造读书氛围,开展"经典阅读工程",每年的"世界读书日"期间,我们都会利用一个月时间展示读书活动成果。做实、做细几项精品活动:古诗考级、亲子阅读展示汇报、读书交流课展示、读书剧展演等活动。并利用乐教乐学、校园网、人人通等平台展示交流成果,评选书香学生、书香班级、书香家庭。读书活动目前在我校已经成为一种常态、一种习惯。每周师生共读 90 分,每月年级同读一本书,老师、孩子们每天也互相推荐好书,竞相阅读,有一大批孩子放学就去新华书店"儿童阅览室",很多家庭也都已经走入了读书行列。

实践体验——历练学生成长

生活即教育,实践即课程。对于孩子来说,体验是一种生活积累,是一种人生积淀,是一种最宝贵的教育"储蓄"。学生的成长,不可能是一路洒满鲜花。所以,要培养学生生活必备能力,磨炼他们的意志,从小学会担当,是他们幸福一生的必修课。

我校针对小学生的特点,充分利用社会资源,在各个年组都成立了消防中队、交警中队、礼仪中队、雷锋中队。定期组织学生开展活动。这些精心策划的活动,成为生动的课程,让学生在体验中积累了终生必备的生活经验,同时也磨炼了他们的意志,培养了社会责任感。

　　校园也是学生体验的最佳舞台,我们本着"寻找一个岗位、扮演一个角色、感悟一份责任"的宗旨,从学校到班级,积极为学生搭建体验的平台。"校长小助理""责任小主人""卫生监督员""礼仪引导员""安全检查员"等等,还有各个班级的实践小队——取送餐小队、餐后卫生服务队、班级环保小队等等。亲身的体验是最好的教育方式,这种体验,对孩子而言,应该是最珍贵的,多种角色的互换,岗位职责的履行,使学生找到了自信,明晰了责任,为幸福的人生做好了积淀。

　　总之,幸福教育是教育哲学,是教育理想,同时也是教育改革的行动指南。人的幸福是我们教育的根本目的,在强调"只有一流的教育,才能培养一流人才,建设一流国家"的时代,将"幸福"作为学校教育的理想和追求,是教育发展到今天,我们审视现实社会、教育现状、教育本质和教育发展所做出的理智而又理想的选择。

　　让我们共同努力,为孩子幸福人生奠基,让我们用智慧为幸福教育扬帆起航!

为实现心中教育理想而不懈追求

鸡西市和平小学　　陈景利

　　原教育部副部长陈小娅曾说:"有一位好校长就有一所好学校,就能带出一群好老师。"有过学校、教研机构和教育行政工作经历的我,对这段话感同身受。当我走上了校长岗位之时,便怀揣着做一个好校长的梦想,在小学教育的道路上,执着地追寻着⋯⋯

我的办学理想

　　1984年7月,我从鸡西市师范学校毕业,随即投身教育工作中。从一名小学教师做起,到教学校长,市教育学院小学数学、信息技术教研员、计算机培训教师、干训教师、干训部主任,市教育局初教科科长,和平小学校长,历经三十五载,在较丰富的教育工作经历中,我深切地感受到:学校教育只有遵循规律,才能取得育人的最大效益。

　　早在我做校长之前,就感到课改前期小学校有悖规律的事较多,小学教育中学化、泛成人化很严重。学生一年四季被圈养在校园内,远离自然和社会,课堂也多是被动、机械、重复的学习,片面、盲目、功利的现象在学校中盛行。如何遵循教育规律,还原本真教育,使学校走内涵发展、特色发展、创新发展之路,是我2008年秋季初任校长深入思考的首要问题。所以,我在第一次全校教工大会上,我就向全校教职员工郑重承诺:带领大家在鸡西地区办一所尊重规律、凸显内涵、突出个性的学校,我们的学校要避免盲目盲从,追求本真的教育。而且我们的学校要为鸡西教育的发展、文化繁荣、社会进步承担一份责任,弘扬一种精神。在我们的学校里,师生当以拥有深厚的文化底蕴、强烈的社会责任感为追求,服务社会,造福人民,体现自身的人生价值。这是我作为校长的办学理想,也是我们全体教职员工的共同愿景。客观地说,直到今天,虽然我们逐渐靠近这个理想,没有达到我心中的理想状态,但庆幸的是我们从来没有放弃过对

这个理想的追求。如今,让我感到欣慰的是学校的经典阅读、科技教育、艺术教育、家校共建、社会实践活动等内涵建设均不同程度成为全市中小学的样板,发挥了引领示范的作用。

为了实现我的办学理想,十年间,主要做了四件事情:一是构建办学理念系统,二是为教师成长铺路,三是为家校同心搭桥,四是努力还原本真的教育。

构建办学理念系统

教育"本真"一直是我从事教育工作的理想追求。我对"本真"的理解是,"真"就是学校教育要真实不虚伪、不浮躁、不搞花架子;"本"就是朴实的尊重人成长规律的教育模式。我们的办学理念系统就是围绕"本真教育"而构建的。

一是形成了以"童蒙养正"为核心的办学思想。

办学思想的重要性不言而喻,因为思想是方向,是师生共同遵守的价值观念。所以,校长一定要给教师一个明确的育人方向,否则学校办学就容易陷入盲目盲从的状态。过去,关于小学教育的任务目标,国家政策层面是缺乏细化的东西,比较笼统,没有明确的规定,学校办学盲目盲从现象普遍。

"蒙以养正,圣功也"是古代儒家教育思想,我非常信奉这一思想。"养正"就是培养学生的正知正见,形成正确的价值观念。宋朝理学家朱熹对此进行了诠释,翻译成白话即是:"小学阶段的孩子,涉世未深,心性纯净,记忆力强,但理解力弱,很容易受各种思想的影响,儿童而一旦接受了各种异端邪说,再教以儒家的伦理道德就会抵触,所以,小学教育必须将古圣先贤的智慧先注入学生心灵,培养他们端正的心性及行为。"我对这一思想的信仰还来源于我对生命成长的思考:小学阶段是人生的春天,春天重在养阳,养阳就是涵养正气、正知、正见。正知正见从何而来? 一定是从传递给学生的优秀文化中来,从有正知正见的老师和家长的榜样示范中来。所以,如果小学阶段缺少经典的滋养,缺少对高雅事物、高尚人物的见识,就会阳气不足,未来成长必定受阻。后来我又多次拜读了当代美国教育心理学家柯领的《追问教育的本质》一书,书中反复强调:小学阶段最重要的是要防止儿童被精神污染,要尽可能让儿童的心灵接触美的东西。他的这一观点被许多中外教育家所认同和践行。所以"童蒙养正"思想是古今中外教育家的共识。养正教育也就成为学校教育思想的核心,也作为学校育人的总目标。为了让师生理解这种思想,我们共同构筑了一个愿景:力求让进入和平小学的孩子,从进入校园那天起就见到精彩,让他们读有价值的书、听高雅的音乐、欣赏最美的画面,与高尚的人多接触,体验最有意义的事情,陶冶情操,端正品行,着力培养学生的正知正见。为此,我们在课程建设上,就采取了取法乎上的原则,实施经典教育。在国家、地方课程的基础上,我们开发了以经典阅读为特色的校本课程体系,一是以国学经典诵读和古今中外经典美文阅读为主的经典诵读类课程;二是以汉字文化渗透、名曲名画欣赏、国粹知识学习为主要内容的文化赏析类课程;三是以书法、武术、体育舞蹈和京剧艺术、研究性学习和社会实践活动为主的实践活动类课程;四是以阅读自我为主要内容的心灵导行类课程。这四类课程通过单设、融合、渗透等方式实施。

二是将阅读作为落实办学思想的突破口。

将阅读作为学生养正的突破口,源于我对小学教育任务的理解。我认同教育就是培养学生良好习惯的观点,小学更是责无旁贷。但是小学到底要培养哪些良好的习惯? 怎么培养? 我在深入思考、不断论证的过程中感到,学习活动是习惯养成的最大载体,小学阶段的首要任务就应学会学习。如果不会学习,习惯、道德就是无本之木,无源之水。如果学生不会学习,一定是小学教育最大的失败。而阅读能力是一切学习能力的基础和核心,是学生最重要的能力。从阅读的特点来看,阅读本身就是一种特殊的认知活动,需要实现知识与能力、过程与方法、情感态度与价值观这几个维度的有机统一。阅读活动通过对信息的处理和利用,可以影响学生的思想、情感、方法和价值观。通过实践观察,我们发现,如果小学生在学习上出现问题,抛开身体、心理等因素,基本上是阅读能力欠缺的原因。对小学生来讲,阅读就像生命的发动机一样重要,是牵一发而动全身的。因此,我们将阅读作为实施养正教育的突破口和重要途径,形成了"让阅读成为每一位学生精彩人生的基石"的特色办学理念,并将"虔诚阅读,明理力行"作为校训,来凸显阅读特色,强化阅读功效。另外,从阅读的本义和阅读的过程上看,我们认为,在当今信息资源极其丰富的时代,必须颠覆"阅读就是读书"这一狭隘的理解,阅读的范围应从书籍拓展为文本、声音、图画、自然、社会和自我六大领域,实现从书籍一个点的阅读向多维空间阅读的转换,树立大阅读观,探索并实践多感官阅读,构建学校阅读课程体系和课堂教学模式。

培养阅读能力,激发学生内在的生命活力,是我们课堂教学改革的目的。学校构建了"阅读·活力"课堂教学模式。通过三个回归的课堂教学理念,和三个课堂关注的重点,从教会学生阅读教材入手,教给学生阅读方法,通过对文本、图画、符号、声音、情境、人物的阅读,提高学生学习能力。在我们的课堂实践中,我向教师提出一个要求,就是要在教学中避免"麻辣烫"现象,我们知道麻辣烫刺激人的胃口,但吃久了对健康不利。教师在课堂上为了调动学生的积极性,经常采取各种花样手段,像麻辣烫一样调动学生学习的积极性,这在小学非常必要,但不重要,重要的是调动学生学习的内需,而且到了高年级教师要减少

这样的刺激,才能培养学生主动学习的习惯和能力。

同时,我们还开设了课外阅读导读课。课外阅读导读课,注重激发学生阅读兴趣、引发思考,以阅读方法、技巧的传授,促进阅读能力提高。强调学生良好阅读习惯的培养,并进行定期检测。为激发阅读的积极性和主动性,实施了针对学生阅读质量的综合评价。2016 年秋季,我校又建立了"青青阅读平台",让校园阅读走入了"互联网＋"的新时代。在阅读平台上,实现了书目推荐、线下阅读,师生交流、线上阅读能力测试,大数据效果分析、阅读分享、挑战游戏,更增添了孩子们的阅读兴趣,提升了阅读能力。阅读作为我校实施养正教育的主要途径,取得了丰硕的成果。

为教师成长铺路

明代最著名的思想家王阳明认为"人人都可以成为圣人"。我认同他的观点。"人人都可以成为好老师,只是没有被充分挖掘"也是我的教师观。有好的老师才有好的教育,学校的质量取决于教师的质量。所以,我做校长耗费精力最多、经费投入最多、使的招数最多的就是提升教师整体素质。在提升教师整体素质上重点抓了两件事,即教师的精神成长和专业能力提升。

在教师精神成长方面,一是树立了"层层做榜样、传递正能量"的队伍建设理念。美国心理学家的一项研究认为,人的一生会受"四个重要他人"的深远影响,他们是幼年时期的父母、童年时期的老师、少年时期的同伴、成年时期的恋人。童年正属小学阶段,说明小学教师对学生的影响很大。叶圣陶说:"教育工作者的全部工作就是为人师表。"这也说明了小学教师的重要性。我经常告诫教师:教师应该是学生生命历程中读过的最有价值的一本书。所以要求小学教师在德、能、勤、绩方面均要成为学生榜样,应是各类教师中德行最高的一个群体,这点是所有小学教师必须深刻认识的,只有这样才能培养学生高尚的人格。同时在家长中渗透这一思想,希望"家长要做孩子的楷模"。当然实现这一目标是一个艰难的过程,任重而道远。

二是用经典阅读滋养师德,提高自律能力。通过建立群众性组织"师友会"和"和风书社"引导教师品读经典、践行经典、弘扬经典。通过经典滋养,老师们的心态平和了,心胸开阔了,更有耐心和爱心了。三是完善机制,规范从教行为。对违反职业道德规范的教师不护短、不手软。2009 年起,学校开始加大违规教师惩罚力度。努力营造一个公平正义的工作环境,让大家享受到集体的温暖与幸福。

在教师的专业成长方面,实施了"优势·特色·品牌"教师培养工程。2008

年秋季,我刚到和平小学就面临非常棘手的班额不均的问题。新一年级六个班,其中两个班班额都近70人,还有两个班每班只有40多人(我到之前已分班)。刚开学,两个班额较少的老师一肚子委屈,认为自己辛苦工作那么多年,也尽心尽力,却落得这样的结果,内心难以接受。班额少的班级家长要调班,有的干脆将孩子转到别的学校。择班就是选择老师。事实上,小学选择一个好的班主任的确很重要,尤其像我校这样,班主任兼两个主要学科教学任务的更重要。但对一所学校来讲,多种因素造成了教师的差异,由于教师的差异,直接导致学校内部教育的不公平。促进公平是我国教育改革的重点任务。在一个学校内,让孩子受到公平的教育,主要就是消除教师间巨大的差异,让业务能力相对薄弱的教师尽快成长起来,这是学校的责任。而过去教师培训多采用大锅饭、大跃进的方式,没有考虑到每一位教师的需求和基础,忽视培训内容、方式的科学性,所以,效率低,效果差。教师评价方式也是精英选拔式的,使一些教师丧失自信和成功的希望,没有起到调动教师工作积极性的作用。我认为,在教师的专业成长上,教师和学生的成长一样,需要主动,需要合作,需要不断地反思,需要找到自身的优势作为成长的突破口,精英式教师评价方式是违背规律的,使多数教师丧失自信和成功的希望,不利于大多数教师的成长。所以,2009年初,我们决定实施"优势·特色·品牌"教师培养工程,帮助每一位教师找到自身的长处,调动教师的成长积极性,扬长避短,各美其美,既成就自己也能成就他人,让教师们都能体验到职业的幸福与尊严。在工程实施中,采取专家引领、专业阅读、课题研究、团队建设、实践锤炼、捆绑式评价等方式,有效提升了教师的专业素养。这种做法大大缓解了部分教师跟不上改革步伐和教师间差距过大的矛盾,给学生营造了一个公平、良好教育氛围。这种理念,也带动班主任建设特色班级。学校多数教学班班班都有特色,并形成班级特色文化。2010年,我们又开始实行了对教师的捆绑式评价,树立既成就自己也能成就他人的理念,形成行有不得、反求诸己的教学风气,教师集体的凝聚力逐渐增强,教师整体提升较快,这也是我做校长比较欣慰的地方。

我做校长最大的成功就是教师队伍成长特别快。2013年,尹传梅老师的事迹在中央电视台教育频道"寻找身边的张丽莉"栏目中播出,全省只有两位教师有此殊荣;2014年,在教育部首届"一师一优课、一课一名师"评比中,五名教师获得部级"优课",六名教师获省级"优课",包揽了鸡西市区小学全部奖项。2016年底,四位教师在中国当代语文教学专业委员会国学水平测试中,获市区级国学水平测试员资格,全国仅31人通过测试。任雁秋老师在全市率先使用"速算盒子"和"一起作"信息技术平台,在国家级培训活动中介绍经验,在她的

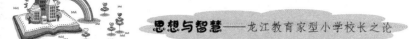

带领下"速算盒子"已在全市推广。另外,在历年的全市教育行风测评中,学校的群众满意率排名都位居全市榜首。

为家校同心搭桥

当今时代还有一个重要的特征,就是家长时刻关注学校教育。学校教育必须协同家长、社会构成育人共同体。我上任不到半个月,就开始带领老师们大力开展家校共建工作。应该说是做得非常成功的一件事。最初的想法很简单,就是解决当时激烈的家校矛盾,自第一次我组织的全校一年级家长会初战告捷后,家长课堂、家长进课堂、家委会各部委建设、每年三次大型主题家长会便一发而不可收,不但家长的思想觉悟和家庭教育能力快速提高,而且有力促进了学校教育水平的整体提升。随着不断深入的合作机制,我们尝到了巨大的甜头,给学校和家长都带来了巨大的利益,真正感受到家校共建是学校教育不可缺的一部分。现在校委会和家委会是学校并行的两股决策力量,成就着孩子的成长。2017年12月7日家委会会长、秘书长与学校领导同行参加中华书局在宁波举办的经典教育联盟大会,并在会上交流经验。通过家校共建,真正印证了陶行知那句话:办教育和改造社会是一回事,办教育如果不以改造社会为导向,这个教育就没有精神。在家校共建中我这个校长的责任就是为家校同心搭建桥梁。2013年,市教育局专门在我校召开现场会,在全市中小学推介我校家校合作的经验和做法。

如果问我为什么在学校轰轰烈烈地搞家校合作?主要基于以下几方面的考虑:一是立德树人教育根本任务的需要。只依靠学校是难以把这个任务完成好的。为什么?因为今天教育生态系统遭到了破坏,因为教育本来就是一个系统工程,家庭教育、学校教育、社会教育缺乏任何一个环节都不行,每个环节应各有侧重,但目标理念应是一致的,立德的教育更多在家庭和社会。而目前的状况是,不是哪一个环节缺少的问题,而是很多时候是相悖离的。部分学生所受的家庭教育与学校教育相悖离,社会教育与学校教育相悖离,真正懂教育孩子的父母又很少,所以,学校在教育学生方面是不堪重负的,某种意义上,学校的投入大于产出。这也无形中给我这个校长一个平台,我想在这方面做点事,虽然学校管不了社会,但我们可以用教育者的力量来影响家庭教育,让家长承担该承担的责任。所以学校一定要重视家校合作。

二是学校教育的需要。没有家长的支持和帮助,学校很多该做的事情做不了,好的想法无法实现。培养学生的创新意识、实践能力和社会责任感,就不能局限在课堂进行教育。而学校教育又得不到应有的保护,很多事情还得仰仗家长。我们从 2009 年春季开始的全员亲近大自然活动，走进山村、走进森林、走进军营、走向工厂……徒步拉练，学校一年组织两次，甚至有些学年和班级每月组织一次，这样好的活动，没有家长的支持和帮助是不可能实现的，许多学校因安全问题搁浅，而我们做了十年没有间断，主要得益于家校合作。

三是家校合作是小学教育最迫切的需要，也是学校的责任。小学是基础教育的基础，学生进入正规学校教育的第一关，孩子从家庭或幼儿园走向学校，家长、孩子都需要适应，打开一个什么局面开什么头非常重要，直接影响后续的学习生活，所以家校合作最为关键。

我们实施家校合作的目的，就是让学校教育和家庭教育统一认识、统一思想、统一行动，形成合力，让家长和教师成为学生教育的同盟军，做到同心同德、携手并肩，共同教育我们的孩子，让他们受到最好、最有效的教育。所以说，家校共建是学生健康成长的重要保障。

还原本真的教育

学校教育只有遵循规律，才能取得育人的最大效益。事实上，小学教育违背规律的事特别多，小学教育中学化、泛成人化很严重，学生一年四季被圈养在校园内，远离自然和社会，课堂也多是被动、机械、重复的学习。所以，我们将学生的学习途径定位在：向书本学习、向自然学习、向社会学习、向身边的人学习四个途径，这样的学习才是完整的学习，是遵循规律的本真教育。为了还教育的本来面目，学校通过课堂改进德育模式和教学模式，强化了科技教育、艺体教育、劳动教育和勤俭节约教育，并大力开展了社会实践活动和研究性学习，实施了学生综合素质评价，以此唤醒学生积极向上的情感，激发社会责任感，提高实践能力和审美意识，培养核心素养。

（一）强化课堂主阵地的作用

我觉得，课堂不但是学习的主阵地，也是德育的主阵地，更是师德表现的主阵地。当课堂失去德育支撑时，课堂教学本身就失去了灵魂。课堂教学效率不高的原因之一就是忽视了德育目标的达成。中小学将教学、德育校长分设就是个错误，课堂是最重要的德育阵地，我们将德育目标分学科具体化，指导教师认真落实学科德育目标，实现德育与教学的有机融合。同时，在学年组、学科组捆绑式评价的基础上，又建立班主任与学科教师的合作共同体，强化学科教师的育人意识。

我又提出最大的师德表现在课堂的理念，因为课堂是开展教育教学主要的阵

地,教师和学生90%以上的相处时间是在课堂,是教师师德表现最集中的地方。目前多数人对师德行为的理解有所偏颇。人们普遍认为,师德问题就是体罚、变相体罚、有偿办班补课、收受家长贿赂等直接对学生身心造成伤害、在社会上造成不良影响的行为。2008年新修订的《中小学教师职业道德规范》共有六条,除第一条"爱国守法"外,其余五条每条都与课堂有关。目前课堂有违师德的问题不是个别现象,很普遍。具体有两种表现:一是无意之为,二是有意之为。无意之为,就是教师的文化和专业功底太浅,没有能力完成教育教学任务,对学生的管理缺乏科学性,导致学生没有良好的学习习惯和行为习惯,这个问题主要出在能力上。有意之为,存在严重的应付、混日子的心理,不思进取,不能认真备课、上课、批改、辅导,导致不能很好地完成任务,这主要出在责任心上。这两种行为,在他人和教师自身看来,均不会意识到是师德问题,但恰恰是对学生的终身发展最不利的,是影响最坏的行为。我作为校长,总是耳提面命地让老师们树立这样一个理念,时刻警醒自己的课堂表现,不断约束自己的教学行为。

（二）强化科技教育

学校要培养现代人、未来人,让学生有现代思维是我一贯的教育主张。核心素养中六大素养中实践创新、科学精神都是对现代学生的素养要求。从2009年起我大力倡导科技教育,倡导现代思维,提出了"让创新成为一种思维习惯"的学生发展目标,在课堂中开展思维可视化教学研究,积极开展研究性学习,开展低碳环保科技小发明小制作活动,引进现代科技设备,大力开展利用现代信息技术提升学生自学能力的研究,倡导科普阅读等方式,让学生认识世界、了解当今世界科技的进步和发展,为培养具有世界眼光的人而奠基,是我们科技教育的基本思路。首先,我们舍得硬件投入。2010年引进壁挂科技馆,2011年购买了足球机器人和人形机器人,2012年武装了科技室,引进船模、航模、太阳能、乐高机器人等设备,2015年购买了三台3D打印机,2017年末引进二台VR超现实模拟机器和科学体验仪器,2018年准备购买无人机。这些投入为学生搭建了学科学的平台。二是科技教育实施过程中在课程、课堂、评价等方面形成了比较系统的管理办法。在各学科课程中强化思维习惯和思维品质的培养,提出和平小学学生应具备的四个思维习惯（刨根问底儿的习惯,多角度看问题的习惯,质疑的习惯,有独立见解的习惯）。每学期至少一次的全员性研究性学习活动。（自2012年起,我们进行了穆棱河水资源污染、雾霾天气成因、转基因食品、反恐怖袭击、视力下降及近视眼的成因、社区环境卫生等多项调查研究学习活动。同时,各学科根据学科特点开展学科研究性学习活动）,大力开展科普阅读活动。将《让孩子着迷的77×2个经典科学游戏》《我的第一本科学漫画书》等20多本科普书籍纳入学生课外阅读书目,让学生在阅读中开发想象力和创造力,并定期进行书面阅读考试。扎实开展科技社团活动。目前,科技教育社团有8个(机器人活动组、小发明创作组、航空航天组、植物栽培组、3D打印设计组、网络学习创客组、微电影制作组、无人机活动组)。举办校园主题科技节。建立家庭实验室。鼓励家长带领孩子进行家庭科学小实验,每学期在校园网站上传二十个实验视频,为家长带领孩子开展科学实验提供指导。学校成为鸡西市中小学科技教育基地和中国少年科学院科普教育示范基地,多次荣获科技教育各种奖项,学生多次在国家、省、市科技竞赛中获奖,被省科协推荐为全国青少年载人航天科普系列活动联系学校。

(三)强化学生实践活动

培养良好习惯是小学的主要任务,而习惯的培养要遵循学生的成长规律。人的心理活动过程是从认知到情感,从情感到意志和行为,意志与行为的结合即是习惯。认知是情感的源泉,情感是行为的源泉。一个习惯良好的人,必定是知情意行相协调的人。相反,一个从小对生命和自然失去敏感和情感的人,长大后怎么会关心地球环境和人类命运。对小学生来说,最给力的教育就是亲身实践和体验。我校学生实践活动的内容、时间、场地已经固定,实现了常规化、制度化、课程化。特别是坚持每年至少1—2次的亲近大自然和社会实践活动,家乡的江河湖泊、乡村田园、工厂矿山、绿色军营、敬老院所、文化遗址都留下和平小学师生的足迹,部分学年和班级成立了研学会,月月开展研学活动,已经坚持了十年,学校也由此被称为鸡西中小学第一个敢吃螃蟹的学校。体验活动激发了学生真、善、美的情感,增强了学生对生命的敬畏和对社会的责任感,不同程度地实现了自我教育。

(四)强化劳动教育和勤俭节约教育

人类的进化源于劳动,而俭以养德更是大家共识,尤其对现在的独生子女,劳动和勤俭教育更有其独特的意义。德育的最高境界是唤醒人的主体性意识。我们倡议一二三年级的学生要承包家里马桶的清洗任务,四五年级学生承包家里卫生间的清扫工作,在学校自己清理书桌。事实证明,这些做法对唤醒学生的主体意识,增强社会责任感,生发感恩心,提高自立、忍耐力和意志力具有其他方式不可替代的作用,并促进讲卫生、讲公德等文明习惯的养成。另外,我们还倡导学生和自己的学习用品交朋友,养成勤俭节约、吃苦耐劳的好习惯,向浪

费现象宣战。学期末对班级考核,并评选勤俭节约好习惯的示范生。

(五)艺术教育

我十分赞同"小学阶段的教育就是培养审美的人"的观点,将艺术教育作为提升学校德育水平和学生综合素养的重要途径。从 2008 年起,书法、名曲、名画、京剧进课堂和教育戏剧逐步成为学校艺术教育的特色,在鸡西地区起到示范引领作用。京剧社团已经成为鸡西教育对外交流的一张名片,2014 年京剧社团的赵紫汐同学作为黑龙江的唯一代表进入中央电视台少儿戏曲大赛总决赛。2015 年 30 多名学生的京剧节目《国粹生辉》获得国家儿童艺术展演一等奖。2015 年秋季,又将戏剧元素融入学校课程,2016 年正式开设戏剧课,受到学生的喜爱,取得了很好的效果。学校坚持开展一年一度的艺术节活动,开设每周两次的艺术社团活动。学习内容涉及童话剧、课本剧、故事大赛、演讲大赛、才艺大赛、合唱比赛、音乐会、书法大赛、绘画展览、小戏迷票友会、诗歌朗诵会、团体武术表演等 20 多项。艺术教育为培养学生的综合素养发挥了巨大的作用。

我的两点体会

一是校长办学一定要遵循规律。对规律而言就是顺我者昌逆我者亡,不但要遵循学生的认知规律、遵循教师的成长规律、遵循时代发展的规律,也要遵循校长的成功规律。校长在学校是跑在最前面的人,自身要不断地成长,才能带来教师的成长,我的成长之路就是时刻保持一颗公益心来做教育,秉持正己而后正人的理念,做道德的领跑者;不断学习,不离开课堂,不患无位患无以立,做专业的引领者。虽然我做得还不够好,但我一直在努力。

二是坚持做认准的事。教育是一项长期事业,人生是一场耐力竞赛,短暂的激情是不值钱的,持续的激情才会创造价值。只要对学生成长有意义的事情,我们会克服困难坚持去做。学校整整九年的亲近大自然活动,没有坚持我们做不成。赶走校门前的小商小贩,在公安、城管都无力的时候,我们始终坚持以弱小的力量与其抗争,冒着生命危险地坚持,否则不会有今天让来(小贩)都不来的结果,因为他们挣不到一分钱。我们土生土长的"阅读活力课堂"教学模式,没有随波逐流而放弃。学校的办学理念和办学行为,能够深入到师生乃至家长心中,我们所做的就是坚持。

回味过去岁月,反思所做工作,还存在着许多不尽人意的地方,还留有许多遗憾,我所谈的算不上什么经验,只是一些朴素的想法和真实的做法。"精卫衔微木,将以填沧海",信念不息,追求不止!

让每个孩子绽放生命的精彩

——基于绿色教育的绿色养正文化的实践与思考

伊春市西林区钢城小学　齐秀梅

一、做有情怀的校长，办有底蕴的学校——我的职业观

1988 年 7 月，伊春师范学校中师专业毕业，我服从分配到乡镇学校伊春市西林区白林小学任教，成为这所学校建校以来的第一名师范毕业生。当了五年乡村教师，1993 年 8 月，转到企办学校伊春市西林钢铁公司子弟二小任教，先后从事班主任、教导主任、校长助理等工作。期间，成长为国家级骨干教师；荣获黑龙江省小学语文最佳教师、教学能手等荣誉；荣获黑龙江省第六届中小学青年教师现代园丁奖。2001 年 12 月，调入企办学校伊春市西林钢铁公司子弟一小担任校长工作，期间，被省政府授予黑龙江省"特级教师"称号。2003 年 12 月，企办教育移交地方政府管理，转制调入伊春市西林区西林小学担任党支部书记、校长，期间晋升为高级教师，被市委市政府授予伊春市基础教育"名校长"称号，荣获黑龙江省"十佳魅力校长"。2016 年 2 月，交流调入现所在学校——伊春市西林区钢城小学担任党支部书记、校长。

对校长的角色、做怎样的校长，每个人都有自己的理解。在我看来，校长应该有前瞻的教育思想，而校长情怀也是校长教育思想的体现。回顾自己十六年的校长经历，犹如一本言情小说，有迷茫、有失落、有鲜花、有掌声、有坚持、也有委屈……跌宕起伏也好，丰富多彩也罢，都是与教育事业结下的深深情结，是对教育本色的执着坚守。

校长作为特殊角色，在某种程度上决定着所在学校的命运。校长的思想和行动决定着师生的生命成长，决定着他们未来的发展。有情怀的校长，绝不是功利地"做教育"，而是着眼于每一个"人"的现在和未来，因此，前瞻人文的办学思想、"铁肩担道义"的精神也是校长办学应有的情怀。

我所在学校,因坐落在黑龙江省伊春市西林钢铁集团辖区得名,学校背靠卧龙山,濒临清水河,依山傍水。这是一所仅有200多名学生的小规模学校。没有一流的师资,没有一流的设施,算是"城中村"小学。李克强总理在十三届全国人大一次会议上的政府工作报告中指出,儿童是民族的未来、家庭的希望。要发展公平而有质量的教育,推动城乡义务教育一体化发展。要加快推进教育现代化,办好人民满意的教育,让每个人都有平等机会通过教育改变自身命运、成就人生梦想。学校虽小,有容乃大,同样具有存在价值,同样负载着广大人民群众的需要和每个家庭的希望!

伊春市西林区地处祖国绿色宝库小兴安岭,作为伊春唯一的重要新兴工业区,打造"山水钢城、德善西林"城镇品质是西林人民的追求。学校作为文明传播地,位于钢城的学校树立绿色教育理念,践行绿色教育思想,虽然与其没有内在的联系,但从外在来看,更加能唤起人们对生态、对环境的关注与保护,让我们的家乡——生态伊春的绿色主旋律,在学校绿色教育中弘扬光大。

一位好校长和一个有底蕴的学校是并存的。共同的愿景、良好的学校文化是有底蕴学校的主要标志。学校之间不再是硬件的差异,而是质量与文化的差异。如果一所学校的教育毁灭了天性、缺少了内涵,也就没有了底蕴,没有了底气。为学校找到灵魂,让小学校不小。小而优、小而美;小学校、大文化就是我们的底蕴,就是我们的底气!

有情怀的校长,会为学校建设与发展的成就而自豪,也会为某个孩子单纯的笑脸而感动;会为洒入校园的阳光而欣喜,也会为缺少关爱的学生而心疼;会为学校前行中遇到的问题而忧虑,也会为师生的点滴进步而高兴……

爱因斯坦说:"我要以我微弱的力量冒着不被任何人喜欢的危险,服务于真理和正义。"校长工作具有挑战性,情绪问题、组织问题、人际关系问题等接连不断。社会对校长的要求和期望值特别高,但个人压力很大。从我自身来说,热爱生活,喜欢美好的事物,喜欢温暖的东西,拍照、旅游、美食,保持乐观心态,是最好的减压方式。这既是校长应有的情怀,也是校长让师生拥有教育幸福感的来源。

做有情怀的校长、办有底蕴的学校。愿我们能以高远的眼界、敢于担当的气魄、创新的思维捕捉教育世界的新事物、新问题、新趋势,在不断破解困难与获取成功之中闪烁光彩!

二、一切从养正开始——我的教育观

基础教育重在启蒙,生命精彩的前提是养正。扎扎实实地用德来养护孩子的心灵和身体,就称之为"养正"。两千多年前《圣经》说"教孩童走他当行的道",《易传》曰"蒙以养正,圣功也",都道出了教育要慎始,开始的方向是要涵养德行,引领正道;养习惯之根,正做人之本。养正,是教育的起点,也是归宿。在长期的教育实践中,我对这一古老之初的教育论断有了越来越深刻的认识,进而将其作为自己的教育观。

一切从养正开始,"启蒙养正,绿色育人"是我们的教育理念。

教育是"以生命延续生命、以文明传承文明"的"绿色事业",也就是要始终以"为谁培养人?培养什么样的人?怎样培养人?"三个问题为导向。如果教育理念花拳绣腿、美辞堆砌、功利化,就背离了教育的本质。韩愈"师者,传道、授业、解惑也",梁启超《少年中国说》——教育就是教人学做人,学做现代的人,也都阐述了"育人为本"是教育的使命。知识可以通过任何渠道获得,未来学不到的东西就是德。全面发展,品格第一,发展素质教育,落实立德树人的根本任务,是十九大对教育的要求,也是社会发展和教育未来可持续发展的需要。我们要本着职业良心出发,站在国家和民族未来的高度,履行好教育工作者的使命担当。我们将启蒙养正作为绿色育人的起点,落实"立德树人"的根本任务,以真善美价值取向,培养学生良好习惯和优良品质,使学生得以成为对社会有用之人。

核心路径——绿色教育。关键词是生命。绿色教育是内涵丰富、涵盖面广的一种可持续发展理念,但核心是关注学生生命成长的状态和成长的质量。我理解的绿色教育犹如林业,育人如育林,"能顺木之天,以至其性焉尔。"林业是保护生态环境和保持生态平衡的代名词,我们遵循的绿色教育正是追求学生成长的生态平衡、可持续发展的教育。苏霍姆林斯基认为,全面和谐发展的人,就是把丰富的精神生活、纯洁的道德、健全的体格和谐结合在一起,是高尚的思想信念和良好的科学文化素质融为一体的人。这样的绿色教育不是颜色颜值的显性表达,是基于苏霍姆林斯基核心教育思想"人的全面和谐发展理论",根植于内心、把握和回归教育本源,创建以学生健康、品行、习惯、能力、兴趣等个体发展要素为基点的,适合学生成长生态的教育,是我们追求教育理想的教育。

三、每个学生都是森林中的一棵树——我的学生观

"让每个孩子绽放生命的精彩"是我们绿色育人的宗旨,就是要悦纳每一个孩子,关注每一个孩子的和谐发展。让每个孩子的生命在"绿色育人"中生机勃勃、郁郁葱葱,让每个孩子像森林里的树木一样在"绿色育人"中,生长得又高又直。

每个孩子来自不同的家庭背景,有着不同的个性特征,都有着属于自己的生命气质。我们在教育过程中就是让学生按自己成长、发展的可能性去成长,让属于他自己的东西生长起来,就是每个学生都能够主动地、最大限度地发展自己天赋的潜力,使其"内部灵性与可能性"得到充分发展。从某种意义上说,学生就像一棵树,需要生长并且从各个方面发展起来。也就是要经过自身对包括水、阳光、微生物和土壤所有自然因素的考验、磨炼,才能独立生存下来,直至长成参天大树,为人类带来空气净化、水源涵养、水土保持、森林游憩等环境效益和社会效益,绽放自己绿色生命的精彩。

《管子·权修》:"一年之计,莫如树谷;十年之计,莫如树木;终身之计,莫如树人。"比喻使小树成材要花费很多时间,花费很多精力,培养教育一个人才更不易。在这样漫长的过程中,我们如何顺应学生的自然天性、注重学生发展的和谐均衡、追求学生成长的生态平衡;我们需要创设什么样的条件,提供什么样的空间,使孩子能像树木一样具有独立生存、自主生长的能力,都能成长为自己的样子,是我们绿色育人所面对的实践课题。因此,我们的绿色教育,也要像育树一样,从培养学生良好品质、自主学习能力、自我管理能力等好习惯开始,帮助学生成长,而不是强制和灌输。孩子们也只有养成并形成独立、自主的习惯、品质,学会自己尝试解决遇到的困难和问题,才能真正成人成材。

四、教师是教师,也是学生,也是孩子——我的教师观

都说学校"有一个好校长就是一所好学校",我想说,学校有一批优秀的教师就是一所优质学校。教师是学校发展的第一力量、第一生产力,教师是学生健康成长的直接关系者。

教师与学生是一对互相依赖的生命,是一对共同成长的伙伴。"吾生也有涯,而知也无涯",老师和学生的角色时常会互换。为了给予学生需要的源源不断的"水源",教师不能满足已有的"一桶水",需要不断学习,不断汲取知识。在学习过程中,学生也不再满足于老师的传统注入式教学,他们喜欢自主,他们喜欢质疑,他们需要合作,这就促使教师要转变教学方式。学生在获得成长的同时,教师也从中获得进步与成长,因此说是教师在推动着教育的发展,也可以说是学生的发展推动着教育的进步。

学校是一个充满童心爱意的地方。陶行知先生有句话说得好:"我们必须变成小孩子,才配做小孩子的先生。"教师的童心要以恒固的爱心为基础,离开了情感,一切教育都无从谈起。纵观成名的教育专家,无一例外的都是保持一颗童心,做童心未泯的智者,做富有好奇心的乐教者,收获孩子的笑,收获自己不

老的青春,这正是我们作为教育工作者所要追求的境界。其一,自己就是孩子。教师如果摘掉成人的有色眼镜,拂去心灵的尘埃,那么以童心感受到的世界是至善至美的,这样才能引领学生发现美、感受美。与孩子融为一体,孩子就会视你为伙伴,你知行合一、充满智慧,你就成了他的榜样。其二,自己就是学生。教师要体验学生的喜与忧,关爱学生,痛其所痛,乐其所乐,感受学生成长中的喜怒哀乐。只有站在学生的角度才能最大限度地了解他们,我们才可以在这样理解的基础上帮助学生。其三,自己是教师。"师者,所以传道、授业、解惑也。"教师时刻都在教育孩子、影响孩子,教师之所以为"师",是因为孩子需要我们的引领。我们用什么引领孩子?用我们睿智的思想、科学的思维、善良的品质、良好的言行来感染他们,唯其如此,我们才不愧为"师"。

五、课程是注入学生生命的新鲜血液——我的课程观

每一个孩子都有巨大的潜能,但这些潜能的挖掘需要相关外部条件的激发。课程就是注入学生生命新鲜血液,能使学生的生命焕发光彩。在国家课程和地方课程的基础上,我们围绕"启蒙养正,绿色育人"的办学理念,竭力开发绿色养正社团课程,从课程育人角度展现绿色教育的行走足迹。

社团课程作为拓展性课程的一种形式,不仅在突出学校办学特色、促进学生个性发展等方面发挥着重要作用,而且是学生形成良好习惯、良好品质的重要途径。根据学校现有资源、地域特色、师资特长,我们组建了经典诵读、石头画制作、创意粘贴、传统钩织、书法、冰壶、轮滑、花式篮球、智慧七巧板、巧手制作、软件编程、口风琴、电钢琴、腰鼓、厨艺等15个社团课程。将课程的选择权交给学生,以"一个也不少""至少参加一个"为原则,全校大走班,学生根据自己的兴趣和能力选择适合的社团课程,保证每一个学生至少能培养一种兴趣、学到一种本领,优秀的孩子还能发展多个兴趣爱好。

每一个课程都是一个丰富饱满的世界,都包含着极为丰富的教育元素。苏格拉底提出了一个著名的命题"美德即知识",即教育的目的就是去挖掘、发展人的美德和善性。我们以"兴趣爱好启蒙、品质习惯养正"为统一目标,从不同角度,将十五个社团课程组成一个有机的整体,集结成近似于"关联课程"的社团课程系统。

读书课,读书育人—读书做人

取国学之精华,传国学之经典,通过经典诵读,让学生从小遵从圣贤教诲,正言行,端举止。根据每个年级特点,确定不同篇目,并将国学经典诵读明确纳入教学规划,日晨读、周课时,确保读书课开设坚持不懈。以"读书—读书育

人—读书做人"为主线,图书室、阅览室、阳光书吧、走廊书屋、班级图书角全天开放。根据每个年级特点,确定不同篇目。通过师生共读、个体读、亲子读等形式,不断拓展阅读的规模和深度,创新阅读的形式和机制。《弟子规》《道德经》《声韵启蒙》《少年中国说》……听着孩子们童真的琅琅读书声,胜似天籁梵音,心中会涌动起一阵阵的感动和欣慰。孩子们在诵读中虽然不能完全理解经典中的意思,但读诵可以在孩子心中扎下个"正"的根,而且随着年龄的增长,会有很好的体会。

书法课,端端正正写字—堂堂正正做人

书法作为中国的传统文化,像京剧一样,是国粹中的国粹,自然需要传承。写字不是单纯的技术问题,更涉及人生修养的陶冶和人格品行的养就。从这个角度来说,学习书法的意义,不仅是写整齐的中国字,汉字书写中的姿势、笔顺、运笔等对如何做人都有启发意义。一横是担当,一竖是脊梁,"端端正正写字,堂堂正正做人"已成为我校写字课的主要教学目标。设立"兰亭书堂",使学生在"传承汉字文明,书写儒风雅韵"中,潜移默化养成专注、细致、坚毅等心理品质,而且与人品、修养、气质、思想、个性等紧密相连,是启蒙养正的有效载体。

石头画创作课,发现美—追求美

石头画彩绘是一种手工与绘画相结合的美工活动,能培养学生的创新精神,陶冶学生的审美情操。我校地理位置依山傍水,教师经常利用业余时间带领学生到学校附近的河边捡石头;课后,家长也会和孩子一起收集不同形状的石头。一石激起千层浪,老师引导学生在进行石头画创作过程中,也使学生养成专心细致的学习态度和良好的学习习惯,同时也去掉了学生身上的浮躁之气。

冰壶课,诚实做人—欣赏他人

为了给学生提供一个广阔的兴趣空间,我们让冰壶走进了课堂。体育教师自己浇筑冰壶场地,自己动手画九宫格。还结合标准冰壶规则自主设计、制作了不同颜色的冰壶。老师通过九宫格示范,指导学生掌握冰壶相关知识及操作技巧。在冰壶活动中,队和队之间没有钩心斗角,而是彼此真心的赞美和鼓励。"诚实"是冰壶不可或缺的中心精神!冰壶课上,学生不仅感受到了冰雪运动的乐趣,而且在活动中会逐步形成诚实做人、懂得欣赏他人的品质。

腰鼓课,传承文化—自信阳光

腰鼓是传统民间艺术,有着中华传统文化的魅力。学生挂上大红的腰鼓,鼓槌系上大红的绸子,边跳边击,通过动律的变化表达自己的内心激情。孩子们在扬手、跳跃之间,红色绸布飞舞起来,内心的喜悦与激情溢于言表。学校近

200 名学生,其中有 40% 为留守、单亲、贫困等特殊群体学生,参加腰鼓社团课,不仅让学生们锻炼了身体,也让这些需要爱的孩子们受到鼓声感染,变得更加自信、阳光。

以上五个社团课程是我们在课程育人中,从培养学生思想品德、文明素养、心理健康、创新意识、行为规范等方面的课例。丰富多彩的社团活动,不仅能开阔眼界,陶冶情操,发展特长,而且使孩子们找到自信和幸福感,为学生的全面健康成长奠基未来!

六、课堂是构建学习共同体的演练场——我的课堂观

教学文化体现的是学校文化的精髓,让课堂回归生命的本色——绿色,使课堂成为师生共同成长、体现绿色生命力量的地方,是绿色生命课堂的根本所在。课堂上,每个学生都有自己独特的认知特点,在皮亚杰看来,学生并不只受教于成人,而且自己可以独立进行学习。教师通过绿化自己的教学行为,在每个学生自主学习基础上,根据群体的认知特征组织创建利于学生自主学习的环境、条件和机会,将班集体学生以合作分享的方式置身于共同体中学习。德国哲学家雅斯贝尔斯认为,教育是师生之间自由交往的过程。而且在交往中,双方(师生)"处一种身心敞放、相互完全平等的关系中",没有权威和中心的存在。师生人际心理相容,群体动力作用充分发挥,共同体元素激发学生潜在的学习内需力和创造力。

我们初步形成了"1 + 2 + X"绿色生命课堂教学模式,即:独学,一人自主独立学,掌握基础,查找疑惑;互学,两人同桌帮扶学,互查互学,解决疑惑;展学,三面黑板展示学,集体共学,突破疑惑。其中展学是重点环节,在展示中评价,在纠错中学习,充分展示比得出结论更重要。教室内,三尺讲台不见了,取而代之的是师生处于一个水平面,教师穿行于学生之间,交流互动、研究问题、心灵碰撞、产生共鸣。由原来一块专供教学用的黑板,变成了可供更多学生同时演练、展示的三面黑板,可同时容纳 6 个小组、30 多名学生同时进行展示、演练。使学生真正成为绿色生命课堂的主人。民主平等、宽松融洽的师生关系,利于形成课堂学习共同体,利于学生认知、合作、创新等关键能力的培养。

尊重生命成长的课堂

让每个孩子的生命绽放光彩是我们绿色育人的目标。课堂是学生生命成长的主阵地,也是师生生命与生命的交融场。学生只有在充满人文关怀的课堂教学活动中,才能洋溢出生命的激情,才能舒展个体生命的灵性;学生只有在真正被尊重、真诚被关怀的课堂上,才可以自由地、自信地来学习、来表达,才能获

得生命的涌动和成长。叶澜曾说,课堂教学是师生人生中一段重要的生命经历,是他们生命有意义的构成部分。课堂教学对于参与者都具有个体生命价值。教师在为学生付出的同时,也会收获自身专业的发展和自己生命价值的体现。

自主合作分享的课堂

有的教师认为自主就是放手给学生,就是老师不讲,学生自学,就是每堂课只能讲几分钟,必须给学生留更多的时间。这种认识的误区其实暴露了在课堂生态改革中还存在所谓小组合作的"浅表活跃现象"。还有的教师将小组讨论作为合作的代名字。而具体在课堂上,"小组讨论"则成为调节时间的一个重要武器。当时间充足的时候,就让学生"讨论讨论",当时间紧张的时候,无论学生的问题讨论到什么程度,都要跟着老师的教学要求停止。这是常见的教学围绕着教学设计进行,而不是围绕着学生的学习进行的现象。这样的所谓"讨论"并不是真正意义上的合作学习。让自主有成,让合作有效,是教师在基于"学习共同体"的课堂上培养学生互惠合作意识、互惠合作技能的切入点。

会有缺憾不足的课堂

课堂教学只要是真实的就会有缺憾,有缺憾是真实的一个指标。公开课、观摩课要上成功是没有问题。其实,这个预设的目标本身就是错误的,这样的预设给教师增加很多心理压力,然后做大量的准备,最后的效果往往是出不了"彩",课堂缺乏生成性。无论什么教学模式的课,本来就都是有待完善、有待充实的,这样的课称之为真实的课。同样,绿色生命课堂在追求扎实、充实、平实、真实中会遇到很多困难,但正是在这样的一个追求过程中,教师的专业水平才能提高,心胸才能博大起来。

七、德育的主渠道是体验、熏陶和影响——我的德育观

我们倡导的绿色养正德育是针对传统灌输说教式德育提出的一种生长性、发展性德育。围绕"启蒙养正,绿色育人"的教育理念,以培养"美善学生"、建设"扬善校园"作为主要目标。

涵养师德为先,潜移默化

有这样的观点,一个好教师对学生的影响会超过学校。教师是学生最亲近最尊敬的人,是最直接的榜样。教师的一言一行会潜移默化地影响着学生的人格。教师最重要的素质不是掌握最先进的教育教学技能,在一切素养中,教师的人格修养、道德素质是最重要的。学生需要教师的关爱、呵护,有时需要安慰。苏联教育家赞科夫说:"当教师必不可少的,甚至几乎是最主要的品质就是

热爱学生。"如果学生能从老师那里得到无私的爱,更能使学生感受到人格的真善美,感受到人间的美好,形成积极乐观健康的人格。教师只有用崇高去培养崇高,用善良去换取善良,以仁爱唤醒仁爱,以温暖传递温暖,才会培养出富有爱心的"美善"学生。

情感体验活动,内化于行

寓思想教育于实践体验活动,构建"六三三"德育活动系列,即持续开展"情暖留守"活动、感恩惜福活动、争当文明使者活动、绿色环保活动、"绿色小天使"评选活动、阳光体育活动六项活动;实施"感恩教育""家国教育""君子淑女教育"三项教育;常年举办读书节、艺术节、感恩节"三节"等实践体验活动。其中"一路书香,师生共成长"校园读书节、"我是钢城朗读者"、"红松杯"校园书法大赛等主题活动,已经成为学校"书韵墨香校园"建设的三张名片;全校师生手语操《三德歌》《习主席寄语》作为大课间活动项目,及校园歌曲清晨和放学播放。学生在丰富多彩的绿色养正德育活动中,通过自主实践与体验,获得了感性认识,内化形成了良好的道德素养。

绿色养正校园文化,润物无声

我们探索绿色养正文化,将校园视觉文化与理念文化建设有机结合,强化绿色教育思想引领,营造"启蒙养正,绿色育人"的文化氛围。

加德纳认为,教育的生命在于追求"真善美"。我们将"崇真、扬善、尚美"作为校训,本着"科学求真、人文求善、艺术求美"的思想,精心设计教学楼楼廊文化。分别以"真""善""美"三个主题展开,并分别以蓝、橙、绿三个主色调为颜色主题,使绿色育人这一办学特色植根于广大师生的心中,使师生在学校随时随地都能受到潜移默化的教育与影响。

一楼的设计以"美"为主题。以绿色为主色调,"美"即美好,要求师生要把自然美、社会美、艺术美内化为人生修养。我们设计了"美哉了,我的家""厉害了,我的国"和"钢铁是怎样炼成的"三个板块。一幅幅写真图片展现我国在外交、科技、军事、体育等领域的飞速进步与发展,激发了学生的自豪感以及对祖国的热爱。我的家乡——伊春的特色板块,展示的是素有"祖国林都""天然氧吧""红松的故乡"之称的伊春,美丽的四季景观、丰富的动植物资源、绿色的山珍特产……让学生了解家乡的同时,在幼小的心灵也种下了认同乡土的情感种子。"钢铁是怎样炼成的"板块展示的是孩子们的父母亲工作的炼钢、炼铁车间的现场情景图,烈火熊熊,钢花四溅,气势宏伟,甚是壮观。家乡的美景让孩子们陶醉,而家乡人坚毅的品格会在孩子内心深处生根发芽。

二楼主题是"善"的教育。主要以热情奔放、亲切而温暖的红、橙、黄暖色调

为主,诠释"善"的真谛。我们倡导"善"的教育,即通过善人、善己、善物来培养"美善学生",建设"扬善校园"。以传统美德教育为核心,通过图文并茂的图片使孩子们在"仁义礼智信""温良恭俭让""忠孝勇恭廉"的中华传统美德熏陶下,懂得什么是善,什么是恶;在儒雅文化的影响下,知道言谈文雅、举止优雅、情趣高雅、气质儒雅,在"启蒙养正、绿色教育"中知道如何争做钢城谦谦少年君子、贤良少年淑女。

三楼以蓝色作为主色调,主题是"真",其内涵就是真实的教育,即:科学求真。教育要务实求真,要探寻学生的成长规律,像陶行知老先生说的那样"千教万教,教人求真,千学万学,学做真人"。其中,关键词"返璞归真"就是让我们的课堂回归自然的本色;"至诚至真""怀质抱真"其实就是要求我们的老师以人格和品质成为治学的典范、言行的楷模,这样的老师才能时时教育学生追求真理,学做真人。

彰显家乡特色,创新班级文化。台湾台东大学教学系主任何俊青教授指出:一个人,一定要先认同自己的乡土,学会热爱自己的家乡,你才会走得更远,走得更好。立足于学生成长需求,努力让学生的道德认知和情感体验走进心灵深处。各班班风的制定注重过程的教育作用,放手让学生讨论酝酿,各班级分别选择了家乡特色树种和花卉,如小人参、山里红、冰凌花、白桦、云杉、红松等命名自己中队,并根据这些植物象征的精神品格确定富有班级个性的班风。这种由学生心底流淌出来的带有家乡情怀的班级精神,能够让孩子对乡土更有认同感,最能叩击学生心灵,其效果远远超过了空洞的说教。

八、学校管理重在构筑和谐人文环境——我的管理观

探索绿色人文管理,其本质是激发和释放每一个人的潜能、每一个人的能动性、每一个人的积极性。构建和谐的人文环境是绿色人文管理的核心内容,是实现这样管理目标的关键所在。马斯洛的需要层次理论,即人受教育程度越高,其需要的层次越高。教师是具备一定文化素质的专业人员,面对的教育对象纷繁复杂,承载的社会和个人心理压力很大,需要学校为他们创造和谐的人文环境,建立民主管理体制,使教师逐步达到自我管理、自我约束。评价由他评转为自评、由终结评转为过程评、人为评转为自动化评,充分发挥评价的激励功能,体现"包容性"评价的人文关怀。建立"低重心管理"机制,人本关怀、过程监控、目标管理相结合。注重教师专业发展,激发内力,给老师的个性发展提供广阔的空间。变"检查"为"交流",变"执行"为"沟通",积极营造和谐的绿色人文环境。

每一棵绿树都熠熠生辉,为每个生命颁奖是我们的初衷。学生评价转变以考试分数为主要标准的评价方式,以记录"成长档案"的形式建立起以学生全面发展和综合素质发展的绿色评价机制,采用学生自评与互评、师生与家长评、校内与校外相结合的多元评价方式,全面评价学生。在评价中培养自我管理、自我教育、自我激励、自我发展的能力。

"小荷才露尖尖角",以启蒙养正为起点的绿色教育思想的探索和实践,激发了学校教育的生命活力。不忘初心,遵循教育规律;牢记使命,育人为本。我会继续在绿色育人的道路上,不断完善和丰富绿色养正文化内涵,为让每个孩子绽放生命的精彩而努力前行。

基于核心素养下的生态教育探索之路

大庆市直属机关第一小学校　张玉东

1984 年,我怀着一颗赤诚的心,投入到教育者的行列。从教师、教导主任到校长,在不同的岗位上,我始终不渝地秉承"以教书育人为己任"的教育志向,恪守"为学生人生起步负责"的教育理念,牢记责任,求真务实,勤奋工作,用自己的真心和汗水,谱写着教育的永恒乐章。

一、生态教育思想的形成

在校长的岗位上我已耕耘了 20 年,在这 20 年的工作历程中我深刻地认识到校长对学校工作的领导,应该是对教育思想的领导。一所成功的学校,一定要具备前瞻性的教育思想和管理理念。在多年的工作实践中,我的头脑中已有了一些成熟的思想和观念,但总觉得还不够清晰,不成体系,都是碎片化的。2013 年,我在北京师范大学参加了中小学骨干校长培训班,通过与一些资深教育专家的交流和碰撞,令我深有感触。也就是在那时我决定要对自己的办学思想和实践进行一个系统的梳理和规划,强化学校办学特色,不断提升办学品味,走品牌化特色办学之路。在这之后的第二年,教育部研制印发了《关于全面深化课程改革落实立德树人根本任务的意见》,提出"教育部将组织研究提出各学段学生发展核心素养体系,明确学生应具备的适应终身发展和社会发展需要的必备品格和关键能力"。我深切地认识到:"培养学生的核心素养"是我作为一个教育者创新工作的目标,而作为一个学校的管理者,"打造特色品牌学校,努力办人民满意的教育"也是我不断努力的方向。思想的深入和提升是一个无比煎熬的过程,那个时期我一直在思考:发展学生的核心素养,学生是教育主体,以学生为本不容置疑,但是教师也应该在发展学生的核心素养中占有举足轻重的位置,或者说要实现学生核心素养的发展,要提升学生的关键能力,就不能忽视教师的发展。恰在这时,新课程所倡导的学校理念提出:"学校应该是生命力

生成的场所,是教师和学生共同成长的乐园。"据此我坚定了自己的认识,我觉得作为校长树立先进的办学理念要把握两个维度:

1.关注学生成长。确立以学生为本,促进学生全面而有个性发展的价值观,要践行因材施教的教育原则,研究学生的差异性,尊重学生的个性选择,鼓励学生兴趣特长的发展。

2.关注教师发展。教师应该成为学校新课程的开发者、践行者、促进者,创造性、灵活性地开展工作,科学、合理、有效地利用有效的教育资源为学校的主体(学生)服务,在这个过程中实现自身的成长和发展。

学生成长、教师发展是一个互补共生的过程,这个过程应该是尊重生命本体的,是绿色、健康、个性、平等的,这个过程也应该是源于理性解读的,是开放、自省、和谐、共生的,这与自然环境下的生态链条和生态理念不谋而合,如能实现,这所学校将被最大限度地赋予生命的意义与内涵,学校定会成为学生和教师共同的成长沃土和精神乐园,我想这也应该是我走办学品牌特色、创人民满意教育的必经之路。

基于以上的思考,我带领全校师生开始迈上了发展学生核心素养的生态教育探索之路,以遵循教育规律和儿童成长规律为路径,探索创建了适于"生长"的生态育人文化、富有"生机"的生态课程文化、立足"生本"的生态课堂文化、持续"生发"的生态评价文化、优化"生质"的生态管理文化。

二、生态育人文化的探索与创建

学校文化承载师生的价值取向和精神追求,具有凝聚人心的潜在力量,而全校师生既是学校文化的创建者、践行者、推进者,也是学校文化的受益者,他们在学校独特的价值观、信念、手段、语言、环境和制度的文化特质中内隐提升、不断成长。我认为学校文化应以学校管理者和全体师生员工组成的"校园人"为主体,应该把校园环境和师生活动作为主要内容,其中校园环境文化建设是隐性载体,师生活动文化建设是显性表达。

1.校园环境是学校生态育人文化的显性载体

为了让师生时时处处看到"我在",感受到"我在",我努力为师生探索创建"师生站在正中央"生态育人文化,把关注师生的生命质量放在重要位置,提高师生幸福指数。从学校管理到课程设置,从校标、校徽到校风、校训,从文化长廊、幸福教室、和谐小家到温馨一隅、师生联手画、安全警示标等等,甚至是学校的一草一木、一枝一叶都在体现着我校以人为本的教育理念。我希望通过这种随风入夜、润物无声地浸润,让我们的孩子思想得到洗礼、心灵得到净化、智慧

得到启迪。育人如同播种，为了做最适合孩子的教育，结合我校生态育人理念，2015年我还依据一小学生的培养目标——"有梦想、敢担当、讲友善、会思考、善合作、能坚持"重新创建楼廊文化，围绕不同主题，选编国学、故事、人物等设计内容，让我们的每一个学生如同一颗求知的种子在一小的这片生态园中生根、萌芽、拔节、沐浴阳光、砥砺风雨、精彩绽放，让学校真正成为学生的成长沃土和精神乐园。

另外，在班级里，我主张拆掉笨重的讲桌，让宽敞的讲台变成师生展示自我、发展自我的舞台；改良了储物柜，让敞开式书架为学生自由阅读提供方便。充分利用教室内外各种资源，如绿色植物、名言警句、作品展示、学生照片、活动书架等，让这些都成为我校良好生态教育环境必备的育人元素。在办公室里，我鼓励教师自主设计、个性管理、特色装饰、精巧收纳、和美"全家福"，让教师们对于学校有了一种家的幸福感和归属感。我还为教师开辟"第三空间"，在那里舒适的沙发、小巧的盆栽、舒缓的音乐、暖心的热茶都可以令教师身心得到休憩与释放。

2. 师生活动是学校生态育人文化的隐性表达

如果说"师生站在正中央"的生态环境文化，是生态育人理念的显性载体，那么丰富多彩的师生活动就是生态育人理念的隐性表达。我校通过积极开展礼仪培训、工会活动、体能训练等丰富的教师活动消除教师职业倦怠，增强教师职业幸福感；通过开展传统、高雅、多彩的学生活动提升学生综合素养，丰盈学生精神世界。正如苏霍姆林斯基所说："丰富校园的精神生活，使每一个人都能找到发挥、表现和确立自己力量和创造才能的场所。"

在学生活动中，我还特别注重学校德育活动的开展。德育作为孩子生命的奠基工程，也是表达学校育人理念和学生生命诉求的一条根基路径。《左传》载："太上有立德，其次有立功，其次有立言，虽久不废，此之谓不朽。"人生最高的境界是立德有德、实现道德理想，其次是事业追求，再次是知识、理想、著书立说，这三者是人生不朽的表现，"立德"居于人生三不朽之首。一直以来，我校都在不断探索研究德育教育教学理论，通过课堂指导、活动实践、渗透心理辅导等方法，优化学校德育工作。

首先，加大德育在课堂教学中的实施力度，除了开足开满国家要求的德育课程外，还将心理健康、礼仪指导课纳入课表、引入课堂，对孩子进行心理、文明礼仪等方面的有效指导。在完成阶段性的授课任务后，我校适时组织各级各类的校园礼仪大赛，文明礼仪之花就这样在校园里悄然绽放。

第二，坚持以人为本，以社会主义核心价值观教育为统领，以文明礼仪教育、行为习惯养成教育、法制教育、三条主线教育为切入点，大力抓好校风、班风、师风、学风建设。

第三，积极拓宽德育渠道，将德育工作融入各项活动之中，创新德育载体，深化活动主题。通过主题班队会、演讲、征文、文艺汇演、参观爱国主义基地、请老战士来校讲传统、参加社会实践等多种活动载体，让孩子们思想得到洗礼，心灵得到净化，智慧得到启迪，在学习中收获，在实践中成长。

第四，学校编印一二年级《德育教育读本》《市直机关一小学生道德规范养成手册》等书籍发放给学生，通过阅读学习并结合其开展各项德育实践活动，教育和引导学生养成良好的道德行为习惯，不断提升思想道德素质。

三、生态课程文化的探索与创建

每一个孩子都是一粒种子，每粒种子都孕育着一个美丽的梦想，只要给他们提供适宜的土壤、养料、阳光、水分，种子迟早都会生根、发芽、开花、结果……

基于发展学生核心素养的培养目标，我带领全校师生一直致力于生态课程体系建设，它是我校校本课程改革的一项重要的创新探索工程，是落实学校办学理念、助力学生成长的有效载体。我希望来到学校的每一个孩子在我们创建的课程体系里都能够得到发展和进步，都能够有所收获和提升。

作为一门课程体系，我和教师们明确了生态课程的目标：(1)根据学生发展需要、认知水平和身体、心理特点，以学科课程整合性、创造性为契机，让学生在学科课程中获得基础素养的发展。(2)以学科课程的拓展为核心，开发具有鲜明学科价值的课程，以提升学科教学品质，打造学校特色品牌，形成个性化教学特色。(3)从学生的个性发展需要出发，开发多类型、高品质的课程，使全体学生都能够得到全面、个性、自由的发展，提升学生的人文素养，促进学生个性发展。(4)从学生实现自我超越、磨炼意志需要出发，创建具有竞争性、展示性、释放性的课程，让孩子从中获得快乐，提升自我。

在四大课程目标的引领下，我们构建了基于核心素养的国家课程校本化的基础性生态课程——土壤课程；学科课程延伸化的拓展性生态课程——养分课程；选修课程个性化的自主性生态课程——阳光课程；团体课程活动化的竞展性生态课程——水润课程。

1.土壤课程——基础性生态课程

在优化整合国家课程和地方课程校本化过程中产生的基础性生态课程，能够满足学生"生长"所需的基本营养，赋予学生成长的基本动力。如依据办学理念和学生特点，我校对现行小学语文教材通过加、减、换、补、编等途径进行全面

整合,构建以基础教材、国学经典、诗歌经典、唐诗宋词精选、儿童文学、古代文言、电子阅读等支柱性、系列性的生态语文课程体系,探索出了精读、略读、字词基础过关、习作、课外阅读指导五大课型。在语文课程体系建设上,对国家教材的重新整合以及对课型的探索和重新划分实际上是深层次对语文学科素养所包含的核心知识、核心品质、核心能力的整合,使我校的孩子有更广博的文化基础,更深厚的人文积淀,更浓郁的人文情怀,让我校的语文成为"为孩子一生奠基"的语文。而且要特别提出的是我校语文课程大量补充国学经典、唐诗宋词、古代文言意在丰富语文积淀,更是为了传和立——传承中华之传统文化,树立中华之民族大德。因为传统文化的本色和底色就是伦理道德,希望我们的学生能够把他们的智慧之根深深扎在中华民族传统的文化土壤之中,让中华美德照亮他们未来人生之路。

2. 养分课程——拓展性生态课程

在土壤课程的基础上开发的学生必修学科拓展性生态课程,这一课程是对国家课程的延伸、拓展和补充,因此我们要求一定是要在充分研究国家课程、国家教材的基础上,立足我校学生起点,发现数学学科核心素养培养的断层和短板,找到目标知识设定和能力培养与学生实际对接的"榫卯",填补其空白。以理财课程为例,财商教育是世界发达国家小学生的必修课,财商更是当今乃至未来社会每个公民必备的基本素质之一。然而现行数学教材上的理财教育只涉及钱币的简单认识、兑换和使用,对于学生财商的培养缺乏系统性、深入性,基于以上的认识和研究我校开发了属于本校的理财课程。通过理财课程的培养,学生能够学会珍惜节约财富、合理分配使用财富,树立科学的金钱观、消费观。理财课也让孩子拥有更多生存生活的技能,从小培养学生"勤俭、创新、自立、责任"的品质习惯,使其不但成为高智商,还要成为高财商的未来青年。像这样有效地对国家课程进行拓展和延伸的特色课程我校共有 8 门,分别是:诵读、理财、英语口语、竹笛、工艺、乒乓球、礼仪、家校共育。这些课程完全由教师自主开发、学生全员参与、有专用课时、有专业教师和教室,与国家课程紧密联系、相辅相成,为我校孩子深入、综合、全面的发展提供了有效载体。

3. 阳光课程——自主性生态课程

阳光课程是师生共同创建、学生自主选择,像德泽万物的阳光一样满足师生自由发展需求的社团选修课程。它也是我校重点探索创建的课程之一,是我校生态课程体系的重要组成部分,对于落实核心素养、学校育人理念,培养学生主体意识、完善学生认知结构、提高学生自我管理和自我选择能力、形成学生自我发展方向都有非常重要的意义。在创建此课程的过程中,我们首先对该课程的功能定位进行了深入思考,并通过与教师民主商议内化为教师的共同愿景,然后制定了课程培养目标和开发原则。基于学生发展的核心素养培养目标,为了使该课程创建更加科学系统,我们进行了整体规划和框架设计,以落实学生核心素养、发展学校特色教育、发挥教师兴趣特长为依归,整体设置了"艺术体育类""创意手工类""益智思维类""科学技术类""文化书香类""生活实践类"为框架结构的六大板块阳光性课程。在六大板块下教师自主选择设计课程,拟定课程内容。目前,我校共创建社团44个,涵盖品德素养、艺体素养、科学素养、文化素养、生活素养、人文素养六个方面,每周两课时。全校学生按兴趣选择,自由组团,由全体教师与校外辅导员共同指导,学校对这些社团进行阶段性星级评价。在这个课程的学习过程中,我们的学生能够热爱生活、健全人格,挖掘自我价值,发现自身潜力,使自身发展成为有明确人生方向、有生活品质的人。

4. 水润课程——竞展性生态课程

我校把学生能够展现自我、水润成长的活动类、竞赛类团体课程如"知识大赛""体育项目联赛""校园艺术节""趣味运动会""校园科技节""跳蚤市场""动感课间""升旗仪式"等列为水润课程。学生从这个课程中获得了成功的喜悦,发现了自我价值,磨炼了意志品质,提升了自我认同感,获得更多生活生存的自信和勇气,成就未来精彩人生。

土壤、养分、阳光、水润这四大框架体系内的课程不是简单的叠加,而是做到了网状交织、相辅相成、互相补充、螺旋上升,做到了必修和选修的合理分布,实现了学生全面发展与个性"生长"的生态平衡目标,利于学生全面综合发展,有效地落实核心素养的三大维度六大素养十八个基本点,这距离我们做最适合学生的教育又近了一步。

四、生态课堂文化的探索与创建

发展学生的核心素养,课堂是主阵地,而教师作为学校课程的开发者、创建者,作为课堂教学的实施者和指导者,为了保证课堂教学改革的顺利实施,为了保证课堂教学目标的高效达成,我认为强教必先强师,建设高素质专业化教师队伍对于学校的发展尤为重要。重视教师的成长和需求,重视课堂教学研究是我成为校长以后一直特别关注的问题。

(一)创新教师培训模式

在教师培训模式方面我校除了沿袭走出去、请进来的培训模式外,还通过

"在线培训"打破培训地理局限,降低培训成本;通过"模块培训"实现教师自主定位,持续发展;通过"菜单培训"打破统一安排,满足教师个性化要求;通过"参与式培训"进行角色换位,开展多向交流。

(二)推进生态课堂研究

引领教师通过"常态教研""名师引路""自主实践""同课异构""现场观摩""校际交流"等系列活动,带领教师经历头脑风暴、实践探索、反思诊断、总结提升等阶段,将生态课堂的研究和构建逐步引向深入。经过长期的实践探索我们提出了"高效课堂战略""三学两展一整理的教学模式""四位一体的评价模式",探索了"五个还给""六个关注"等基本元素,力求在课堂这个主阵地上,有效落实学生发展核心素养,为学生终身学习和发展打下坚实的根基。

1. 生态课堂"三学两展一整理"的教学模式

不同的课型由于教学目标、教学任务不同,就要采取相应的教学方法和策略,还要构建相对意义上的一个清晰规范的教学框架模式,便于教师学习和把握。我校经过几年的教学探索和实践总结出了"三学两展一整理"的教学模式。"三学"即独学、对学、群学;"两展"是小组展示和全班展示;"一整理"即总结整理。这个教学模式,是一个粗线条的、框架式的,适用于各个学科,但依据教学内容、教师特点、学生情况等因素随时调整,灵活取舍和选择。这个教学模式的核心主旨利于发挥学生学习的主动性,亲历求知过程,获得其求知方法,激发其求知兴趣。

2. 生态课堂"四位一体"教研模式

学校的中心工作是教学,加强教学教研工作以指导教育教学实践,是提高教育教学质量、提升教师专业能力的基本途径之一。我们聚大家智慧,攻克教育教学中的难题,不断开拓创新,持之以恒地开展教学研究。

我校创建了同组教研、跨组教研、跨学科教研、联谊校教研四位一体的教研模式,这种教研模式打破了年组、学科、校际间的藩篱,可以最大化地共享课改成果,极大地促进了教师的专业化发展。在四位一体的教研模式下我们先后开展了"心手相牵促教研、互动交流共发展""最美人间四月天 相聚一小话教研""舟楫轻飔 渡职业为人生、薄笺素简 寄情怀于征程""生态课堂教学模式观摩会"等系列大型教研活动,在活动中进一步落实生态教育理念,提升教师的综合素养和专业水平。

3. 生态课堂学生的"五个"还给

课堂是学生学习知识的主要场所,我们基于核心素养的培养目标,面向全体学生,不断创新教学方法,活化教学模式,在提升生态课堂质量上下功夫,在提高学生综合素养上花气力,结合多年的教学实践,系统地总结出了"五个还给"的"生态课堂"基本元素,即:还给孩子愉悦的心态、还给孩子刨根问底的机会、还给孩子动手实践的平台、还给孩子自主学习的空间、还给孩子体验成功的乐趣。"五个"还给让学生真正成为课堂的主人,在这样的课堂上我们的孩子,阳光开朗、乐学善思,敢于批判、勇于探究,创新精神和实践能力都得到了大幅度提升。

4.生态课堂的"六个"关注

苏霍姆林斯基说过"每一个学生都是具体的"。一个班级中的学生,在学习习惯、行为方式、思维品质和兴趣爱好等方面都存在不同,表现在学习需求和能力发展上也不尽一致。实践以人为本的教育理念,就要求我们教育者充分了解每一个教育对象的个性差异并充分尊重这种差异的客观性,进而根据不同的情况、不同的对象采取不同的教育方法,因材施教,最终使每一个受教育者都能得到发展和进步,实现学生的全面成长。学生作为课堂教学的主体,我要求教师要做到六个关注。即关注学生良好学习习惯——培养学生专于倾听、乐于交流、勤于思考、善于展示、勇于求异等多种良好习惯,可以提高学生学习效率,提升学生自主学习能力;关注学生行为方式——时刻关注每个学生的学习反应或行为,有利于学生的智力开发和能力培养,而且还有利于调动学生的学习积极性,让学生较快地投入到学习活动中来;关注学生思维差异——学生的思维类型和思维方式是有差异的,无视学生思维差异的客观存在,过分强调思维的一致性,就会丧失很多教育契机,反之则能达到事半功倍的效果;关注学生兴趣爱好——从孩子的兴趣爱好入手,培养孩子主动思考、善于合作的精神和意识,让孩子在自身优秀特质的展示中发现自我价值;关注学生情绪体验——在课堂上要求教师关注学生的情感需求,因为积极的情绪会给学生带来充沛的精力和积极的行为,了解、管理学生情绪,让学生的情绪为学习产生正面影响,是教师应该重视的课题;关注学生心理变化——学生细微的心理变化,都可能对课堂的学习产生直接的影响,因此我要求教师在课堂上,要关注学生的心理变化,随时调整教学策略,让学生愉快轻松地学习。

五、生态评价文化的探索与创建

在生态育人理念的引领下,我对学校的生态评价体系也做了深入的思考和改革。我希望我们的评价体系能够遵循学生身心发展规律和教育教学的规律,是科学的、多元的,是立足于学生的核心素养的,是能够促进学生全面发展的。

经过几年的实践和探索,我将学校的评价宗旨确立为"发现、激励、进步",在这样的宗旨下,教师得到最大的信任和鼓励,学生得到最大的认可和帮助。所有的评估和检测都是为了让师生认识到从哪里去改进,检测和评估目的不是要给师生带来挫折和惩罚,而是让孩子和老师共同了解对于知识、工作、自我到了哪里,最终求得师生的共同进步。这是我校的生态教育在开放、自省、和谐、共生要义下的深入思考和摸索尝试。我们主要从教师、学生两个维度进行。

1. 教师评价提倡形式多样,打开多向互动窗口

一是纵向对比评价法:教师之间在学识内涵、业务能力、教育教学水平上存在差异,这是客观事实。教师作为普通人,也有得到别人认可、实现人生价值的愿望。为了充分调动教师的积极性和创造性,在学科成绩、教学水平、个人素质的评价上我们既采用传统的横向比较评价法,更侧重采取纵向对比评价方法,也就是说让每个老师和自己比,看自己是否进步,看自己提升幅度。学校分析测试成绩评估时,也较多采用纵向对比评价法,通过学生提高的幅度对教师进行评价。

二是多元评价法:学校通过建立微信平台、网络评议、民主投票等方式,让学生、家长、学校及社会参与教师教育教学情况评价。多渠道、多元化评价能够引发社会各界人士对教师的师德师风、教学能力、教学水平、教学效果进行评价。这样全方位、多角度的评价,可以营造人人关注教育改革、人人参与教育改革的良好氛围,为教师自身的发展打开多向互动窗口。

2. 学生评价注重载体创新,注入不竭发展动力

在对学生的生态评价中,我们创新载体,用学生喜闻乐见的活动载体,进行多元评价,激发学生的学习兴趣和潜能,为学生的发展成长提供不竭动力。

(1)期末考试,探索创新为"游戏闯关"

为了更好地发挥期末测试这一评价的诊断、导向、激励功能,我校探索科学、优质的评价模式,把语文、数学、英语等各学科素养评价融入生动、轻松的"闯关"游戏大情境,把知识能力与实践运用相整合,与表达沟通、肢体运动等综合素养相整合,用"面对面""合作表演""游戏闯关"等好玩的评价方式代替传统的纸质试卷,淡化考试概念,打破学科界限,充分调动学生的积极性,激发学生的创新思维与创造力。在考察学生的知识掌握的同时,对学生的逻辑思维能力、观察能力、表达能力、想象力等进行多元化的综合素质测评。

(2)诵读作业,探索创新为"诵读存折"

评价依据目的、手段等的不同可以分为:诊断性评价、过程性评价、总结性评结。为了使评价的功能更加深入和持久,过程性评价方式是我校评价方式探索的

重点之一。语文学科开发的诵读积累课程对于学生来说是一项略显枯燥而又需要坚持力和持久性的学习行为，为了更好地发挥过程性评价的激励和导向功能，我校把每学期需要诵读积累的内容变成一个孩子可触摸的评价实体，做成一本诵读存折，并制定相应的《诵读存折评价标准》。这一评价方式不仅调动了学生诵读的主动性和积极性，增强诵读的热情和信心，让学生成为知识上、精神上的富翁，还承载了对学生坚持力、意志力、耐挫力等意志品质的培养和考验。

（3）家庭作业，探索创新为"多种形式齐动员"

为了切实发挥作业的有效性，减轻学生负担，我校还探索了多样有效的家庭作业形式，充分发挥其功能。如：有声作业，提高了学生兴趣；亲子作业，融合了亲情关系；实践作业，培养了学生动手能力；合作作业，降低了作业难度；分层作业，优化了作业效能。

（4）假期作业，探索创新为"充实的假期生活导引"

学生的假期生活想要充实而有意义，假期作业的合理安排不可忽视。我校探索丰富多彩的假期作业形式，让它在传统作业功能基础上能够成为"充实的假期生活导引"。如在设置亲子广播操练习、乐器演奏、手工制作、课外阅读等内容丰富、形式多样的作业基础上，我校根据作业内容给每位学生制定《学生假期情况评价表》，从作业完成、生活样态、习惯养成、成长收获等方面让家长明确孩子培养的重点和方向，对学生整个假期生活做到有效引领。

3.社团评价实施星级管理，营造良性发展态势

为了规范社团活动，我们整章建制，研究制定了社团成立标准、工作计划、实施方案、考核细则、评估标准、奖惩办法等一系列管理制度。在此基础上教务处建立健全社团档案，内容涵盖社团名称、任课教师简介、老师成长收获、学生成长收获，做成电子和实体相册，用图文并茂的形式，对师生参加社团活动的成长、收获及历程进行纪录。

学校对所有开设的社团实行"星级"管理。对于新开设的社团，有培养目标、教学内容及相关教育资源来源，专家评审组分析其可行性，如果通过评审，即可申请为"三星级"社团；教学目标明确、内容丰富、成员稳定、教学效果明显的社团可申请评定为"四星级社团"；对于坚持多年开展、效果显著、成绩突出、富有"生命力"的社团可申请评定为"五星级社团"，即"精品社团"。学校在每学期期中、期末对所有社团开课情况进行两次系统检查，依据检查结果在学期末对社团进行最终社团等级评定。对两次检查中发现问题较多、发展方向不明确、学生厌学、教师厌教的社团取消评定资格，在下学期重新调整发展策略，重组社团。通过这样的评定办法，使社团管理科学化、实效化，去劣取精，形成了

良好发展的态势。

六、生态管理文化的探索与创建

教师和学生的全面发展需要优良的生态环境和自由健康人格支撑,而自由健康人格的培育需要科学人文的学校管理。

1. 从行政式管理走向人文式管理

传统性的学校管理较多地表现为行政式或制度式的管理,效果并不理想。正如一位哲人所说:"如果你手里拿着一把锤子,那么你所看到的所有问题都是钉子。"学校依靠各种规章制度和辅助设施对教师和学生的行为提出指示和要求,在一定程度上束缚了被管理者的个性和创造才能,容易造成被管理者消极抵触情绪和职业倦怠。而我校的人文式管理不仅靠规章制度,更多的是靠文化浸润,它的终极追求是使我们的被管理者由管理的对象最终自觉成长为学校管理的主体。我们认为对学校进行人文式管理应该遵循以下几点原则:

(1)坚持民主和科学决策原则

校长在学校管理过程中,要秉持"以人为本"的理念,对重大决策的颁布实施、各项规章制度的研究制定等应善于组织学校的其他管理者、教师、学生、家长以及社会各界有效参与,坚持民主和科学决策。只有这样才能充分调动各方面的积极因素参与学校管理,从而促进新的教学制度建立、新的教育环境形成,也只有这样才能充分发挥学校个体的创造潜能。

(2)以身作则和榜样引导原则

正所谓"以令率人,不若身先"。校长作为学校的领导者,是一所学校的领导核心,站在学校这个"舞台"的正中央,我一直努力通过以身作则、以身示范要求师生做的,自己带头做好;要求师生不做的,自己带头遵章守纪,为师生树立榜样,使自己的行为与学校发展的共同愿景相一致,与学校工作的价值观念相一致,同时向被领导者传递信息,确保他人在学校各项管理工作方面自觉遵守民主达成的工作规则约定和共同价值观。

(3)团结协作和认可激励原则

校长要和学校的其他成员相互尊重、相互信任、团结协作,做到思想同心、目标同向、工作同步。和学校里的全体成员聚心合力,建立共同命运的氛围。校长要有海纳百川的宽度,理解人、宽容人、认可人、关爱人、激励人,因为只有个体在被认可和激励的情况下,才会激发出内心深处的本能和热情,做出更好的业绩,实现组织的共同目标。

（4）显性管理和隐性管理相结合原则

对于校长来说学校管理是一项能力，也是一门艺术，更是一种文化。校长应通过学校管理文化的建设，传递一种理念，创造一种高度和谐、友善、亲切、融洽的氛围。规章、制度等是显性管理的体现，直接提出指令和要求。校园环境、楼廊文化、党建活动、工会活动等是学校中能够体现某种理念和价值的存在在潜移默化的状态下不断向师生传递一种信息和价值观念的隐性管理。例如我校通过积极开展党员争先创优、党员承诺、党员结对子等系列主题活动，发挥党员先锋模范带头作用；通过经验交流会、专家讲座帮助教师答疑解惑，挖掘自身价值；通过礼仪培训、教师朗诵会、工会活动等丰富教师文化生活，消除教师职业倦怠。另外，作为校长通过不断的学习和研究，把自己的办学理念和办学思想贯穿于日常管理行为之中，将自身具有的管理文化内涵于"睿智、成熟、亲和"的风范和气度之中，用自己独特的人格魅力去影响他人，这也是一种润物无声的隐性管理。

2. 从经验式管理走向专家式管理

教育的变革日新月异，作为一名校长不能固守以往的经验止步不前，要科学认识校长角色，努力成为一名专家型、学者型、创新型校长，就像上面提到的作为校长要高度重视课程改革、积极探索人才培养模式、大力促进教师职业发展、用心完善师生评价制度。另外，随着教育改革的不断深入，我觉得作为校长还要深入探索创新学校管理体制。管理体制创新涉及各个方面：如调整教学组织乃至传统的教师布局，完善教育教学质量保障体系；改革教师聘任与考核制度，创新教学管理、学生管理和班主任工作机制；加强信息化建设，优化课表编排，提高教室、实验室等教学资源的使用效率等。

3. 从封闭式管理走向开放式管理

（1）努力开阔学校管理的文化视野

"孔子登东山而小鲁，登泰山而小天下"。作为一名校长，想要管理好一所学校，开阔的视野、宏大的气魄是前提，而校长的思想、思维、管理的激情、气魄，唯一的来源是学习。解放思想，走出校门，头脑和身体都要在路上。通过多方式、多渠道的学习来提升自身的文化修养和内涵，通过学习来开拓自身的视野和境界，内外兼修，把自身的成长发展与学校的成长发展有机地统一起来。

（2）开放规划学校管理的地域范畴

信息技术的高速发展，使得教育国际化和全球化成为必然，作为校长一定要把握世界教育发展的大趋势，使学校管理的各个方面从封闭走向开放，要形成一种大学校观，即：伴随着学校与社会、学校与家庭、学校与学校之间的互动

增强以及教育的无国界化,校长进行学校管理范畴的外延也会不断地扩大。对于教师而言,教育的无国界化意味着坚守但决非拘泥于一地一域的教育思想及行为,而是要在开放、民主精神的指引下,以与国际或区域的交流对话来打破教育壁垒,兼收并蓄,为我们的教育开疆拓土、引资入源。

(3)全面发展学校管理的合作伙伴

争取社会各领域、各企业、各部门支持学校建设和发展,参与学校管理,优化育人环境,探索吸纳适于学校办学理念、育人方向的各种教育资源,为学校发展助力。如我校与法院进行普法教育共建,与社区联手开展全民阅读,与城建共植绿色园林等。另外,学校也要向社会、家长、高校开放,改变以往学校教育与社会教育分离、知识教育与生活教育脱节、基础教育与高校教育相隔离的状况,这也是我们正在努力的方向。

在"发展学生核心素养"的教育目标引领下,我带领全校师生努力践行的生态教育探索,重塑了我校的教学环境和学习生态,把我校的基础教育改革向纵深大幅度推进,使我校的教育工作实现了全方位、系统性的大幅度提升。我校基于核心素养的生态教育探索和实践成果,得到了各级业务部门和教育行政部门高度认可和好评。另外,学校的管理、教育教学模式也得到广大师生和家长的广泛认可和赞誉。近五年来,我校已累计培养输送了1652名具有核心素养和创新能力的高素质小学毕业生,在这个过程中,学校也迎来了自身的快速发展时期,并以理念、课程、实力等斐然于市,成为大庆市最具口碑的品牌学校。

随着国家各项改革的不断深化,我的教育思想和教学理念也随之不断地深入和走向成熟。作为一名教育者,面对教育改革提出的新要求、新课题,我将以一种谦虚的姿态不断学习、不断创新,秉持着"发展学生核心素养"的教育目标,践行"品牌特色的生态教育"探索之路,把"实现人的全面发展"作为自己永恒的人生课题!

用责任成就梦想　用特色铸造辉煌

——农垦红兴隆管理局第一小学"责任与特色"教育实践与探索

王远飞

有人说："思路决定出路,眼界决定境界。"我以为,此言用于人生,可以启迪智慧、指引方向;用于教育,亦是如此。2012 年,我被任命校长后,如何在学校发展中不断汲取新的社会元素,更加清晰地定位学校的发展方向? 如何多元化培养学生? 以怎样的教育观念、教育思想和教育价值追求引领教师共同前行? 是我时时都在思索的问题。为了学生的发展,我精心设计和实施"责任教育",形成了"走班式校本课程""责任主题德育""责任目标管理"的教育教学和管理模式。提出了"为国家负责,为学生的终身发展负责"的教育理念,工作中以"责任教育"为抓手,创建"责任"校园,带领学校教师自主开发了《责任教育》校本课程教材。撰写的《满足学生个性需求,推动核心素养落地》《做最懂学生教育给学生最幸福的课程——基于发展核心素养的"走班式"校本课程建设》两篇文章,在《黑龙江省教育》期刊发表。在多年的教育实践中走出了一条"文化立校、特色兴校、科研强校、质量建校"的办学之路并取得了丰硕的成果。

创责任教育理念　为学生发展奠基

学校教育所承担的责任之大,任务之重,是因为我们培养的学生是将来实现伟大中国梦的生力军,他们必须勇挑重担、勇于担当。开展责任教育,是历史的必然,也是时代的需求。

学校结合自身的优势与学校所在地区教育发展环境,学生可持续发展的长远目标、教育的发展趋向和终极目标,以及所在区域群众对教育日益增长的需求走向,确定了学校的办学理念为:" 为国家负责,为学生终身发展负责。"

理念的产生来源于党的教育方针和学校的课题:"在社会实践活动中培养学生责任感研究"的探讨和成果推广。

理念的理论支撑基于三个观念:

首先是主体观。学生是学习的主人,学校所有的教育活动都要体现以学生为主体的原则,而其成长的方向是国家需要的建设者和接班人。历史上,有责任感的仁人志士不胜枚举,从范仲淹的"先天下之忧而忧,后天下之乐而乐"到顾炎武的"天下兴亡,匹夫有责",从大禹治水三过家门而不入,到孙中山的"天下为公",所有这些铿锵有力的社会责任情感和行为,始终是催人奋进的强大精神动力。而现实中,大多数学生是独生子女,他们享受着父母长辈万千宠爱,却缺乏家庭责任感,不知孝道,不懂感恩;在学校和集体中责任感缺失、荣誉感淡漠,以我为中心的思维方式和行为习惯严重,缺少社会公德,没有社会责任感。所以定位于为国家负责。

其次是服务观。学校教育教学活动要着眼于全体学生,也就是教育公平要贯穿于学校的所有教育教学行为中,学生群体会存在性格气质、文化基础、学习习惯、兴趣特长等方面的差异,正是这些差异才成就了一个个具体的"人",才让每一个孩子都具有了潜在的发展轨迹,学校教育就是助推学生沿着不同的轨迹成长为栋梁。作为中国学生发展六大核心素养之一——"责任担当",成为学生终身发展的必备品质和素养。21世纪人与人之间的交往将更加走向合作与分享,责任感将成为现代人的一个重要标志。只有具备高度责任感的人,才会主动承担起对家庭的责任,对社会的责任,才会努力工作,报效祖国,报效父母。可以说"学会负责"已成为进入21世纪的通行证。在小学阶段,孩子的独立意识、自我意识开始迅速发展,这个时候正是培养责任感的最佳时期,所以我们要为孩子在小学阶段就打好这个基础,切实培养起小学生的责任感。这就是教育的服务宗旨,也定位于为国家负责。

再次是发展观。学生的全面发展,是随着认知的深度、广度、高度而不断发展的,这里有自身主观因素,教育的外在客观因素,还有社会环境因素,所以我们的学校教育就是将这些不断发展进步的社会人文和自然科学信息传递给学生,并转化为学生终身受益的能力,时刻关注每个学生要求获得发展的需要,做好学生现在与未来的基础教育和规划,促其成长、成人、成材,着眼于学生的可持续发展,所以定位于为学生终身发展负责。

三个观念凝练成学校的责任教育理念,不仅顺应时代的需求,也是学校品质提升、内涵发展的自我要求。我们通过顶层设计、体系建构和最佳实践的过程,让"责任教育"落地生根。制定了学校的近期、中期、长期规划:一年内,进行学校以"责任"教育为核心的文化内涵的凝练和提升;三年内,"尊重、个性、生本"——创造适合每个学生的教育;五年内,用"责任"文化统揽全局,按照学生不同年级分别确立教育目标,从而构建责任教育的实践操作体系。并通过文化的认同,提升学校品味,打造出全方位、全覆盖的"责任教育"校园文化体系,引领师生不断前行。

在实施"为学生的终生发展负责"办学理念过程中,把学校、家庭、社会这三个载体有机地结合起来,营造出一种适合学生身心健康成长的良好环境。

行责任文化管理　为教师成长服务

先进的理念、明确的目标、正确的决策只有教师认真落实,才能实现。教师是办好学校的"生命力"所在,管理理念决定着一所学校教师群体的"人心向背"。

1. 从"制度管理"到"责任管理"

习近平总书记强调,教育决定着人类的今天,也决定着人类的未来。基础教育在国民教育体系中处于基础性、先导性地位,必须把握好定位,全面贯彻落实党的教育方针,从多方面采取措施,努力把我国基础教育越办越好。广大教师要做学生锤炼品格的引路人,做学生学习知识的引路人,做学生创新思维的引路人,做学生奉献祖国的引路人。

怎样让引路人最大地发挥价值,学校初期完善了各项规章制度,全面践行"制度管人"的理念:发现有的教师备课不认真,就在制度上增加对备课的考核分;部分教师教学研究主动意识差,就加重了对论文的考核;学校的制度已经由原来的几页纸变成了薄薄的一本了。"制度管人"的理念使学校建设取得了实效。但随着管理的深入,制度管理的弊端逐渐显现,管理过程也变得战战兢兢:面对一个处处受"监控"的环境,教师的教学热情在减退,厌倦情绪在增加,行政与教师的关系就像"猫鼠关系",那些经常被扣分的教师对行政人员的感情甚至从反感发展到憎恨。最后变成人管人累死人,制度管人管好人。

学校管理的出发点和归宿点应立足于"人本",学校应该是师生"实现生命意义的地方,展示才华的场所,追求幸福的家园"。那么如何实现这一管理目标呢? 学校将"名誉管理""情感管理"引入管理的新形式。学校定的各项规章制度只具有指导意义,是对教师教育教学行为的建议和规范,而不是强制要求。把"名誉"当作管理要素,把"情感"当作管理交际,为了维护教师的名誉,取消一切影响教师名誉的操作措施,教师的行为交由教师自我管理,变"违规扣分"

为"友好提醒"。这一策略被称之为"理而不管"，管理层放弃了大量"管"的职能，专心做好"理"的工作："理"的重点在于使教师知道为什么做、如何做、做得怎样。为了让教师的工作条理更清晰，效率更高。以制度管理为基础，以名誉管理为契机，以情感管理为辅助，强化教师职责，融入学校办学理念，形成特色文化管理——责任管理。强调教师的责任意识，发挥教师的能动作用，强调团队精神和情感管理，管理的重点在于人的思想和观念，形成了教师责任教育三级目标：对学生负责，做教书育人关爱学生的人；对自己负责，做为人师表终身学习的人；对社会负责，做爱国守法爱岗敬业的人。把学校当家庭，把学生当自己的孩子，把同事当成兄弟姐妹，把学校荣辱当己任，把学校管理当责任，让每一位教师个体都成为责任教育的中心，能力所及即为责任所及，被动接受上升为主动思变。视角变了，心态就变了，学校无小事、事事是教育的格局正在逐步形成，学校更时刻以人为本，重视人文关怀，关注教师的心理压力释放，提升了教师幸福指数，责任的理念也更是深入人心。

2.由"被动管理"变为"主动合作"

在学校管理中，盛行着这么一句话：待遇留人，感情留心，事业留魂。

教师是教育的命脉，是学校发展的主体，是学校完成教育教学的实践者，更是学校管理的合作者。各级教育领导机构的政策、理念等各项法规、措施的贯彻、施行都必须依靠教师去实现，而学生学习的知识、能力的提高、习惯的培养更是离不开教师的身体力行。

把教师当作学校管理的合作者，是一种真正意义上的人本管理观，才能达到中国文化中的"无为而治"的管理效果。所以，在管理过程中尊重、理解、赏识、激励广大教师，把教师当作服务的对象，将管理者置于教师完全平等的位置上，关注教师对参政议政的需求，给教师以一种主人翁责任感，使教师在融融情感氛围中不断地自我发展、自我管理、自我超越，变"让我做"为"我要做"，让教师感受到自己是学校的主人，从而激发其对工作、学习、学校的热情，使其更好地为学校发展贡献力量，从而促进学校的发展。

学校必须依靠教师发展，而教师则是依托学校成功，让教师真正认识到"校兴我荣，校衰我耻"，从而让教师真正与学校连为一体，愿意为学校付出一切，从而促进教师积极地教育学生，关心学校的发展，进而发挥他们的潜能，实现学校的全面发展。

以活动为基石　让责任伴终生

当今社会，无论谁，要想在他将来的本职工作和学习中做出成绩，在他所处的环境中获得成功，他都必须要有高度的责任感。因此，在我们的办学理念中必须强调强化学生的责任教育，教育学生通过自己的努力去做一个有责任感、有道德素养的人。

我国著名教育家徐特立说过："教书不仅仅是传授知识，更重要的是育人。""作为一名学生，成才路上责任心与能力什么更重要？"责任心是健康人格的核心，责任心可以变为动力，动力可以转化为能力，责任心比能力更重要，责任才是源头活水。学校要培养具有高度历史使命感和社会责任感的一代新人，"责任教育"是关键。今天，走进局直一小，有一种文化叫责任文化，有一种教育叫责任教育，学校的责任就是一切为师生发展服务，让每一名教师幸福地工作，让每一名学生快乐地成长！

教师们在自己的责任田内探索积累，耕耘不辍，为学生构建了"一年级以对自己负责为起点，学会求知；二年级以对他人负责为基本点，学会合作；三年级以对家庭负责为落脚点，学会孝敬；四年级以对集体负责为凝聚点，学会关心；五年级以对社会负责为制高点，学会报答"的责任教育内容体系，建立了认知课程、体验课程、隐性课程三大模块的责任价值核心德育课程体系。实施责任教育实践与研究，也是实现让学生满意、家长满意、社会满意办学目标的具体体现。学校责任教育的最终目标，就是使学生作为一个自然人逐步向社会人过渡，具备社会人各方面的综合素质，成为一个爱自己、爱他人、爱集体、爱国家的人，能够成人成材，最终走向成功，实现学校教育的真正价值，赢得社会的尊重和信赖。

在学校教育中，德育工作是我们落实"责任教育"理念的广阔平台，在责任教育五个层级构架中，我们结合学生认知特点，细化责任教育阶段目标，以立德树人为核心，开展责任主题教育。每一个主题力求成为责任教育的有效途径，在设计主题时，延伸德育视角，将人文与自然合一，将知行与体验合一，将历史与现实合一，将现代元素与未来发展走向合一，从立德出发，以树人为目的，将责任理念贯穿到各主题活动始终，潜移默化的教育渗透起到了润物无声的效果，学生们随着年龄的增长和认知的积累在各阶段责任教育领域都取得了长足的进步，思想核心价值观为一生的发展奠定了基础。

学校每学期以"责任教育阶段目标"为立德树人的核心，开展了以下异彩纷呈的责任主题活动，强化学生好习惯与进取思维的养成。

家乡国家责任教育系列

在每年的清明节，学校会组织师生去革命烈士陵园文明祭扫，绿色祭奠，环保理念与革命传统教育一并进行。为纪念垦区开发建设 70 周年，传播和弘扬

老一辈拓荒者的北大荒精神,展现新时期北大荒少年儿童朝气蓬勃的精神面貌,在国庆节和少先队建队68周年来临之际,学校以"纪念北大荒建设70周年做红兴隆四有好少年"为主题开展校歌MV录制。歌词的第一句是:"北大荒大平原,我们是红兴隆少年,先辈开出黑土地,我们来接班!"校歌MV的录制,使得学生明确了传承和发扬老一辈北大荒人的艰苦奋斗精神的责任。

能力与梦想责任教育系列

少年军校:"少年军校"是学校每届五年级暑假的固定活动,是对学生进行行为训练的极好平台。"少年军校"活动为期一周的时间,对学生进行军姿、队列、体能、纪律等训练,期间有两天的时间学生进行封闭训练,在校吃、住。利用住校的两天晚上,开展"军事知识竞赛""文艺联欢会"和"夜行军"活动,同时,也会带领学生到实践基地"五九七"果园进行采摘活动,到"能力拓展基地"进行团结协作训练。每年的"六一"运动会,更是培养学生团结协作、勇于拼搏的好时机。在设计比赛项目时,结合学校的校本课程,设计篮球、足球、轮滑、跳绳等团体竞技项目,培养学生团队意识,增强学生体育技能。晚上的"千人篝火晚会",一直持续到十点,然而,现场纪律井然有序,欢乐震撼,充分体现出了学生和老师们的责任意识,更是受到社会、家长的一致好评!在丰富多彩的活动中,学生的行为得以养成,能力得以提升,责任意识得以增强!

知行体验与生存责任教育系列

学校的学生劳动实践园更是学校一道亮丽的风景。为培养学生劳动观念和综合实践能力,增强对北大荒家乡的热爱,在学校的教学楼前建起了劳动实践园,种植了韭菜、生菜、油麦菜、香菜、茴香、黄瓜、西红柿、草莓等十多种蔬菜水果。在老师的带领下,学生定期在实践园劳动,低年级以认识蔬菜为主,中高年级则按年级,分班级承担除草、浇水、施肥等责任,让学生体验劳动的艰辛,了解劳动成果的来之不易,取得了课堂教学没有的效果。

这样的主题教育系列不胜枚举,如爱与责任教育系列、人文与自然责任教育系列等。将这些活动细化到各教育目标中,如今,学校管理体现责任,课堂教学体现责任,主题活动体现责任,日常生活体现责任,"责任教育"如春风化雨,深入人心,已凝聚成全校师生意志、智慧和价值认同的校园文化体系,无时无刻不彰显出隐性精神文化的力量,书写出局直一小外在的形象特征:书香校园、友善课堂、阳光教师、奋进学生、多彩活动、快乐童年。

以特色课程为统领　满足学生的成长需求

要进一步提升学校的内涵,促进学校可持续发展,需要将有质量的教育走向做深层次的思考和实践。学校从"大教育观"出发,综合分析近年来初中和高中课程体系改革和高考改革政策,从为学生终身发展负责的角度出发,着眼于课程这一学校文化的载体,将课程文化建设作为学校文化建设的重要抓手,从学生成长需求入手,从学生未来发展需要入手,重新统筹整合课程,在课程体系的每一个环节注入育人的信息,让每一位学生都能找到适合自己发展的位置,这样的教育不会生搬硬套地谈人文、谈文化,而是通过各种课程的设置让教育达到"因人施教,因材施教"的目的,让学生综合素养的形成与提升及这种素养对学生终身发展所起的作用伴随其一生。

(一)构建"一主两翼"的课程体系

学校一直致力于开发适合学生发展的课程。课程的开发是在学校"为学生的终身发展负责"的办学理念下,从碎片思考走向整体设计的。课程具体围绕六大核心素养,将国家课程、地方课程和校本课程进行整合,形成"品行与修养、体育与健康、语言与文化、数学与科学、艺术与审美、自我与成长"六大学习领域,每个领域又分为"必修"和"选修"两个部分。必修课在保证国家课程高质量完成的基础上,融入了拓展课和实践课,构建了"一主两翼"的课程体系,"一主"指国家课程,它是基础、是底线,"两翼"是必修课和选修课,是国家课程的延展,相辅相成,这样就实现了国家课程校本化,让学生能够"知行合一"和"学以致用"。

(二)综合实践的理念整合地方课程

人文与社会、生命教育、劳动技术是根据黑龙江省地域发展、民族风情等方面开发的地方课程,是对国家课程的补充。未来的课堂应是基于跨学科整合、在真实场景下,以项目实践展开的深度学习。因此,2015 年底,学校提出了用综合实践的理念整合地方课程的观点开展教学,"我和蔬菜交朋友""家乡的特产""制作花篮"……一个个基于真实问题情境开展真实的研究,创造社会参与的机会,拓宽了发展学生核心素养的路径。例如"家乡的年文化"主题活动引起了全校学生的浓厚兴趣,我们按照学生的年龄特点给学生制定不同的实践目标和实践要求,了解春节的由来,搜集关于春节的传说,了解家乡在春节期间的民族特色活动,参与家乡春节的过程并记录,学生在调查中写下了解的情况和自己的分析感悟,最后,制作年灯,写对联,创作年画,每人学会了一个拿手菜、做一份电子小报……整个活动,有语文、美术课技能的运用,健康、信息技术各学科知识技能融会贯通,零花钱的使用方案又涉及了数学学科素养,一个活动让

孩子跨学科展开学习,提升了学生的综合素养。

"家长助教进课堂"形成教育合力。为形成学校、家庭、社会三位一体的教育网络,探索有效的教育途径和方法,助力学生核心素养的提升,探索"家校伙伴式"教学新模式,我校开展了"家长助教进课堂活动"。各位家长结合本年级地方课程内容根据家长各自专业特点和特长确定教学内容。100余名家长"老师"来自不同的行业,从事不同的职业,讲课的内容涉及健康保健知识、交通安全知识、法制教育、环保知识等等。还结合学校艺术节的主题开展"北大荒风土人情"特色课程。"家长助教进课堂"开阔孩子们的眼界,拓宽了孩子们的思维,让孩子们学到在学校内学不到的知识,实现家校共育"良材"的目标。

(三)校本必修课程助力"人文底蕴""自我管理"

育人重在育心。为了夯实"人文底蕴"这一基本要点,让孩子们学会自我管理,我们开设了晨读、午写、暮省三门课程。

经典诵读:坚持"每日晨读"。每天早上学生到校后,由教师组织学生进行课前诵读,每个年级都有统一的诵读内容,如,低年级主要诵读《三字经》《弟子规》;中年级主要诵读唐宋诗词;高年级添加了《论语》、毛泽东诗词等。

为了保证充足的阅读时间,学校还坚持开展"小手拉大手亲子诵读"活动,每个年级都统一安排了必读书目和选读书目,并且邀请家长和孩子一起阅读。在学期间、节假日学校还会根据主题开展活动;亲子读书座谈、读书经验交流、亲子读书争霸赛、课本剧展演等,用活动来检验读书成果。设计并使用"读书存折",每人一册,由班主任负责检查阅读效果并积分,使全校学生在读书积分中畅享读书的乐趣。同时我校参加哈工大"大数据+教育"重点课题组的"功夫小猪 乐学宝"APP网络答题闯关活动,大数据的统计、科学的分析,更激发了同学们读书的热情。

这些活动真正地实现了每日三读:即晨间交流读、课间休闲读、睡前放松读,在放松一天紧张的心情时,书香伴着孩子入眠。让学生在获得精神上满足的同时,产生情感共鸣,体会读书的快乐,为自己的人生打亮底色。

硬笔书法:坚持每天20分钟午写。充分发挥书法家协会理事刁树强老师的指导作用,利用一人现场直播,全校转播收看的形式提高对写字的指导质量;把写字教学上升为书法育人,让每一个学生都能懂得方方正正写字,堂堂正正做人的道理。学校于2011年参加了国家重点课题组"写字教学普及提高"总课题组的子课题"提升小学生写字能力的实践与研究",历经3年的深入研究,于2014年结题。长期的写字练习,陶冶了学生的情操,提升了学生审美情趣,使语文核心素养——"感知汉字之美,培养热爱祖国的语言文字的情感"有效落地。

品行反思:坚持每天的15分钟暮省。放学后,学生思考与反省自己一天的生活,引领儿童走向自主与成熟,能正确认识与评估自我;具有达成目标的持续行动力等。如今,暮省成为一种日常的生活方式。

以上三门课程,促进学生在人生起步阶段养成好习惯,形成好品行、好素质,让每一位学生受益终身。

(四)"走班式"自选校本课程提升"自主发展""实践创新"

教育面对的是一个个独立的、鲜活的生命体,教育的最终价值应该是提升、发展每个孩子的素质,让每个学生感到生命的幸福并具有推动社会进步的潜力。为了充分尊重每一位学生的自主发展权,尊重每一位学生的个性发展需求,我们开设了"走班式"自选校本课程。

每天下午,是学校最热闹的时候,80分钟两节课连排的"自选校本课程",学生通过报名选课,以学生社团为依托,打通班级,实行分类走班学习,学生们"在快乐中学习,在学习中体会快乐"。目前走班式校本课程我们一共开发了八个系列75门课,综合实践活动类的传承文化系列(节日与民俗、中国建筑、茶艺、中国戏剧、刻纸),让孩子们了解国情历史,具有文化自信,尊重中华民族的优秀文明成果,能传播弘扬中华优秀传统文化和社会主义先进文化;生活系列让孩子们理解了生命意义和人生价值;健体系列让孩子们掌握适合自身的运动方法和技能,养成健康文明的行为习惯和生活方式等。开设的国标舞、篮球、排球、乒乓球、架子鼓、钢琴等课程都具有前瞻性,就是希望让孩子们从小具有国际视野。这与中国学生发展核心素养中的"国际理解"是相呼应的。成果也是十分显著的,在我校文化艺术节活动中,仅参加器乐比赛的同学就有近60名左右,参加篮球、足球、轮滑、跳大绳的同学近800名,还有其他项目的如:书法比赛、绘画比赛、五谷贴画、科技制作、朗诵、课本剧、亲子故事会等更是全员参与。走班式校本课程为学生的科技、体育、艺术教育提供了平台,彰显学生个性,培养学生特长,全方位地推进了素质教育,促进了学生全面发展。

学校教育存在的终极价值是一切为了促进学生发展,课程是学校最重要的产品。有优质的课程,才有优质的教育。一所学校只有提供适合学生发展的课程,才能真正促进每个学生的发展。这种多元的、个性化的课程,为学生自主发展的达成提供了平台,补充了我们农村孩子"实践创新"的短板,让每一位学生都能"吃饱",有个性需求的学生能"吃好"。课程文化的整合、拓展,将理论与实践融会贯通,将思想与技能培养融为一体,让学生兴趣高涨,个性飞扬。综合

素养的培养,既具校本人文色彩,又与国际标准接轨,儿童愉快学习,快乐成才,家长欣然配合并大加赞赏,社会认可度日益提升,在实践探索中我们的教育理念与实践落地生根,教育目标与效果同步,与社会日益增长的教育需求达成一致。

责任实践步步为营,教育愿景节节开花

理念引领责任、管理凝聚责任、活动夯实责任、课程提升责任。在学校的各项事务管理中,以"责任"为主线,把"责任"渗透在各个环节,教育的可持续发展愿景正在一步步实现。

责任润心——营造责任教育环境。加强校园环境建设,让校园洋溢文化的气息。学校的每个楼层一个责任主题,一楼主题"润泽经典 濡养心灵",展示着学生读书的摘记、感悟;二楼主题"非遗文化课程",展示着学校传统文化教育的成果;三楼主题"走班式校本课程体系",展示着学校的八大系列校本课程及学生在校本课程中的剪影和收获。学校的楼廊文化彰显责任文化特色,让校园沐浴责任的阳光。

责任育心——培养师生责任意识。班级文化墙,让学生时刻铭记责任目标;党员领岗认责牌,让党员老师时刻牢记使命。通过系列养成教育活动,加强师生的责任意识,不断约束自己的言行,努力做到对自己负责、对他人负责、对社会负责,养成了良好的责任习惯。

责任明心——管理体现责任细节。实行岗位责任制,教师们参与学校各项管理,责任分工,工作中严格执行"谁分管谁负责""谁的岗位谁负责""谁的班级谁负责""谁的课堂谁负责""谁的活动谁负责"的岗位责任制,如:巡课、班级活动评比等,使责任具体化、明确化,一方面激发教师主人翁意识和工作责任感,另一方面增加了管理的透明度和可信度,增强认同感,使学校和教师成为了一个整体。

责任明理——课堂体现责任渗透。我们的学科课本中蕴含着许多责任教育资源,上课之前我们教师认真钻研教材,准确把握文本,挖掘其中责任教育的材料,对学生进行责任教育。教师在课堂教学中表现出敬业精神和高尚的师德,让学生感受到每个人都要对自己负责,认真对待各项工作,用自己的行动影响每一个孩子,懂得对他人负责。

责任明志——榜样体现责任梦想。有责任才会有担当,有责任才会有梦想。通过每周的责任主题升旗校会、每天中午的"红领巾广播"、校园电视台的新闻连连看、"责润校园"校刊、学校微信公众号等形式,对荣获学校的"责任之星""美德少年""道德楷模"等学生事迹进行宣传和报道,树立学生身边的榜

样,使学生树立正确的价值观,引导学生向身边的榜样学习,创建美好的梦想。

责任共享——家校沟通明确分工。通过家长委员会的交谈、讲座、书面联系,向家长推荐一些谈家教重要性的文章,让家长了解学校教育的方式、内容和要求,提高家长对家庭教育的认识,让家长积极担负起教育者的责任,积极给孩子营造良好的成长环境,保持与学校教育的一致性,使学生能更健康地成长。

教育在百花齐放的奋进之路上可以有不同的路径,但最终要回归到儿童发展的起点上,农垦红兴隆管理局局直第一小学的责任教育及特色课程,以优质实效塑品质内涵,以使命担当和创新智慧擎教育奋进之笔,书写更具有独立精神、更具专业品质的小学教育。

为学生的未来人生而准备

——关于"人文教育"的实践与思考

牡丹江市平安小学　张凤芝

　　我一直有这样的理想,希望每一个从校园走出去的孩子,不只是会学习,更懂得生活的意义,知道为什么而生活,做一个富有人文精神的人。在遥远的未来,也许他们会忘记我们教给他们的知识,但我们传递的文化与美好,依然影响着他们。

　　这是我几十年教育生涯的教育梦想。1986年我毕业于牡丹江市北山脚下的师范学校,走出校门的第一天,就为自己定下了从教的第一个目标:探索一种属于自己的课堂特色。1989年12月,第一节市级公开课,就成功地定位了自己的教学风格:追求情趣、突出诱导、务求实效。之后的黑龙江省首届中青年教师阅读教学大奖赛优胜奖,全国不同风格、不同流派阅读教学大奖赛优秀奖,省"十佳"教师都在印证着我教学研究的成长之路。《黑龙江教育》1993年第1—2合期,以"边陲山城雏凤飞"为题刊发了我的照片。这些来自教学研究领域的肯定,更加坚定了我的教育梦想,为学生的未来人生传递人文知识和培养人文精神,努力让学生成为一个富有人文精神的完整的人。

　　2000年11月,我通过竞聘,以第一名的成绩被任命为西牡丹小学校长。西牡丹小学是一所有着深厚底蕴和光荣历史的老校。我带领学校班子认真梳理了过去三十八年来的成功办学经验,提出了"双主体"教育的办学构想,明确了"三优一促"的办学思路,确立了"四个现代"的教师培养目标和"十六字"学生成长目标。引领西牡丹小学走向了特色兴校的道路,形成了稳定的、独特的、社会公认的优质教育风貌和鲜明的"双主体"教育特色。成功地完成了省首批示范性小学、市首批特色学校、省首批标准化学校三次飞跃。也是这所学校让我从全新的角度认识了人文精神在学生发展中的重要意义。"成为自己能力范畴内最佳的我"成为师生成长过程的共识。

2011 年 11 月，我调任平安小学。平安小学是西安区的一所龙头学校，拥有着六十余年的建校史。"人文教育"是平安小学十余年来凝聚的学校特色，它已经成为一种带有平安气息、独一无二的校园文化。围绕这一特色，我经过反复思考，把"人文教育"办学特色创新发展为六大体系，即：人文教育理念体系、精神体系、课程体系、管理体系、实践活动体系和文化体系。经过多年的实践检验，取得了显著的育人效果，获得省教育厅颁发的教育成果一等奖，具有较高的创新性和推广价值。将平安小学引向了一个新的发展平台。

人文教育实质就是人性教育，核心是传递人文知识和培养人文精神。

一、什么是"人文教育"

"人文教育"，简而言之就是"以人文思想为指导""以人为本"的教育。"人文教育"思想的哲学基础是深厚的，它源自于我国古代教育的宝贵文化——教育"人本论"，融合了现代教学论、教育论、管理理论的思想，同时又汲取了我国当代"愉快教育""成功教育""和谐教育"等教育模式的精华。"人文教育"要求我们全方位给予师生人文关怀，培养师生具有人文情怀，形成人文素养，从而使师生达到全面、和谐发展的目的。它的理论依据有这样八个方面：

1. "人文"思想中的"以人文本"即：挖掘个人潜能，体现人生价值，激发人的创造力。这是我们倡导的现代管理观念的核心内容。

2. 素质教育是一种直接追求人的发展，并通过人的发展推进社会发展的教育，是唯人的发展教育。"唯人"就是以人为本，这正是人文思想的实质。

3. "人文"思想中的品位意识使教师将高远的境界与实干精神相结合，这对教师素质和学生发展将产生不可估量的影响。

4. 运用"人文"思想进行校园文化建设，形成校园文化景观。对学生审美能力、文化素质等综合素质的形成产生深远的影响。

5. "人文"思想是最朴素健康的哲学思想，在"人文"环境中接受教育、体验生活，是学生形成健康心理素质的有利条件。

6. 法制是"以人为本"的人文思想的具体化和规范化，树立依法治教的观念是确立和保障素质教育运行机制、教师培养目标体系和制度体系等不可缺少的条件。

7. 中国古代文明和现代文明是人类积累的财富，挖掘和继承它们是我们的职责，传统美德的影响和现代文明、现代科技发展对学生良好素质的形成将产生巨大的推进作用。

8. 2017 年，教育部发布了《中国学生发展核心素养》总体框架，其中明确了人文底蕴对于学生发展的重要作用。人文底蕴包含人文积淀、人文情怀、审美情趣等要素。

二、为什么要实施"人文教育"

教育和训练有所不同：训练是传授某种技艺，教育则是要给人提供某种精神品质。学校就是要为儿童成长建立一种精神的故乡，使他们在瞬息万变的世界上闯荡时，有一种内在的资源。有专家说，6 岁到 22 岁这段时间，是一个人建立自己的"精神账户"的时间，以后一辈子都要回到这个账户上"提款"。学到的知识是可以忘掉的，但培养的品性却不可能被忘掉。这是做人的基础，也是教育的目标。

人文精神培养不仅仅意味着背诵几句诗歌，或是多学一点历史知识，而是让人从学习或活动中体味人生，陶冶性情，它更多的是指一种文化底蕴、一种社会责任意识和一种道德良知。

一种最精致的学问，不管你是否自觉，它终究是有社会人文责任的。离开了人文精神的基础，仅仅依靠专业化，仅仅是技术性的生存，就无法形成博大精深的学问和人类的公共智慧。

其次，人文教育是培养学生创新能力的有效途径，是学生创新发展不竭的源头。

三是人文教育能让学生科学地认识社会的发展，培养社会感知能力。社会感知力是人们对社会现象的敏锐度和洞察力，只要具有社会感知力，就能超前思考，这是学生未来生活必备的能力。

四是人文教育能培育民族精神，提升民族素质。培养祖国意识是培养未来人的首要品质，一个完整的全面发展的学生，不能忘记的就是自己的祖国、自己的民族，这是一个人的根。

三、怎么实施"人文教育"

人文教育的一切价值都体现在"人的全面发展"上，它的价值体现在人的存在价值上。如何实施人文教育，我是通过这样的六大体系来实施的。即：人文教育理念体系、人文教育精神体系、人文教育课程体系、人文教育管理体系、人文教育实践活动体系和人文教育文化体系。

（一）构建基于"学校发展"的人文教育理念体系

一个校长依据学校发展凝练的科学、先进的办学理念，首先必须得到广大教职员工的认同,才能明确为学校的办学思路,具体化为学校的办学目标。然后通过科学的管理,将凝聚的教育理念重新释放回归到教育的实践环节中,真正的发展最终体现在受教育者的综合素质的提高上。

我担任校长的平安小学,过去的几十年间先后提出"超越自我,超越规范,做有思想、有能力、高品位的人""以人文思想为指导,构建高效、文明的学校管理机制"等办学理念。在新时期,如何凝练出更加符合平安小学新时期发展的"人文教育"特色的理念,我在专家的指导下进行了更加深入的思考。确立了:"人文养育,以文化人"为新时期人文教育的办学理念;确立了人文教育发展的四条途径:积淀"人文精神"、创新"人文体验"、提升"人文素养"、凝练"人文情怀"。

过去的平安小学一直坚持的学生发展目标是:探索先进的教育方式方法,培养懂教育规律的高水平的教师,引导促进学生更好地发展。我们一直在努力把每一名平安学子培养成为会学习、会共处、会生活的文化人;懂团结、善进取、明责任的文明人;善表达、懂交流、会沟通的时代人;爱健康、有意志、具活力的未来人。

新时期,在新的办学理念"人文养育,以文化人"指导下,为了更便于老师们的落实,在专家的指导下,我们将办学目标瘦身为:面向未来培养具有人文情怀的现代人。分解为四个变量:尚学的文化人、崇德的文明人、进取的时代人、拓新的未来人。

按照"人文养育,以文化人"的人文教育理念,学生、教师、家长共同讨论出了"三风一训"。确立了"让每一个人都感到这里是育人的摇篮"的校风;确立了"平心养智,安以育德"的教风;确立了"养浩然之气,凝书卷之气,蕴和谐之气,成健美之气"的学风;确立了"修身、励志、博学、日新"的校训。

基于"学校发展"的人文教育理念体系的构建为学生未来发展描绘了基本蓝图。

(二)构建基于"教师发展"的人文教育精神体系

在2017年"开学第一课"上,我为全体平安人写下的这样的新学期寄语:我们是春风,化雨润物,我们是火种,薪火相传。平安小学69年的建校史,见证着平安从创校到腾飞,见证着几代平安人的坚持、创造、奋进和奉献。今天的平安,每天都在用自信、激情创造着奇迹。而蕴含在其中的最大助力是刻在每一个平安人心中的平安精神,十几年前,平安精神是一个口号:平安光荣我光荣,我为平安争光荣。如今的平安精神,被我提炼为六个字"大爱、大智、大气",平

安精神浸润在学校工作的方方面面,流淌在教师和学生互动成长的每一个角落。已经退休多年,如今已有80高龄的老校长徐凤珍,曾在一次教师节上说过这样一句话:如果有来生,我还要做一名教师,还要做一名平安园里的园丁。"大爱、大智、大气"的平安精神几十年薪火相传,影响带动着一批又一批的平安人,以老带新,以新促老,层级带动,共智双赢,成为学校不断发展的最大助力。

在实践中,我主要通过在团队中如何学会赏识他人来凝练教师的人文情怀,形成了独特的以"大爱、大智、大气"为核心的"人文教育"精神体系。

1. 人文情怀凝练途径一——懂得赞赏

教师,作为知识分子集中的群体,其劳动具有很强的自主性、创造性、复杂性,他们内心深处对尊重的渴盼、对文化的认同和自我实现的愿望往往比较强烈。适度的赞赏会让每一个人都感觉不一般,当教师被理解、接受和喜爱时,往往就会把同样的感觉加倍地回馈给身边的同事,传递给他们的学生。"春风化雨,行且珍惜"是我在一次"开学第一课"上给全体教师的寄语。我在大家的座位上放了一瓶水、一块糖、一支笔、一个笔记本和一朵紫色的勿忘我。我把希望融入其中,希望新的学期有紧张更有快乐,有付出更能收获甜蜜,用自己的手握紧自己的笔,去耕耘属于自己的美好。我把这美好的期待和对每一位老师以往工作的赞赏与鼓励写在小卡片上,以此给教师带去获取成功的愉悦。

2. 人文情怀凝练途径二——换位思考

赏识他人,只有站在对方的角度看问题,才能明白对方所思、所想,才能在对方见解中发现共通之处。"我是个体,我们就是团队,我们比我更重要!"这是平安小学的团队格言。从和谐团队自荐、推荐,到魅力团队展示、评比,平安小学用三年时间完成了教师由最初的和谐团队建设发展到魅力团队建设的转型。如果说和谐团队凸显于其内部的凝聚与协作,那么魅力团队就是在其基础上增添了彰显于外部的感召与传递。在团队建设中,13支团队在成长中都凝练了自己的团队格言。像教导处团队,他们的团队格言是"我愿做你缺失的一角"。在他们的团队理念中,每个人都是不完美的自己,但是每个人都可以成为他人所需一角,构建最完美的团队。拥有愿为一角的补位意识,是因为他们懂得赏识他人的所长,懂得成就他人,就会成就更加完美的自己。

3. 人文情怀凝练途径三——关注所需

人为什么幸福?是因为需求得到满足。而人最高层次的需求,就是实现自身的价值。当一个人感到工作着就幸福着的时候,教师职业动力加大,职业发展的速度变快,感受到快乐就会增多,倦怠自然减少。我让教师感受幸福载体之一就是科学地规划团队中每一个教师的成长。我在不同时期,帮助不同年龄阶段的教师制定不同的短期规划、近期规划和长期规划。通过尊老、重中、培青等不同的分级管理手段，实现不同教师的不同发展。青年教师抓起步，中年骨干抓特色，老教师抓传承，让不同风格、不同个性努力工作的教师都能获得成长的幸福感。

4. 人文情怀凝练途径之四——彼此信任

教师由于职业关系管理能力相对较强，充分运用教师管理能力，会使教师在管理中找寻归属感，职业倦怠也会渐次消弭。怎样恰到好处运用教师的管理能力？首先，要思考不同教师所具有的不同能力怎样与学校管理需求相适应。在学校有相当一部分班主任老师的思维理性、观念前瞻，对于这部分教师，要理性帮助他们找到参与学校管理的位置，比如"一日校长负责制""带班管理负责制"，都可以让这些有管理天分的教师，感受到校长、同事的信赖和欣赏；对于大部分教师来说，他们希望参与学校管理的愿望停留在建议和意见上，对此我就创设各种平台，让他们也能"参政""议政"。其次，要思考让教师参与管理的民主制度如何落实，并形成一种长效机制。多年来，我把管理权实实在在交到教代会手里，让教师自己管理自己，自己完善自己，增强教职工参政议政的责任感，发挥大家的聪明才智，让教师在共同参与中，彼此信任，不断提升归属感。

5. 人文情怀凝练途径之五——善待他人

"一个人可以走得很快，一群人才能走得更远"，一个人的成长，只有刻上了集体的烙印的时候，才会产生积极的生态效应。每一个人的成绩和努力都需要别人的喝彩。当在团队中感受到来自同伴的认可时，个人价值才会和团队价值实现共赢。我们引领的和谐团队抑或是魅力团队的建设所展现出的意义，就是让每一个教师明白：团队就像一株茂盛的榕树，根叶相牵，每一个人的奉献都会给她带来不一样的新绿，让团队充满无限的生机。"让学生的眼界超过现在，带着理想走向更远的未来"，是教师教育理想的核心，用团队建设作依托就会让每一个人都能做好一个教育的守望者，互相影响彼此的教育理想，互相督促彼此应尽的教育责任，真正成为用学识、人格魅力和精神力量去呵护、引领学生成长的领跑人。

多层次、多渠道的赏识，熔铸在每一个人身上，积淀形成的就是一种"大爱、大智、大气"的精神品质，这种"大爱、大智、大气"的精神品质内化于每一个平安人身上，成为平安人文精神体系的核心内涵。

(三)构建基于"学生发展"的人文课程体系

课程是实现学生人文素养提升的重要载体，建立"1＋A"课程，用课程实现

每一名学生人文素养的提升,让"1+A"成为促进孩子未来成长的个性课程,是我构建人文课程体系的目的。

平安小学的育人目标的第一个变量是培养尚学的文化人。尚学,即崇尚学习,它是一种主动意识,是对未知的探求,也是对自身能力的挑战。2012年,我首次提出"3A+1"主题实践活动,即3A(种子语文、开口英语、阳光体育)+1(潜能拓展训练项目),3A必修课+1选修课,开启了全员参与的以张扬学生天性、发展个性特长的"人文"特色校本课程。2014年,经过两年的摸索与提炼,我将"3A+1"主题实践活动升级为"1+X"课程,升级后的校本课程,学生的参与程度更高,课程内容更加丰富,乐器类、科技类、书画类、文学素养类等等,孩子们在课程中,实现了学有所长,术有专攻。2017年,我将课程再次升级为"1+A"课程,横向三个区域:国家课程、地方课程和校本课程。校本课程纵向划出两个维度:必修课和选修课。必修和选修课程定义为"1+A",由"人文种子"和"潜能拓展训练营"组成全新升级版的"1+A"课程体系。我就是希望孩子们在多元化的校本课程中从最初的尝试、体验,通过坚持及不懈的努力,最终达到最优。让他们懂得"A"的终极目标是:坚持下来的才是最好的!

开发全新的"1+A"人文校本课程,源于提升学生的人文素养,旨在从外部打破时间、空间、内容的界限,从内部突破学生思维和学习方式的边界,使学生实现对世界的整体认知和思考,让每一个孩子在这种课程形态的递进式发展和多样化共存中,成长为适应时代变化、全面和谐发展的人,并在形态丰富的课程中获得生命的滋养,在变化万千的世界中绽放无限的可能,为未来人生做好准备。

1.全员性必修校本课程——"1"人文种子

"1"指"人文种子",是为了提升每个平安学子人文素养而设置的全员性校本课程。其宗旨是通过诵读各类经典读物,实现提升人文底蕴的目的。

人文种子是由语文学科拓展而来,面向一至六年级全员普及的一门基础性必修课程。校内语文骨干教师根据不同年龄段学生的认知特点编写了"人文种子"教程,人文种子呈现的既是积累的语文,让学生在记忆力黄金时间积累,在人生底色上播种,生长出优质的文化果实;也是经典的语文,将经典强大的再生能力发挥到极致;更是逐步反复的语文,让学生随着年龄的增长去体味,去消化,去品悟。

2.自主性选修校本课程——"A"潜能拓展训练营

"A"指"潜能拓展训练营",是为了促进学生个性化发展而设置的选修性校本课程。其目的推动学生在自主选择中拓展自主发展空间、提升自主发展意识、培养自主发展能力。训练营在走班式开课的基础上,面向中、高年级增加了整班式开课方式,一班一主题,不仅增加了学生参与程度,更助推了中、高年级班级文化特色的积淀与提升。选择性的自主社团训练营更为孩子们的拓展学习提供了广阔的空间。

"A"课程共分为三大类:

第一类:科学素养类

课程名称:创客空间。它是由科学和数学、综合学科拓展而来,面向三至六年级开设的自主性选修课程。具体包括:"青少年电子信息与智能控制""小小科学家""炫彩魔方"等项目课程,由"葛一工作室"负责开发推广。本课程是基于"互联网+"时代对学生创新能力的培养,以创意设计和科学实验为主要内容的科创项目,共设置了5个板块,包括文化与概况、原理与工艺、核心技术、造型设计、竞赛与展示,涵盖了物理、化学、生物、地理等多学科门类的基础知识。

第二类:艺术情趣类

课程名称:艺韵提智。它是由音乐、美术等艺术学科拓展而来,面向一至六年级开设的多样性选修课程。具体包括:"黑白世界"围棋社团、"巧手益智"软陶社团、"奇幻冰雪"冰雪画社团、"童心彩绘"儿童画社团、"恰似百灵"学生合唱社团、"爱英语吧"多元系列英语口语社团、"尤克里里""非洲鼓"等多元音乐系列社团等艺术类校本课程。

第三类:阳光体育类

课程名称:阳光体育。它是由体育学科拓展而来,面向一至六年级开设的开放性选修课程。具体包括:田径社团、篮球社团、绳翔童真社团、沙包投准社团、传球接力社团、八人持杆社团等多种社团供学生选择,满足健康运动一小时,让运动和兴趣相结合。

"1+A"实现了全员化和个性化发展的统一。"多种课程形态,一个教育世界",全新开发的"1+A"人文校本课程,让每一个孩子在形态丰富的课程中获得生命的滋养,实现了在人文底蕴基础上各项素养的提升。

我一直坚信,未来一定比现在更美好,更广阔,更惊喜,更超前。"1+A"校本课程是给了孩子们一个"时空的望远镜",发现未来所需,以备自身不足。

(四)构建基于"情怀凝练"的人文教育管理体系

管理是学校的生命,建立科学、人本、高效、开放的学校管理制度,能充分体现学校的发展目标,形成共同的理念和价值认同。

多年的实践,我建立了一整套科学、开放、高效的"人文教育"十项管理机

制,包括:以校长、教导处、学年组为核心的三级管理机制;以魅力团队竞选为核心的制度制约机制;以教代会、少代会、家长督学团为核心的民主参与机制;以最美红领巾、平安小卫士评选为核心的自主教育机制;以校本课程开发、学生社团为核心的课程开发机制;以读书节、体育节、英语节、艺术节等为核心的活动实践机制;以优秀教师评比、党员星级评定为核心的公开考评机制;以教师形象墙、学生形象墙、楼梯文化等为核心的环境熏陶机制;以期末教师颁奖会、年度好家长、新三好少年等为核心的校本激励机制;以督导评估、千分考核等为核心的监督保障机制。随着十项机制的逐步完善,学校管理呈现出可持续发展的良好态势。

(五)构建"素养提升"的人文实践活动体系

主题活动是学生人文实践活动的有效载体,我把主题实践活动的核心词确定为八个字:符号、童话、代言、共育。

一是以"个性、和谐、发展"为核心,开展了"人文"符号创建活动。结合学校打造"人文教育"的发展目标,我在全校范围内开展了第四代平平安安形象设计大赛,经过最后评选,提炼出具有丰富文化内涵和个性的校园文化符号——第四代"平平安安",它的名字叫"人文与未来"。二是以"浸润、体验、内化"为主题,开展"人文"素养创新活动。童话是孩子童年生活的伴随者。童话人物真善美品格对孩子的影响可谓十分深刻,爱童话、读童话、演童话,选班级童话人物代言,我把它当成是培养孩子美好人性的辅助载体。三是以"阳光、生命、成长"为内涵,搭建"人文"情怀凝练载体。志愿服务活动是我设定的师生人文情怀凝练的一个外延实践载体,主要通过党员群体引领、教师个体示范、学生主体参与、家长主导教育四条途径,建立了党员爱心志愿团、海芳爱心志愿团、松婷爱心联盟、爱心亲子团四支各具特色的志愿者服务队。他们走进社会福利院与老人们一起喜迎新年;他们亲手包饺子为辛劳工作一年的环卫工人们送去暖心的小年;他们和小树同成长,连续参加全市植树活动;他们与贫困学生手拉手,在开学季为他们捐赠"爱心礼包";他们邀请留守儿童共度快乐暑假;他们走近抗战老兵带去节日的问候;他们领养"小金猪"长期帮助山区的孩子。2016年,"周六志愿行"被市委宣传部授予"全市十佳志愿服务品牌项目"。四是以"交流、探究、提升"为特色,创生"人文"实践活动渠道。社会感知力是人们对社会现象的敏锐度和洞察力,只要具有社会感知力,就能超前思考,这是学生未来生活必备的能力。如何培养社会感知能力,2014年,我根据校情,整合家长教育资源优势,创设了具有"平安特色"的"星期六课程"。在课程的实施过程中,借助家长丰富的生活阅历、职业经验、专业知识和文化素养,家校联合共同开发趣味科学、新闻传媒、艺术欣赏、儿童健康、经济金融等多个领域的"社会感知体验课程"。在内容丰富的实践活动中,提升了同学们互动、沟通、协作,以及实时感知、识别社会的能力。

人文实践活动拓展的不仅仅是孩子们的视野,同样也会唤醒学生作为一个思想独立者的公共理性,这也是人文素养的重要内涵。

(六)构建基于"品位提升"的人文教育文化体系

学校文化建设涉及物质文化、制度文化、组织文化、人际关系文化建设等。学校文化实际上是一种潜在的力量,因为融入了人文精神内涵,它就成为促进学生人文素质提升的隐形的第三种课程。

一是选准切入点,形成人文精神文化熏染环境。我确立的学校环境文化建设的理念是"为建筑注入人文内涵、使符号呈现人文色彩"。主要通过三个途径展现。一是以"我为社会主义核心价值观代言"为核心的长廊文化。社会主义核心价值观对基础教育来说,它回答了"培养什么人"的根本问题。2015年,学校启动了"我为社会主义核心价值观代言"活动,在师生及家长中征集代言人。经过层层筛选,推选出爱岗敬业的教师代表、品学兼优的学生代表、关注教育发展的家长代表,成为第一批价值观的核心代言人,并制作12张核心价值观宣传海报。形成了以最美代言人宣传海报为核心的道德体系,以主题墙壁报为平台的宣传体系,以"争章"活动为载体的评价体系,这种具有时代精神的德育课程真正实现了核心价值观在青少年身上外化于形、内化于心的目的;二是以"少年五彩墙"为阵地的园地文化,雕刻着孔融让梨、曹冲称象、闻鸡起舞等耳熟能详的成语典故,为人文教育特色注入了新的内涵;三是以"人文载誉、辉煌平安"为主题的校史文化,通过学校简介、历史发展、星光璀璨、岁月芬芳4大板块,图文并茂生动展示了学校发展的历史、师生奋斗的轨迹、学校奋进的光荣与梦想和全体平安人"大爱、大智、大气"的人文情怀。

二是抓准落脚点,搭建人文精神文化提升载体。行为文化是校园的"活文化",是学校精神、价值观和办学理念的动态反映。教师的行为规范具有主导校园行为文化的重要作用。2013年,学校将"和谐教师团队"评选升级为"魅力教师团队"评选,全力打造了八支"魅力教师团队",并分别用睿、勤、勋、润、卓、馨、拓、鼎八个字高度总结团队精神。用身边接地气的榜样,带动教师的"个体风景"成长为团队的"整体风尚"。践行着这样的团队格言:我是个体,我们是团队,我们比我更重要。为学校树立起了完整的教师文化形象,从而形成具有人

文化色彩的学校行为文化。

三是聚焦提升点,拓宽人文精神传递多种途径。班级文化是班级的一种风尚、一种文化传统,一种行为方式。在班级特色创建的过程中,紧紧围绕"润物无声的班级环境文化、激励成长的班级精神文化、私人订制的班级课程文化、微格模式的班级管理文化和异彩纷呈的班级活动文化"五条主线,全力打造"人文+特色"的班级文化,筑牢人文教育的主阵地。

教育正处"唯一不变的是变化"的时代。教育就像农夫,不可能绝对改变学生的成长,能改变就是根据环境、天气的变化,不断调整教学行为,来最大限度促进学生成长。现在还在中小学念书的孩子,他们未来可能从事的工作有六成都还没有"被发明"。要从事"在此之前还没发明的工作",这未必说明以往的知识与经验就不再重要。更加需要我们思考斯宾塞的著名命题:"什么知识最有价值?"

人的成长是一辈子的事,教育从来都不是一个结果,而是一个生命展开的过程,它永远面向未来,不会结束。我们的教育人就是要为学生未来的人生做准备。让每一个走出校园的孩子都是一个富有人文精神的人。在遥远的未来,也许他们会忘记我们教给他们的知识,但我们传递的文化与美好,依然影响着他们。

让学生拥有幸福童年　让教师品味精彩人生

——生命成长教育理论的实践探索

鹤岗市红军小学　佟丽娟

题记: 红军小学始建于 1960 年,迄今已有近六十年的办学历史。学校自 2003 年开始,在佟丽娟校长的带领下实施生命教育。在十几年的教育实践中,生命教育的办学思想让学校前进的方向逐步明晰。学校确立了"让学生拥有幸福童年,让教师品味精彩人生"的办学理念,尊重每个生命,关爱每个心灵 ,发展每名学生,成就每位教师,让学生自由发展、幸福成长。生命成长教育观,育爱专业的教师观,以人为本的学生观,人文民主的管理观,全员全面的育人观,让每个生命在成长、成材、成人发展中积淀能量。静等花开,一定能满园绽放。

教育始终要培养服务于社会的人才,"做教育当有大格局,培养学生应厚其积储以大效于世",这是学校教育最重要的任务和使命。从国家发展战略来说,中国想要建设创新型国家,成为引领世界发展的力量,在基础教育阶段就要把学生培养成为具有独立人格、自由思想、质疑和批判精神、生命鲜活的现代人。

生命是教育的起点,尊重生命,促进人的发展是教育的来处,也是教育的归处。"让每个人都有人生出彩的机会",这是对生命个体的极大尊重、对生命价值的极大关怀!关注生命个体,关注生命需求,关注学生人格发展,是当前教育改革的出发点和归宿点。怎样才能为孩子的生命质量负责,为孩子的幸福人生奠定坚实基础?红军小学用十几年来生命教育研究与实践的实证回应了这个问题。"生命成长教育"让每个生命在发展和成长中精彩绽放。

【教育篇】为生命成长奠基

格物致知,诚意正心,修身齐家,治国平天下。

——《礼记·大学》

释义:通过对万事、万物的认识、研究后才能获得真知,获得真知意念后才能真诚,意念真诚后心思才能端正,心思端正才能提高品德修养,然后管理好家庭和家族,才能治理好国家,而后便天下太平。

引申:个人修养水平至关重要,可以说是安邦治国的基础所在。青少年要加强道德修养,围绕核心价值观培养"德"性,就要贯彻立德树人、培养核心素养、锻造生命品质的教育思想,体现时代精神,开阔学校的生命格局,激荡学校的生命活力。

一个孩子可以格致诚正、修齐治平。一方面,我们要把每一个孩子视为正在萌发的种子,而教育就是让这颗种子尽可能鲜活、尽可能饱满、尽可能有蓬勃生长的力量。另一方面,我们要让教育同样成为一粒鲜活饱满的种子,深深植根于每个孩子的幼小心灵中,伴其一生,惠其一生。我们始终坚信"人人能成才"和"多样化成才"的理念,给"每颗有生命的种子"在未来发展中留下充足的时间和空间,为学生的终身发展奠基。

探索一:"生命成长教育"理念的提出

从教育理想出发,寻找教育理念生发的起点。

我的教育理想:我希望校园的每一个角落都充满着生命的温度,师生在校园的每一段时光都荡漾着生命的情怀,每个人的生命在成长中都得到充分的绽放,教育让每个人对未来都拥有无限信任的力量。

回顾:"生命成长教育"思想的形成

在深入研究"生命教育"思想、反思国内教育现状、联系学校发展实际的基础上,"生命成长教育"的办学思想日趋完善和清晰。

1. 从国家要求的角度寻根

以习近平同志为核心的党中央高度重视教育,多次在讲话、视察、座谈中指出:百年大计,教育为本;强国富民,育人为先。基础教育通过课程、课堂和活动把国家倡导的社会主义核心价值观落实到位,把每个孩子当成一个鲜活的生命来爱护和培养,让学生树立正确的人生观、价值观和发展观,让学生懂得生命的意义和生命的价值。

2. 从教育目的中思辨

英国教育家怀特海在《教育的目的》开宗明义:"学生是有血有肉的人,教育的目的是为了激发和引导他们的自我发展之路。"学校一切工作的出发点和立足点都应该是为了促进人的自我发展,身在其中,学生能够时刻感受到来自师长的善意,感受到学校对生命成长的期待。"生命成长教育"思想的提出,体现了教育的两大基本问题。"生命"是教育目的论问题,即培养什么样的人?培养有生命、持续发展的人;"成长"是教育方法论问题,即怎样培养人? 创造生命成长环境,让每个生命更精彩。

3. 从地域发展的角度思考

学校地处鹤岗市中心地区,2006 年前一直归属矿山集团管理,空间发展环境和行政管理的局限使学校的生源、师资、物质条件等都没有任何优势可言。2006 年后,由企业办学划归地方政府管理,体制的变革开阔了我们的教育视野,同时也面临着前所未有的发展挑战。学区知识结构和家庭环境从矿工子弟转向高学历、多问题家庭,社会期待对学校发展方向提出了新的诉求,特色鲜明且持续发展的办学思路才是实现学校转型的基本策略。

4. 从学校变革的轨迹中挖掘

红军小学学区学生大多来自矿工家庭,我们注重培育他们朴素、乐观、坚强、守纪的品质,在艺术教育特色中发展学生的个性和特长,培育生命内在品质,促进学生德智体美劳全面发展。2006 年作为红军小学历史发展的节点,学校迎来了企转公办后的第一届学生。机制变革让家长对我们的教育产生了质疑,学校生源骤减,教师陆续转出寻求发展,一系列困境问题摆在面前,也因此让我们开始正式审视并规划学校未来发展的出路。

探索二:"生命成长教育"理念的价值

教育育人的实质就是使人掌握知识、发展能力和形成良好的思想品质,形成德智体全面发展的人,这是教育内在价值的根本。教育的本真是什么? 就是关注生命的成长。

回顾:"生命成长教育"思想凝练的路线

从教育思想的探索实践中,提升教育价值。

初始阶段:从德育入手,注重体验,让学生认识生命,敬畏生命,珍爱生活。

转制后,我们对学校学生的家庭背景重新进行调查,复杂的家庭环境让学生出现了多样化的特点,教育方式面临巨大挑战。学生多数来自矿工家庭,因父母存在代际差异,学生出现了自我约束力差、学习困难、自信心不足、生活态度消极等问题。我们尝试借助德育活动,让学生在生命体验中接受教育。同年7 月,市教育局、教师进修学院领导来我校进行摸底调研,根据调研组留下的宝贵意见,重新梳理了学校的办学思路,确立了"让学生拥有幸福童年 让教师品味精彩人生"的办学理念,明确了"尊重生命 发展生命"的生命教育办学特色,把对关注学生生命的未来发展作为工作的出发点和归宿,让生命教育成为渗透在学校各项工作中的一种细腻无声的文化,由此翻开了学校生命教育的新篇章。

发展阶段：以课题研究为抓手，立足心理健康教育，让学生尊重生命，热爱生命、呵护心灵。

2008年，学校遵循生命成长规律，以艺术教育为特色，注重活动育人，培养学生能力，张扬学生个性，学校发展趋于稳定势态。结合学生成长现状，我们把关注学生的心理成长作为教育的重点，承担了"十五"省级课题"教师的评价对学生健康成长的影响"的研究工作，通过教师评价语的运用与研究，培养学生自我心理调节能力，提高学生的学习适应性，形成良好的心理素质，让学生的生命实现自我发展和成长。

2008年，学校被评为全国心理健康教育十佳学校、省心理健康教育基地校称号。我们以每学期开展一届"心理健康月"活动为依托，根据学生在成长过程中的不同时期、不同年龄、不同心理发展特点，分层设计活动内容。通过国旗下讲话启动心理健康月，每月突出不同的教育重点，安排不同的教育内容。同时，在假期也安排体验活动延展教育内容。以校本化、主题化、系列化的特点，推进学校心理健康教育工作全方位开展。师生和家长作品已汇编成《美丽的语言》《心语故事》《成长足迹》等成果集50余册。

拓展阶段：基于重点问题，探索创新路径，激活生命张力，发展生命，彰显个性。

我们围绕着"生命成长教育的实践路径与策略"问题，深入开展SWOT校情分析，明确了新时期"生命教育"的价值取向。我们提出的生命教育特色发展方向与新时期教育的战略主题相遇，"生命成长教育"思想拓宽了教育的内涵，充分实现了生命自主、有个性的成长。

丰富多彩的实践活动，感悟生命的价值；团队挑战，体验生命的勃发；多元化评价机制，尊重生命的个体差异，鼓励生命多元发展；成长礼、毕业季、感恩节、冰雪节等主题节日体验活动，让学生在行走中成长、成熟。

"树木树人，善教善成"。着眼于国家整体建设需要和人的全面发展需求，学校依循成长、成才、成人的教育路线，一步步把修身齐正的育人成果转化提升为国家富强平天下、民族振兴谋幸福的发展成就，让学校成为孩子生命成长的摇篮、梦想开始的地方。

【教师篇】为生命发展助力

"有匪君子，如切如磋，如琢如磨。"

——《诗经·卫风·淇奥》

释义：君子的自我修养就像加工骨器，切了还要磋；就像加工玉器，琢了还得磨。

引申：君子在一次次自省中修身养性，在反复切磋交流、琢磨研究中不断进取。我们要用"学"做有厚度的老师，当一个人厚积自己的知识，用生命的热情去鼓舞和唤醒，心意志坚，且行且思，就可以在有厚度的教育修养中提升教育的品质。

感悟一：教师的职业是用爱心完善生命的成长

苏霍姆林斯基曾说："对孩子的热爱与关怀是一股强大的力量，能在人身上树起一种美好的东西，使他成为一个有理想的人。"教师的爱始终都是孩子成长的精神动力。我们今天提倡核心素养，那么，教师的核心素养最重要的就是拥有热爱学生的人格魅力和通过学科知识引领价值观形成的教学能力。通过不断学习和实践，提升教师的教育教学水平，使教师真正成为学生发展的摆渡者，教育实践的探索者，生命成长的朗读者。这也是当代教师崇高的职业幸福。

打造"以人为本、教学相长、自主合作、兴趣盎然、思维灵动"的生命课堂，让良好的师生关系助力于学生和教师的智慧发展，幸福成长。这也是生命成长教育理念下的课堂愿景，更是实施生命教育的基础和前提。我们从课堂主阵地入手，大力进行课堂教学改革，摒弃传统的教学观念，尊重学生个体生命需要，满足于学生的个性发展。打造以"自主探究—发现"为教学活动的主导模式，建立民主平等、合作参与、教学相长的新型师生关系。充分发挥学生的主体精神、自主探究意识，养成乐思、善思的良好习惯，促进学生基本生命素养和品质的发展。以自主—探究、合作—参与、反思—体验的学习方式，发展学生的实践和创新能力。

感悟二：教师工作的意义是让每一个生命焕发光彩

创造适合学生发展的教育，以尊重、自主、开明为基本遵循，尊重规律、尊重学生，让人的自主性充分发挥，让每个生命的创造性充分涌动。

建立民主平等、合作参与、教学相长的新型师生关系，充分发挥学生的主体精神、自主探究意识，养成乐思、善思的良好习惯，促进学生思维素养和生命品质的提高。学校鼓励教师在参与教育教学实践的过程中，就其所遇到问题的实际情境，通过研究与行动，系统地搜集资料，提出改进方案。学校不仅大力推行年组集体教研，而且要求教师的课题研究讲究规范化、体现专业性、突出实效性，努力在"真"和"实"的行动研究中提升反思水平、研究素质和工作境界。学校把教学实践的反思积淀、同伴合作的互助教研、优秀课例的观察及评析、丰富多彩的师生交往，作为以实践助推教学素养提高的重要途径，为教师教学素质的提高增添动力。

感悟三:教师的劳动是成长如歌般传递生命智慧

目标引领,让成长多一份生命的期待;生活磨砺,让成长多一份责任担当;文化涵养,让成长多一份精神力量。我们开辟多种学习渠道,既有自行阅读、聆听讲座、专题讨论、案例分析、教学观摩,又有网上论坛、互动交流、经验分享、名校考察、外出参训等;几年来,学校每年培训人数50多人次,参训或学习后的教师以分享性交流的方式,诉说表达学习感受,将成功的教学经验进行展示。不仅使教师开放思想、开放资源,互相切磋、互助共赢,而且为教师的生活和生命注入了情感、智慧和活力,切实改变了教师的生活与生命样态。"染于苍则苍,染于黄则黄",更应该成为教师的情怀与信念。

成长有痕,如歌般传递生命智慧。在学校发展的春天里,游园惊梦,只有用心,才能吟唱出"不入园林,怎知春色如许"的礼赞。

【学生篇】为生命成才拓路

道而弗牵,强而弗抑,开而弗达。

——《礼记·学记》

释义:要引导学生而不要牵着学生走,要鼓励学生而不要压抑他们,要指导学生学习门径,而不是代替学生做出结论。

引申:我们要创造环境,充分发挥学生的主观能动性,让学生在自我发现、自我感悟中获取乐趣。学校的目标是培养能驾驭未来的复合型人才,学校要提供一种环境,让学生理解自己的兴趣,认知自己的未来,而老师的作用,则是帮助学生实现这个认知的过程。

《基础教育课程改革纲要(试行)》指出:"倡导学生主动参与、乐于探究、勤于动手,培养学生搜集和处理信息的能力、获取新知识的能力、分析和解决问题的能力以及交流合作的能力。"这充分解读了学生的学习特点、学生的个性与成长的需求,即以生为本,尊重学生,注重实践,激发兴趣,着眼于学生的全面发展。

课程作为学校教育的基本元件和核心载体,是实现学校育人目标与教育理想的根本保障。

探索三:让课程成为促进学生生命成才的核心载体

学校结合自身实际和优势,围绕着办学思想的核心理念"生命成长",基于核心素养,深度融合国家、地方和校本课程,构建了"生命成长树课程体系",分为三个类别、三个系列、七个模块课程。即国家基础系列课程、拓展系列课程和成长系列课程三个类别;唤醒自主生命、提升生命价值、张扬个性生命三个系列;关注生命、陶养生命、润泽生命、美丽生命、绽放生命、经营生命、多元生命七个模块。最大限度地贴近学生天性,满足学生生命成长的需求,实现知识的整合,能力的迁移和个性的发展。

1.在基础性课程系列落实中发展学生的基础素质

国家基础系列课程分为"关注生命""陶养生命""润泽生命"三个模块。开设品德与社会、语文、数学、外语、体育、艺术、科学、综合实践等国家规定的课程。同时开设具有本土、本校特色的校本课,即心理健康教育课、生命教育课、写字和信息技术教育课。我们把激发师生生命潜能、提升生命品质、实现生命价值,作为落实国家课程的根本着力点,积极建构学生成长图式,不断地实现、逼近现实目标与长远目标。

2.在拓展课程开发实施中增强学生的实践能力

在高质高效落实国家课程的基础上,我们开发实施了拓展性课程。拓展课程立足于学生特点、学校特色以及教师特长,对包括国家课程在内的三级课程体系进行校本化系统开发与实施,目的是让每一个生命得到成长和发展。

拓展系列课程分为"美丽生命""绽放生命"两个模块,主要涉及德育课程、社会实践、人文技术、益智课程、校本阅读课五个内容。注重培养学生的生命品质,致力于提高学生的创新素养和实践能力。

(1)德育课程。实施"日课程、周课程、月课程和年课程"组成的"四阶"课程。借助丰富的生命体验活动,通过提供不同的课程供给方式,满足学生的个性化学习需求。

日课程主要包括晨诵、午练、课唱以及阳光体育。日课程着眼于健心健身、涵养生命,促使孩子们在养成良好读书习惯和锻炼身体习惯的同时,更加阳光、蓬勃、快乐、向上。

周课程包括每周升旗主题教育、班队会教育课、法制安全等主题教育课,让学生在主题教育过程中形成积极的生命情态。

月课程以活动的生活化、体验化、经典化和固定化为实施原则,开设春季开学节、欢乐科技节和幸福成长节、体育冰雪节等节日课程,促进了文化的传承,丰富情感,净化心灵,提升生命品质。

年课程源于学校参与省级课题"孝礼文化与生命教育相融合的研究"而开发并实施。年课程将《弟子规》和《小学生日常行为规范》进行统整,以48个好习惯为依托,以"三爱"(爱自己、爱他人、爱环境)内化习惯行为,注重学生行为养成和习惯的培养。如通过"文明礼仪进校园""捡起一片文明""轻轻关门,慢步行"等主题性活动,使学生的文明习惯在潜移默化中做到"知行合一"。

(2)益智课程。益智课程是我们依据国家教育部《中国学生发展核心素养

（征求意见稿）》，立足学校优势资源，以"益智器具与培养学生'多路径思考'的思维策略研究"课题为基础，创新开发的，具有系列性、立体式架构的新课程。实施分限定课程益智思训课、自主课程益智活动课和主题活动课程三种形式。益智课程设置遵循以生命为中心的课程观，强调儿童本位，遵循学生的身心发展规律和思维特点，以国家课程架构为基础，以系统化思维训练器具为基本载体，以"自主探究—发现"为教学活动主导模式，以促进学生思维能力的发展为核心目标，关注学生的思维品质培养和学力的提升，建设让学生持续喜欢、促进思维和心理机能和谐发展的课程体系，为学生的持续、全面发展奠定基础。

3. 在成长课程实施中满足学生个性化需求

成长系列课程分"经营生命""多元生命"两个模块，涵盖心理课程、社团课程两个内容。成长课程的实践是学校特色发展内容与培养目标的有机整合。

心育课程以心理健康月活动、心育社团、团体辅导为主要形式，让学生在教育的过程中，懂得生命的可贵，学会热爱生命、善待自己和他人，学会正确看待自己的缺点和不足，乐于展示与合作，对自己的未来有明确的努力方向，对生活有乐观的态度，充满自信心，心灵健康成长。

社团课程建设，以培养学生的兴趣爱好为依托，帮助学生发现自身闪光点，增强获得成功的自信心，让学生"全面发展、学有所长"。社团课程以学生选修方式自主选择。学校开设乒乓球、篮球、口风琴、儿童年画、创意相册设计、烘焙、综合实践、拉丁舞、非洲鼓、校园小记者等 18 个社团项目，供全校学生自主选择。同时班级开设衍纸、扭扭棒、毛线画、盘画、数字油画、珠画等 24 个社团课，结合班级学生特点和教师特长，形成具有班本特色的社团课程，促进学生有个性地成长。

红军小学结合自身实际和优势，深度整合国家、地方和校本课程，以生命文化为引领，以成长教育为特色，从基础性课程、应用性课程和特长性课程三个层次构建生命成长树课程结构体系，强调学生个性、特长的发扬和多元智能的发展，注重培养学生对人生和社会的责任感与使命感，帮助学生完善生命构成，体验生命意义，实现生命价值。

【管理篇】为生命拓展借力

以天下之目视，则无不见也；以天下之耳听，则无不闻也；以天下之心虑，则无不知也。

《管子·九守》

释义:用众人的眼睛观察,就没有看不见的;用众人的耳朵来听,就没有听不到的;用众人的头脑来思考,就没有不知道的。这段话昭示了一个真理:最伟大的力量,就是同心合力。

引申:校长要成为充满智慧的管理者,需要不断学习,提升素养;需要博采众长、兼收并蓄,才能滋养并积淀成大德之智、大善之智、大美之智,最终使自己与学校共荣辱,与师生同发展,开创出学校管理的新天地。

探索四:激励的管理文化让教师成为生命品质提升的幸福者

文化育人就是要在办学思路上体现深厚的人文关怀、长远的发展眼光和浓郁的教育情怀。为了培育具有生命幸福品格的教师,学校实施读书工程,规定教师每学期必读书目,通过组织读书分享、阅读论坛、读书竞赛等,让阅读润泽教师生命,拥有生命教育的情怀。每年12月"生命礼物节",校长会亲自为老师选一本书作为新年礼物,让教师在阅读中感受幸福。管理中,把教师摆在学校工作的重要地位,尊重教师,把教师当成自己合作的伙伴;热爱教师,把教师当成朋友;关心教师,无论是政治、经济和生活,充分发挥教师规范、组织、启迪、管理和育人的作用。

教师节、元旦教师座谈会,通过展示教师的教育成果,茶话新年感恩和祝福,让教师充分享受被尊重、有成就的荣誉感;"校园十大名师"评先表彰,让被命名"爱心如子""业务精湛"的老师感受为师的无上荣耀。激励专业提升的六项校本教研制度,即教师反思制度、集体备课、年级授课制度、课例研讨、教学评价制度,名师工作室,青蓝工程结对帮扶制度,为每个教师找好定位,为自我专业发展的目标提供了方向(学校名师→市骨干教师→市教学能手→学科带头人)。

探索五:自主的体验文化让学生成为生命成长教育的受益者

学校要有精神和灵魂,才能培养出有精神和灵魂的学生。文化的价值在于创造,在于铸造精神和灵魂,我们以文化育人的价值体系,提升师生的生命质量,为孩子们未来的价值观和人生观奠定基础。

在文化育人方面,我们注重挖掘偶然事件背后的价值和意义,让它成为一个生命的唤醒期。所以在设计道德实践活动我们突出思想内涵,强化道德要求,把丰富多彩的兴趣活动和文体活动结合起来,注意寓教于乐,满足兴趣爱好,使学生在自觉参与中思想感情得到熏陶,精神生活得到充实,道德境界得到升华。如,在开展"我把幸福告诉你"教育活动中,我们围绕着"幸福"开展"寻找身边的幸福"体验活动,一是"对比幸福",让孩子和家人聊天,通过新旧时代生活的对比,感受物质生活的幸福,学会珍惜;二是"寻找幸福",让孩子在生活、

学习中拥有发现美的眼睛,学会收集幸福,感受幸福,学会感恩;三是"幸福行动",分低、中、高年级段以"赞、行、做"为形式,通过语言的表达、行为的转变、自我成长让他人感受幸福,学会分享。这样的实践体验系列活动,旨在引导孩子带着种种问题去实践,探求解决办法,悟出其中的道理。

探索六:丰富的学校文化让师生成为生命成长的传播者

学校文化是一个大的文化形态的结合体,它是理念载体、教学载体、制度载体、行为载体和活动载体的立体文化场。

因此,学校提出了"尊重生命 发展生命"的教育理念,确立了"仁、实、和"的核心价值观,构建起"统一规划、共同成长、自我管理"的现代教师发展模式,形成了"团队+名师"的教师队伍发展格局,引导师生过有信仰、有情感、有理性的生活,培养师生成为理性思维、感性思维兼具有信仰有发展的人,使得红军小学焕发出勃勃的生机和活力。

【德育篇】为生命成人导向

士不可以不弘毅,任重而道远。

——《曾子》

释义:有抱负、地位的人不可以不胸怀广阔、意志坚定,因为这些人有重大的使命,路途遥远。

引申:君子必须有宽广、坚韧的品质,因为自己的责任重大且道路遥远。正所谓"为天地立心,为生民立命,为往圣继绝学,为万世开太平"。我们的教育就是要在引导学生在成人的过程中厚植家国基因、筑梦种子生长。只有把成长、成材与家国命运紧密结合起来,学生才能规整地扣好人生的"第一粒扣子",才能真正成为一个心有温度、行有智慧的"大写"的人。同时,我们倡导宣扬家国情怀,既要体现对国家的使命与责任,又要彰显对世界的接纳与包容,从而让学生能够自信、开放、友善地迎面全球文化,并在国际舞台上传播中国声音、弘扬中国精神。

实践一:立德树人是立身之本,由内而外,把生命教育浸润到记忆里

聚焦德性,让生命教育环境可视化。学校每个角落都有着生命教育的文化标志,处处充满着幸福美意,让师生感受快乐和幸福。学校充分利用空间,凸显生命教育文化,建设各种精神文化区。洁净优雅的校园环境就像一部立体的、多彩的、富有吸引力的教科书,陶冶学生的情操,美化心灵,启迪智慧。校史墙、七彩路、生命园,让教学楼的楼廊文化成为师生精神栖息的家园。教学楼楼层文化体现出生命教育的四个层次,一层"生命是一种美丽,要学会珍爱",体现生命与安全的教育主题;二层"生命是一种责任,要学会奉献",体现生命与成长的教育主题;三层"生命是一种磨炼,要学会坚持",体现生命与使命的教育主题;四层"生命是一种和谐,要学会相处",体现生命与关怀的教育主题。楼廊左侧的校史墙,激发了学生热爱学校的情感;右侧的七彩路,见证着学生求知探索的足迹。活动楼教育法、融艺术性于一体的文化,让教育成为会说话的活动书;一班一品的班级文化特色各异,焕发出浓厚的生命活力。

桃李不言,下自成蹊。厚重的校园文化,清新的校园文明风尚,让校园文化走进每一个师生的心灵。

实践二:德育实践是最真实的教育,从知而行,把生命教育践行在生活里

聚焦体验,用多种方式感受生命教育的魅力。围绕学生真实的生活引出教育问题,促进学生的反思和成长。学生参与小干部竞选、到敬老院送爱心、去社区做义工服务、为妈妈做个菜等等活动,丰富的情感体验,引导学生在亲历实践中向善、向上。群体体育活动、节日教育活动、特色专题活动这三条实践路线图,让师生在习养、习得中开启美好的心灵之旅。"相约阅读读书节"、师生升旗吟诵、百人呼啦圈对抗赛、千人器具展示游艺会、体育文化艺术节、美丽冰雪节等丰富多彩的教育文化活动,为师生多元成长铺设出七彩立交桥。这踏踏实实的每一步,让生命因教育而精彩。

学生在体验与感受中"不扶而直",使生命教育理念自然地传递到学生内心。

结语:为生命成长奠基,为生命发展助力,为生命成才拓路,为生命拓展借力,为生命成人导向。红军小学在生命成长教育理念下进行的实践探索,让全校师生收获到诸多的成果和喜悦,让每一个生命绽放绚丽的彩虹。我们以"执古之道以御今之有"的教育智慧,以"天下大事必作于细"的务实精神,培养造就堪当民族复兴大任的大国良师,培养担当国家富强重任的少年英才,这是国家与时代的要求,也是我们神圣而光荣的使命!

史家教育集团校长王欢说:"成长,源于挫而不败、学而不厌;成才,依于勤于学习、乐于创新;成人,据于心有温度、行有智慧。这是人生发展的三重境界。"希望我们的教育,都能为孩子终身发展播下生命的种子;希望我们的孩子,都成为有智慧、有温度、学而不厌、挫而不败、全面发展、生命蓬勃的时代英才。

实施自主发展教育，培养具有
国际视野的现代人

哈尔滨市欧洲新城经纬小学校　　解艳荣

从一名教师到一名校长，32 年的教育工作经历让我品尝了为人师者的幸福。做教师是我儿时的愿望，做一名好老师是我愿意用一生去追求的理想。我爱自己的事业，心无旁骛；爱自己的学校，无怨无悔；爱自己的教师，情同手足；爱自己的学生，视如己出。我总是觉得我是最幸运的，最幸福的，因为我从事了我最热爱的事业。

热爱是最好的"兴奋剂"，也是我工作的不竭动力。做教师我要求自己努力成为一名师德高尚，爱岗敬业，勤奋努力，成绩卓著，深受学生爱戴、家长欢迎和社会各界广泛赞誉的老师。1998 年我作为哈尔滨市拔尖人才破格晋升为中学高级教师，1999 年又被破格评为黑龙江省特级教师，成为当时哈尔滨市最年轻的特级教师，我的事迹曾多次刊登在报纸、杂志和书籍中。做校长后，我时常告诫自己，教育是一种责任。教育好一个孩子，幸福一个家庭；办好一所学校，造福一方百姓。我带领着我的追梦团队，坚持素质教育，实施特色育人，为学生全面可持续发展奠定坚实基础。十几年的校长经历，我凭着要对每一个孩子的一生负责的信念，执着坚守，砥砺前行。先后获得全国优秀小学校长、全国教研工作先进个人、国家教育部规划课题先进工作者、全国优秀实验校长、黑龙江省优秀教育工作者、哈尔滨市身边好校长标兵等殊荣。

2010 年欧洲新城经纬小学成立，我很有幸成为这所学校的第一任校长，从组织上选派我到欧洲新城经纬小学工作的那一刻起，我就一直在深入地思考，用什么样的办学思想去引领和创办一所什么样的学校？用什么样的办学特色和成果来回应社会和家长们的期待？因为这是我作为学校创建者所必须要面对和回答的问题，因为这所学校的建立承载了太多的关注，承载了太多的期望，也使我的肩头承载了沉甸甸的责任。

通过深入思考和进一步学习，我深刻地认识到，办学特色是学校价值取向的集中体现。只有从学校实际出发，在全校师生中凝聚起与学校发展水平相适应的办学理念，才能成功迈出创办特色学校的第一步。只有通过不断的实践，才能丰富并发展特色的内涵，逐步形成稳定的、优质的、个性化的办学特色。所以，朝着这个目标，从那一刻起我和我的团队就踏上了创建"特色学校"的漫长而又幸福的"征程"。

一、什么是"自主发展教育"

对自主发展教育的解读有很多，但基本共识的认识都是："自主发展教育是弘扬、培养受教育者自信、自立、自强、自律的精神，给予受教育者以人文关怀，促进其身心俱健的全人教育，是以培养受教育者的主体意识、学习能力、创新精神和实践能力为价值取向的促进受教育者主动发展的终生教育。自主教育承认和尊重受教育者在成长中的主体地位和主体人格，使他们在掌握人类优秀文化的基础上学会学习，学会创造，学会生活，从而促进人类社会的发展和进步。"

什么是"自主"？我认为学校教育中的"自主"主要指两个方面的意思：一是学生自己主动，自我教育，自我管理。二是学校为学生主动实现自我教育自我管理搭建平台。

二、为什么要实施自主发展教育

作为教育工作者，清醒地认识教育所处的时代环境至关重要。我们的教育，应该使学生成为能够根据社会的期望和个人的实际，独立地、主动地、自控地实现自己发展的人。苏联教育家苏霍姆林斯基指出："能促使自我教育的教育，才是真正的教育。"联合国教科文组织国际教育发展委员会编著的《学会生存》中指出："未来的学校必须把教育的对象变成自己教育自己的主体，受教育的人必须成为教育自己的人，别人的教育必须成为这个人自己的教育。"

"教育的目的是为了不教育"。最理想的教育是自主教育，最理想的管理是自主管理，最理想的课堂是自主课堂，最理想的发展是自主发展。

明确定位

作为一所新建学校，除了崭新的校舍，一流的设施之外，"我们要办一所什么样的学校？""学校要培养什么样的学生？"是摆在我面前的现实问题。

欧洲新城经纬小学坐落在道里区欧洲新城小区这个具有欧洲建筑风格的现代化小区里。

首先我进行了学校发展自我论证，对学校的现状进行了分析：

（一）生源分析:我们的学生来自于小区,大多数家庭的经济状况较好,重视对孩子的教育,关注孩子的发展。我们对小区的业主进行了调查,百分之五十以上的家长认为将来条件成熟,如果孩子发展需要会考虑让孩子出国学习深造。

（二）环境分析:欧洲新城小区是以欧洲建筑风格为主的现代化小区,我们的学校的建筑风格也是如此。小区里以世界著名建筑和城市命名分成了七个区域:凡尔赛区、巴塞罗那区、香榭丽舍区、白金汉区、卢森堡区、佛罗伦萨区、维也纳区,一走进小区就能够感受到欧洲的风韵与文化。

（三）办学条件分析:1.师资力量:作为道里区委、区政府和道里区教育局重点打造的一所新建学校,上级领导给予了大力支持,尤其是教师择优选调方面的政策开了道里区此项工作的先河。

2.硬件设施:学校馆室非常齐全,先进的教学设备也一应俱全,每个教室均配有液晶投影、实物展台、电子白板等高端设备辅助教学,设施设备当时在全市中小学中是非常先进的,使用频率也是非常高的。

（四）当前教育背景分析:（国际国内多元化发展、个性化培养,国际视野、快乐幸福,终身可持续发展）随着改革开放的深入,中国经济加速融入世界,教育领域也开始探索如何与时俱进,担负起培养适应具有国际视野人才的重任。1983年9月,邓小平同志为北京景山学校题词:"教育要面向现代化,面向世界,面向未来。"《国家教育中长期发展规划纲要》提出,要"培养大批具有国际视野、通晓国际规则、能够参与国际事务与国际竞争的国际化人才"。

基于以上的分析我们明确了办学思路,结合校名中"欧洲新城"所具有的浓厚地域色彩,借鉴西方教育的精髓,结合我国传统教育的优势,中西交融,培养具有国际视野的现代人。我们要办这样的学校:

第一,我们要办服务于学生未来的学校。学校的教育是面向未来的事业,小学阶段我们要帮助学生学会做人,养成良好的人生习惯,获得终身学习的能力和动力,我们要全力为学生的发展提供良好的内外环境,激励学生走向更大的成功。

第二,我们要办课堂充满灵性的学校。把学习的主动权还给学生,张扬学生的个性,让课堂充满生命的活力。

第三,我们要办学生自主发展的学校。把教育的主动权还给学生,因为最好的教育是孩子们自我的教育,最好的教育效果是在情境感受中产生,因势利导地创设孩子们自我教育的情境,使孩子们在生长历程中"人人是自律之人,事事是成长之师,处处是育人之地,天天是快乐之时"。

第四,我们要办让学生体验学习愉悦的学校。让学校成为学生童年生活的乐土,成长的摇篮,激活学生的潜能,促进学生的可持续发展。

确立办学理念

办学理念是学校发展的灵魂和动力,它对上承载着学校的办学思想和价值指向,对下它连接着学校的课程体系和办学行为。基于以上的分析,尤其是学生生源和环境分析,这些有利的人文资源,给我们以启发,以学生成长和发展的需求为导向,我们生成了我校本土化的理念群。

1.学校教育理念:"追求和谐、享受快乐,把每一个孩子的一生变成一个成功而精彩的故事。"作为义务教育的起始阶段,我们的重点确立为"每一个"。让每一个孩子都有自己精彩的故事是我们培养的目标。在成长的过程中和谐而快乐,注重的是精神的鼓励与良好心理的塑造。

2.学校经营理念:也可以说是学校的发展理念。科学规划发展目标,全面提升服务质量,有效利用各种资源,促进学校均衡发展。其实这也是我所说的战略选择问题。欧洲新城小学位于道里区中部,人口密集,我们把自己的目标就定位在要承当起挑起中部的重担,为区教育局制定的打造东、中、西三个名优学校群的战略目标贡献欧洲新城小学的力量。

3.学校的共同价值理念:全员负责,团结协作,追求卓越,鼓励创新。确立以校为家的主人翁责任感,团结合作的团队意识,人人努力,不甘平庸,大胆创新,积极进取。

4.学校的核心价值观:国际视野,儿童世界。把儿童放在学校的中央,让他们用国际的视野审视一切。

5.学校办学目标追求:让家长满意,让学生幸福,让教师自豪。真正评价一所学校好坏的主体应该是本校教师、学生家长和社会群众。办学中我们更为注重追求三者评价的过程表述,让评价和监督看得见、摸得着,使其真正成为我校办学目标实现的促进力量。

我们确定用以上五个理念来整体构思、统筹、规划学校,发展学校。

我们确定了"培养具有国际视野的现代人"的育人目标,我们希望打造一所"开放、共融、和谐、高质"的现代化精品学校。我们找到了"自主"与"国际视野"的内在逻辑关系,因此,确立了"实施自主发展教育,培养具有国际视野的现代人"的办学理念,全面打造以"自主教育"为核心的教育体系。

三、怎样实施自主发展教育

构建自主发展教育体系

根据对"自主"的理解,我们把它的内涵分为两个部分:第一层含义我们把

它确定为"自主发展教育"的目标体系即"生活自理、行为自律、责任自知、学习自主、道德自省、精神自强、意志自制、人格自立"。第二层含义我们把它确定为"自主发展教育"的管理体系。在多方征求意见的前提下,我们确定了"7+2"自主体系。"7"指的是通过课堂、课程、作业、评价、活动、管理和校园文化的创建等七个途径,实现学生多维发展。"2"是指通过校本研训和专业发展两个平台,促进教师的有效发展。自主教育"7+2"的体系框架如图所示:

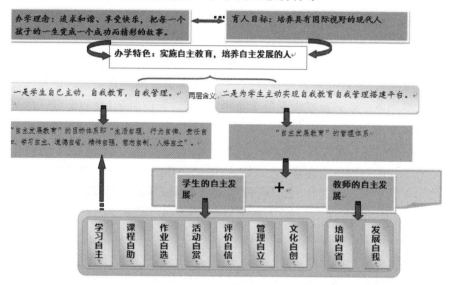

从体系中不难看出,"自主"绝非为所欲为,人的潜能要发挥,人的惰性要克服,"学习自主、课程自助、作业自选、活动自赏、评价自信、管理自立、文化自创"七项内容,是对学生充分的肯定,也是一种价值引领。其目的是让学生在"善境"中获得充分发展,让学生在充分发展中走向对"善境"自我认定。"上善若水",不以善小而不为的富有传统文化内涵的七项工程,必然成为学生夯实善根、培育善行、走向善德的必然途径。

学生层面彰显"自主"

课程自助

课程,是学校发展的总和,优质课程是学校赖以发展的基石。在国家课程、地方课程的基础上构建"三位一体"的校本课程体系,就是对课程内涵的体现。如下为我校课程图谱:

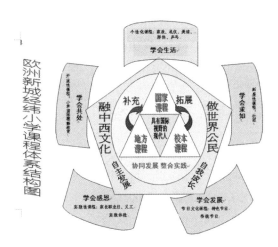

课程解析图

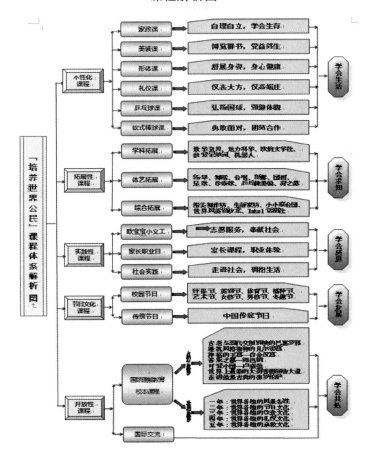

从上述课程图谱中不难发现,我们的课程是建立在"学会做人"基础上的为"多元人"提供的"多元"发展方式。自主是一种天性,符合天性的教育手段才是王道。孩子的天性是在自然的环境下的自我发现、自我启迪,尊重天性,就要为孩子创设自主发展的氛围。而自主发展必然以满足学生的不同需求为根本,多样化的课程资源,也就成为学生努力成为更好的自己的重要途径。

1. 个性化课程

在我校学生的课表上,你会看到家政课、礼仪课、美读课、乒乓球课、形体课等具有我校特点的独特课程。我们充分利用学校优质资源,将社交礼仪、家务实践搬到了课堂,实现了学校课程个性化、培养学生多元化。

家政课上学生掌握了简单的生活技能,学会了自理;礼仪课上学生的个人修养和言谈举止有了提高,学会了自律;美读课上学生从读书中获得知识摄取营养,学会了自立;乒乓球是我们的国球,乒乓球课让学生都能简单地掌握一些基本的技巧,学会了自强;形体课上学生舒展身姿,学会了自信。学生拥有了自理、自立、自律、自信、自强的良好品质,自主学习、自主发展就有了保障。

2. 开放性课程

学校开发了"小学国际理解"教育为主要内容,具有开放性特点的校本课程。将课程开发定位在让学生成为"世界的中国人"上,通过课程的实施让学生开阔眼界,感受多元文化的交融与共存,同时也培养学生以宽容的态度,理解尊重地球上不同的文化,为学生的终身发展奠定了基础。

校本课程按年级分必修和选修两部分。结合小区地域资源开展必修课,研究七个区域的文化特点,风土人情,建筑风格等等,从而进行中西文化的对比熏陶。选修课分年级研究了解世界风景名胜,各国的节日,各国的饮食文化,各国的礼仪,宗教,国际时事等等。

校本课程的开发与实施,给学校、教师、学生乃至家长都带来了意想不到的收获。教师以饱满的热情投入到课程的开发建设之中,编写教材,有目的引领每一个学生自主发展,走向世界,走向未来。学校建校一年后,作为黑龙江省小学校的代表迎接了"汉语桥"美国校长代表团的参观访问,与四所美国学校签订了建立友好学校的协议。学生与友好往来学校的小朋友视频对话、书信交流,让学生了解世界的同时,也将民族的传统文化向外传播。2013 年,我校被哈尔滨市教育局批准具备接收外籍学生的资格。目前,我校有两名韩国籍学生在校随班就读,这些资源,拓展了学生自主学习的领域。2014 年寒假,学生还参加了美国冬令营活动。走出国门,他们给老师当翻译,不仅开阔了眼界,也感受到多元文化的交融与共存。

3.拓展性课程

学校相继成立了20多个学生社团组织,使社团成为课堂教学的主要延伸和补充。

我校社团充分尊重学生的意愿和选择,每学期初学生可根据自己的兴趣和意愿填写社团申报表。由于小学生知识和能力有限,需要教师和家长给予适当的辅导和支持,为此,学校引导学生自主选择,聘请教师或家长担任社团指导老师。基于兴趣的社团组建激发了学生的积极性和主动性,而自主申报、自主筹备社团的创建过程本身就极大地激发了学生的自主潜能,强化了自主意识,也提高了学生"自我服务,自主管理"的能力。在学生社团活动中,学校注重引导学生成为问题的发现者、活动的设计者、方案的制定者、方法的实施者和结论的验证者,让学生在活动体验中践行道德,涵养良好品质。学生在自主实践中学会了合作与分享,学会了交往,在活动中践行道德,实现了自主成长。

4.实践性课程

学校以吉祥物"欧宝宝"命名成立了"欧宝宝"小义工组织,学生自主开展活动,在一次次的义工活动中茁壮成长。学校还将各具职业特色的家长请进课堂为学生涉猎到不同领域的知识。

课堂自主

自主学习是一种能力,也是一种愿景。拥有这种能力,学生才能依靠自己的努力,自觉、主动、积极地获取知识。小学阶段是学生养成习惯、形成能力的关键时期,我们有责任将学生引入学习之门,引上方法之路。尤其在课堂教学中要把学习的主动权交给学生,给学生充分自主权,最大限度地在时间上、空间上给学生以自主学习的机会,培养其这种能力。我校在"自主教育"理念的指导下,强调以学生为中心,兼顾学生的个别差异,进行了"六步畅学"自主学习课堂教学模式的改革。"六步畅学"也就是课堂教学的六个环节,即预习助学、诱趣激学、顺思导学、应用促学、梳理评学和实践延学。

预习助学

预习是自主学习的必要环节,也是这一教学模式的基础和保障。我们要培养学生会看书自学的能力,进而养成自学的好习惯。在这个环节中,实验教师课前根据教学内容、学科特点、课型结构,设计预习导学案,把教材的知识细化为一个个学生能解决的问题,并提前呈现给学生,引导学生在解决一系列问题的过程中走进教材,实现对教材的学习和理解。

诱趣激学

这个环节,是常态下的一个学习之前的情绪调动。因为求知欲是人的一种内在的精神需要,激发学生的学习兴趣,激活学生的心智,才能唤起学生学习的自觉性和创造性。

顺思导学

顺思导学是"六步畅学"的关键环节。"顺"字是顺应学生,是学生主体地位的彰显。"思",是让学生学会思考问题的方法。"导学",就是引导学生学会学习。

课堂学习中遵循自学在前,讲授在后;尝试在前,指导在后;独立在前,合作在后;过程在前,结论在后;训练在前,评价在后。在这个过程中,学生是"司机",教师是"教练",在教师的指导下,学生自己驾车到达了目的地,学生能力的培养和智慧的展现在自主学习的课堂上得以展现。

应用促学

应用促学是自主学习与实际运用相结合,形成学以致用、用以促学、学用相长的良性循环。这个过程也让学生在体验学习与生活密切联系的同时,品尝到用所学知识解决实际问题的乐趣。

梳理评学

课堂尾声,学生结合导学案和教师板书,对学习内容进行整理和评价,取其精华,形成知识网络,真正使学生"在反思中学习,在总结中进步"。

实践延学

实践延学是对学科教学的延伸和发展,是对学生基础知识、基本技能、基本思想和基本活动的检验,也是学生自主学习的升华。

预习助学强调课前问题的思考;

诱趣激学注重兴趣的启迪;

顺思导学是方法的指导;

应用促学强化知识的应用与开拓;

梳理评学是对知识的综合梳理,也是认识的提升;

实践延学强调智慧的生发,为每一个学生成为更好的自己创造更多可能。

从上述课堂流程中,我们看出蕴含在我校教师心目中的最好的教育方式——"不教"。所以"不教",是因为好的方法可以促进学生自我教育,好的教育手段能催生学生的自省。自教与自省,正是自主成长的双翼。

作业自选

为了真正把学生的负担减下来,我校将作业的选择权让位给学生。从2011年开始,学校尝试阳光作业"2 + 3"的模式。"2",就是学校要求教师每周两天不留家庭书写作业,以保障学生充足的课外时间,让他们根据自身情况自主选择感兴趣的课外活动，自主支配时间，培养个性特长。学校把这两天称为"快乐拓展日"。"3"，就是这一周其他三天，要求教师在布置作业时，语文、数学、英语每科只留一项基础作业，然后学生再从教师布置的选作作业中任选一项完成。教师给学生提供的选择性作业每天不少于 5 项，要体现出层次性、实践性、开放性、发展性。此项改革，《黑龙江日报》给予了大篇幅报道。

从去年开始，我校又开始尝试无作业，现在全校一半以上班级都进行了此项实验。

当然，没有书面作业并不意味着孩子们一天都可以"疯玩"，学校鼓励学生在"无作业日"积极参加义工活动、家务劳动、课外阅读、体育运动等，并在第二天早上交流自己的收获。

最受学生欢迎的是"欧宝宝"义工活动。"欧宝宝"是我校学生自己设计的吉祥物，同时我们也赋予它很多的内涵。以吉祥物"欧宝宝"命名，我们成立了"欧宝宝"小义工组织。孩子们在家长的帮助下，自己联系活动场所，自己确定活动主题，自编自导活动内容，学生在实践中自主能力得到了锻炼，同时也培养了他们的劳动观念，磨炼了他们的意志品质，增强了他们的社会责任感，让他们心怀感恩，健康成长。

活动自赏

教育的目的在于让每一个学生生动活泼地自主发展，因而我们在活动的开展中引导学生主动参与，让他们成为活动的主人，在活动中学会欣赏自己，欣赏他人。学校每个月都有一个属于学生自己的特色节日，每一周都有一个主题日。"8 + 4"的特色节日成为学生最喜欢的自主性活动，也为他们提供了张扬个性、自悦自赏的平台。

三月份的环保节，孩子们将自己设计的环保标识粘贴在水池旁、墙壁上，将废旧物品制成了精美的服饰，还进行独具匠心的"环保时装秀"活动，他们自发认领了学校的"书吧""棋吧""玩吧""展示柜"利用课间清洁卫生，他们集思广益制定了环保的"十个一"活动，并主动参与到活动的策划中，环保意识也得到了增强，行为上也更加自律。

四月份的英语节，孩子们可以自主地参与单词大赛、朗读竞赛、英文配音、歌曲表演等活动中。

五月份的体育节，学生自主申报比赛项目，学校根据学生们申报的项目再确定学校的比赛项目，在四届体育节的比赛中，学生们自己创造的欧洲新城小学吉尼斯纪录一次次被刷新。

六月份的播种节，学生们每人都有属于自己的一块地，这块地被孩子们戏称为"开心农场",学生们在校园里自己的开心农场体验劳动的快乐,增长知识。

九月份是学校的美读节和艺术节,我们开展了"让经典走进心灵,让读书成为习惯,让书香飘满校园"的师生读书沙龙活动,从建校开始我们就为每一名学生都建立了阅读档案,办了借书证,学生可以自己借阅图书。

十月份是女孩节,十一月份是男孩节,十二月份是冬趣节。

在所有的活动中,我们都以学生为本,让他们成为学校节日的明星,而这些活动的开展,学生欣赏他人、悦纳自我的同时,也实现了自己主动、自我教育和自我管理。

评价自信

为了促进学生的全面发展,学校在评价的方式上也做了很多大胆的尝试。在全市率先实施了以"七彩星光卡"为载体的激励性特色评价,将红、绿、蓝、紫、黄为主的五色卡片,分别命名为品德行为卡、勤学好思卡、艺术才艺卡、实践体验卡、强身健体卡,用于对学生个体在德、智、体、美、行各方面实践表现的评价,以此激励和促进学生全面健康地发展。如果学生获得五色卡各一张,或者获得单项卡 10 张就可换取金星卡;获得"金卡"2 张的我们授予"一星级好少年"荣誉称号,获得"金卡"4 张的我们授予"二星级好少年",依次累计直至毕业。所以说,我们的这种激励性的评价体系是一种长效的评价体系,它将激励学生不断进步,取得一个进步之后再树立新的努力目标,不断地超越自己。

管理自立

自主是自我管理的开始,学生自我管理得以进行的前提是唤起学生的主体意识和自我意识。为此,学校营建了良好的自我管理的氛围,鼓励学生自立,通过多种途径促进学生的自我教育与自我发展。

1. 值周体验,培养责任意识

为了激发学生的自信心,形成教育的动力。我校改变了以往少数大队委每天值周的制度,而由每班轮流担任值周活动。值周学生负责学生管理的全方位工作,包括学生进校、放学排队、课间活动、自习、卫生、两操等,学生在管理他人的同时自身也在受着教育。我们还实施了五色星级班的评比,以小目标激励学生不断进步,促进学生发展。

2. 干部轮换,体现机会均等

为培养学生的自主管理能力,学校在各项教育活动中努力把展示个性的舞台还给学生。如各个班级都有值日班长参与班级管理,每个学生都有当班长的机会,去管理班级,为同学服务。学生还自主承担了纪律监督员、卫生监督员、节电员、节水员等岗位,实现了在老师指导下的自我管理。每周一的升旗仪式、每周三的校园广播都由各中队轮流主持，使学生的能力得到进一步提高。

3. 队干竞选，实施民主选举

大队干竞选，是我们对学生自我服务、自我管理、自我教育的一种创新和尝试。每年一届的大队干评选，我校也充分尊重学生的选择。从自由申报、竞选演讲到投票选举，无不体现了民主公平的竞争原则，也彰显了学生参与管理的价值体现。

4. 服务岗位的自荐申领

文化自创

我校的校园文化建设充分体现了由学校制造到学生创造。比如，学校一楼8个主题版块均由学生承办。二楼，结合我校"国际理解教育"校本课程的内容，学生自主认领图片和区域，对图片内容进行补充、介绍。三楼、四楼则结合楼廊主题，展示学生的作品，为他们提供了张扬个性、实践创新的平台。

学生在参与创建校园文化过程中，已逐渐由他律向自律转变。

我校的课桌文化也是一大亮点。如提醒学生珍惜时间的钟表造型、寓意学生阳光向上的向日葵造型、鼓励学生扬帆远航的轮船造型等。除学校整体设计的几个板块外，学生们还自主开发了感兴趣的内容。每天课间、午休，老师都会留给学生们一点时间，让他们在教室里走一走，看一看，相互交流。如果发现同学遇到了困难，一起帮助解决，有好的设想，一起分享。

学生自主承办校园文化的做法得到市区兄弟学校好评，我校成功召开哈尔滨市校园文化建设现场会，课桌文化也被30多家媒体及网络报道，每学期还有不少省内其他学校的教师前来参观学习。

教师层面践行自主

教育的成功是一个团队的成功，没有团队的建设，教育不会取得全面的发展。"欧盟工程""学科联盟""育人工作室"，欧洲新城经纬小学教师培养走的是集团化发展之路。通过集团建设为青年教师"指路子、结对子、压担子、创牌子"，学校铸造了一支专业结构合理、敬业爱生、具有较强创新意识的强大的教师队伍，年轻、精干、团结、充满朝气是这支教师队伍的鲜明特点，"校风严、教风正、学风浓"，是社会和家长对欧洲新城经纬小学的一致评价。结合学校教师队伍的实际情况，我们在教师层面做到了两个"自"：

培训自省

为了全面提高教师的专业素养，我们拓展了校本培训的模式，实行订单式培训。按照上交订单—确定菜单—自助链接—定向分享—定位导航—实践磨单六个环节进行。这种校本研修的模式就是根据教师的实际需求，在教师自己

反思、自我需求、自省自悟的基础上为教师量身定做培训内容,解决教师实际困惑。

发展自我

为了让年轻教师迅速站稳讲台,适应岗位的要求,我们开展了"欧盟工程"师徒结对子活动。活动中,骨干教师自我推荐担任导师,年轻教师根据发展需求自拜师傅。师徒共同制定发展计划,在互帮活动中转变教学观念,更新教学方法,达到互利双赢的效果。

为了发挥名优教师的辐射作用,体现他们的自身价值,由老师们推选出来的骨干教师和学科带头人牵头相继成立了数学、语文、英语的专业发展联盟和班主任"春晓"育人工作室。他们聚焦课堂,自己有了任务驱动;研究规划,营造了自我学习的氛围;网络共享,提升了专业素养。

同时,学校的社团活动、特色节日、特色课程也都由我校教师自己申报、自主承办,使"成长在学校、成功在讲台、成才在岗位"的教师自我发展规划逐步实现。

四、取得初步成效

朱熹说:我们做事情要"宁浅勿深,宁小勿大,宁下勿上,宁近勿远"。也就是我们要从我们能够做到、能够改变、能够尝试的地方做起。实施自主教育,办特色发展的学校,是我们努力的方向,也是我们追求的目标。目前,我们做了一些尝试,取得了一些成绩,学生的精神面貌、学习习惯、行为习惯正在潜移默化地发生着变化,学生的自主意识得到迅速提升,学生的综合素质得到全面提高,在短短几年的时间内,我们成为黑龙江省标准化先进学校、黑龙江省体育艺术教育特色学校、黑龙江省感恩教育示范学校、黑龙江省美德阳光学校、哈尔滨市特色学校,还获得各级奖励数十项。

自主,不是一个虚化的词,它是基于教育者对教育价值理解的教育实践。自主,不是一个口号,它是一所学校发展的具体措施。我们所取得的成绩,是我们对"自主"积极探索的结果,也是我们更好地走向未来的航标。培养拥有自主能力的学生,是我们永远的追求。

和雅教育——引领二十小学卓然前行

——关于"和雅教育"的一点思考

黑龙江省佳木斯市第二十小学　赵红

在二十多年的教育生涯中,我深信:"教育是水磨功夫。"一时的激情只能算作冲动,只有持久的热情才能不断进步。年复一年,平凡而宁静,但正因为有内心的平和,才有了长久的坚守,才有了对教育的本质性追求。

1989 年,我挥手走出师范学校的大门,欣然成为佳木斯市第二十小学的一名教师,从而走上了教书育人的人生道路,并在二十小学这块教育沃土上,激荡青春、挥洒汗水,从事一线班主任工作十年后,由于我爱岗敬业和出色的工作表现,1999 年担任教学主任,2001 年被破格晋升为中学高级教师,2002 年担任教学副校长,2004 年我又荣幸地成为特级教师,2010 年任二十小学校长职务,2012 年兼任万发小学校长。

在二十小学工作的 29 年间,我不断求索,以"和雅"教育观为指引,基于"让每个孩子都得到充分发展"这一思考,围绕二十小学多年历史积淀,我以创建和雅校园为突破,以"优雅和美"的环境文化、"儒雅和睦"的教师文化、"慧雅和乐"的学生文化,"高雅和乐"的管理文化互为依托、相互浸润,逐步形成独具特色的三江教育明珠。

一、"和雅教育"思想主题的确立

二十小学有着悠久的发展历史,学校在几任领导的带领下,取得了辉煌的成就。这些成就的取得无不是在某种教育思想的引领下实现的,20 世纪 80 年代,张校长提出了"主动创新,充分发展"的办学思想;1992 年,修校长提出了"让每个孩子都能得到充分发展"的办学思想。这些办学思想不但符合学校实际,具有时代精神,而且能够一脉相承,不断创新,形成了二十小学的悠久办学思想传统。历任校长们经过长期办学形成和积累的大量成功经验,所提出的办

学思想,都在一定程度上包含了"和雅教育"的理念。我的"和雅教育"思想既是在这些思想实践基础上提出,又是对优良办学传统的继承和延伸。

因此,在各位专家和全校教师共同参与下,我们寻求教育规格的大突破、大格局,提出了"和雅教育"的办学思想,用"和雅教育"来引领二十小学卓然前行。

二、"和雅教育"思想的内涵

事实上,"和雅教育"并非我校首先提出。我校在提出"和雅教育"同时,进行了初步的文献调研,并在建构"和雅教育"内涵体系的同时,也参考借鉴了一些学校的积极经验。可以说,各个提出"和雅教育"的学校,有同有异,在新时代的教育实践领域体现了"和雅"本意"平和雅淡"的同时,进一步体现了"和而不同,各雅其雅"。"和雅教育"进一步体现了以下两个层次的内涵:

一是继承我国优秀传统文化中"和雅文化"之精神实质,并融入新时代肯定学生主体性的教育理念,我们认为,"和雅教育"就是旨在促进学生多方面且富有个性化的和谐发展教育。换句话说,其第一层含义就是坚持以学生的多方面且富有个性化的和谐发展为培养目标,培养"和雅学生"。具体来说,"和雅学生"就是具有文雅举止、博雅内涵、贤雅气质、敦雅品德等品质的灵动少年。

二是历经多年的实践探索,基于"让每一名孩子都能得到充分发展"这一思考,我们认为"和雅学生"的培养目标需要通过特定的培养途径才能实现。对于培养途径,我们主要从教育的基本构成要素进行分析。在"和雅教育"中,教育者主要是学校教育视野下的"和雅教师",同时包括将其与"和雅学生"联结在一起的"和雅环境""和雅课程"。这些途径互为依托、相互浸润,逐渐发展为校园文化,构成了"和雅教育"的第二层含义。

三、"和雅教育"思想的实施路径

(一)"优雅和美"的环境文化

人因环境而雅,品德自润其中。清莲不妖淤塘伴,修竹繁茂沃土生。启发于先贤智慧,我校在育人环境上,精心进行了营造,力图实现"于细微处显真情,于无声处见精神"。

步入二十小学的三个校区,"和雅"之风会扑面而来:"博识 雅行 立德 日新"八个刚劲有力的大字是我校的校训主题,让每一名学生都有渊博的知识,儒雅的德行,每一天都有新变化、新收获。"修德、博学、尚实、敬业"的教风以及

"乐学、善问、多思、敢创"的学风告诫二十小人"学高为师，德高为范"，要通过提高自身的道德素养和专业水平，实现教师内外兼修，让全校教师引领学生，实现"以心教之、以雅启之、以美化之"。而"健康、聪慧、友善、快乐"的学生培养目标，就是为了让每一名学生都能得到充分发展，从而达到"润物细无声"的最高境界。

进入一校区，五根通透立柱上面写有"爱、儒、雅、和、美"，是我校一校区校园文化的五大主题。教学楼内横向和纵向的文化布置都有不同的主题。二楼的中华国粹，三楼的航天科技，四楼的儒家经典，这样的图文系列形成和雅校园新风尚。

二校区大厅是一幅以"爱"为主题的浮雕壁画，清新自然，在一棵大树下，老师似妈妈般呵护陪伴着孩子。《七彩人生从这里开始》这幅二十多平方米的巨型壁画，以一个月亮船为主体，船上满载着欢声笑语的孩子向我们二十小学的校园驶来。图书墙壁上，分别以"儒、雅、和、美"的儒学精髓为主题，配以"琴、棋、书、画"，辅以读书方法、读书名言等，形成了别具一格的图书文化墙。教学楼内的"采蜜亭""乐学屋""书香苑""品读角"这四个飘满书香的读书区备受学生喜爱。二校区的每个楼层也分别有一个主题，一楼是哲理故事，二楼是行为习惯，三楼是我们爱科学，四楼是地理知识我知道，这样全方位、多角度策划设计，使孩子们每天徜徉在底蕴浓厚、和趣典雅的校园文化环境中。耳濡目染之下，身心俱得其意，神魂自有升华。

步入二十小学万达校区，学校正对着的是后楼的主楼梯，楼道内有一棵和楼体一样高并沿着墙壁向上无限生长的生命之树，它是由绿色、红色、橘色组成，分别代表着孩子们旺盛的经历、待人的热情、健康的体魄、儒雅的气质。大树的枝干向四处延伸，进入到两栋教学楼的东南西北四个副楼梯，就变成了学生们喜欢的春夏秋冬四个季节。整体设计寓意为在二十小学的教育沃土上，经历春夏秋冬的四季轮回，孩子们都会从一株株幼苗成长为参天大树。漫步连廊，学生可以自由地往返两座教学楼之间，在这里玩耍和阅读。学生徜徉书海，净化内心，为学生健全人格的培养起到了"润物无声"的教育效果。

办公室文化体现出各个学年学科的不同特点，教师办公室布置以"高雅、美观、整洁、实用"为标准，体现"温馨、和谐、学习"的原则，重在营造富有特色雅致的文化氛围。

在班级文化布置方面，教室文化墙设计又给班级增添了一抹新绿，在班级文化墙的布置上，我们做到班班一主题，生生一作品。让每一面墙壁成为孩子的天地，也真正为学生起到德育熏陶的作用。

环境文化的建设实际就是一个文化场的建构。学校的校园文化让师生们看有雅景，行有雅道，听有雅音，诵有雅篇。力求做到每一面墙壁都会说话，一草一木都能教育人、启迪人。孩子们每天生活在充满仁爱、文化浓郁、书声琅琅、和谐优雅的校园环境里，必然求真求知、向善向美。

（二）"儒雅和睦"的教师文化

所谓"儒雅和睦"，就是和而有爱，雅而儒学；"儒雅和睦"的教师文化即是教师具有宽雅的爱生情怀，儒雅的教育言行，博雅的求知欲望，邃雅的专业发展。

教师是立校之基、强校之本，是学校的核心竞争力。学校发展的关键在于教师的成长。清华大学老校长梅贻琦曾这样说过：大学之大，乃大师之大，非大楼之大之谓也。小学也应如此。教师是影响学生的一本书。校长要让教师成为一本丰厚的书、有吸引力的书、高尚的书，为此而投入多少的时间、精力、物质都不为过。一所好学校不仅仅在于只有一位好校长，更在于拥有一大批好教师。

1. 教师是学校发展的主力军

这是一种真正意义上的人本管理观，我关心教师的生活，关注教师生命的存在，注意调节教师的情感，关注教师心理的健康；尊重教师的个性，促进教师形成教学风格；重视教师的专业发展，促进教师事业的成功；丰富教师的精神世界，注意提升教师生命的价值。我让教师真正认识到"校兴我荣，校衰我耻"，"让教师真正与学校连为一体，愿意为学校付出一切，从而促进教师积极地教育学生，关心学校的发展，进而发挥他们的潜能，实现学校的全面发展。

2. 教师是学校管理的合作者

我将教师纳入学校组织管理系统中，最大限度地发挥教师们的管理效能，我注重激发全体教师的主人翁意识，积极创造条件让老师们参政议政，实行民主决策。我注意发挥学校工会组织的管理职能和教师委员会的协商职能，充分利用教师的管理智慧，注意赋予教师以管理权利与监督权利。与教师一起建立组织共同体、学习共同体、发展共同体。我在实践这种教师观的过程中，会不自觉地创建一种学习型的学校组织形态，注意提升教师们的管理地位，从而大大提高了学校的发展力。

3. 教师是教育教学的践行者

我在教师的教育教学观念和教师专业化发展等方面下苦功，创设良好的健康成长环境来迎合和配合教师的健康发展，为教师解决工作中的一切后顾之忧,让教师能全身心地投入到教育教学中去。同时为教师创造一切可以锻炼学习的机会,提高教师的自身素质、专业能力等综合素质,从而让教师在各自的教育教学岗位上,能更加得心应手、驾轻就熟,进而推进学校的繁荣与发展,提高全体教师的专业发展。

在教师文化方面,我们也进行了一些大胆的尝试。

1.抓实教师研修,熔铸教师丰厚底蕴

一是阅读不辍,充盈智慧。阅读是我们学校坚持了多年的教师自修行为。每当年轻教师成家立业,我都把有没有书柜作为第一条衡量标准。教师每天读书半小时,定期进行教师读书交流、沙龙分享,在碰撞中获得新的感悟,脱去躁动的藩篱,让心灵获得沉静,智慧得到丰盈。在坚守纸质阅读的同时,还借用各类多媒体平台进行自修,学校创建了"爱数学的人""二十小学语文名师天地""一课研究"等公众号,加入了全国小学数学 QQ 群、语文名师群、习作训练营、教科语文之家、鲲鹏小语研修空间等多个学习群,在讨论交流、课例分享中提升自我。多维阅读,让教师有了书卷气。

二是多维研修,丰厚底蕴。校本研修采用的是"长效 + 短板"的菜单式培训。学期初、学期末定期长效培训,进行理论与实践相结合的大专题培训;每周二进行以问题来牵动的 30 分钟短板培训。同时,积极在网络研修中打磨团队实力,依托黑龙江省教科语文之家,我校进行了四次大型网络教学研讨,在线参与老师逾 2000 人次。多维团修,让教师有了发展的共同体,积聚了走向远方的资本。

三是借力外脑,大步跨越。积极参加全国各级各类培训,借专家智慧提升我校教师(尤其是骨干教师)的理念、实力和水平。除参加短期的学习、培训、观摩、研讨外,我校还连续派出三位老师到杭州脱产学习半年:刘宝平挂职胜利小学,直接加入到一年级教师团队,任教数学课,深度的融入领略到南方教育教学的精髓;高永红、王静参加了新思维访问学生数学公益研修班,半年的专项学习提升了她们对数学的认知与感悟,成为学校的中流砥柱。

教师研修,让文化的无形力量实现有形管理所不能及的境界,我们的教师变得更睿智、更自信、更儒雅。

2.抓实教学研究,筑就强力教学基石

一是与教材同伴对话——研内容。教材只是提供了一个教学的材料而已,具体要教什么内容是需要教师进行思考的,是属于课程内容范畴,是我们教学前首先要思考的问题。我们学校通过立足单元整体、考量前承后续、取舍教学材料、定位教学目标,实施至简、精准的教学,奠基学生的核心素养。至简,精

准,是教师团队集体智慧的缩影,经历"主备教师述单元—团队研讨定目标—各雅其雅修适切"的过程,找准学生的最优发展区,既有学年共有目标,又彰显出教师对各班学情的差异处理。

二是与教学专题对话——研方式。立足学生关键能力,在专题研究中探索适合学生发展的学习方式。十年研究中,我们进行了"提高教师教学技艺""推进学习设计,提升学习效能""提升学生阅读能力"等教学专题研究,最终确立了"先学后教""以学定教""巧设任务""搭设支架"的支架式学习模式。通过设置学习单,给学生提出学习要求、指出学习路径,并在学习过程中在学生思维的难点处、障碍处、问题处巧搭支架,帮助不同层次学生完成学习任务。这一学习模式,注重学生自主学习能力、反思能力、思辨能力、创新精神的培养与发展,助力学生核心素养的形成与发展。

三是与课堂实践对话——砺团队。为提高教师团队整体的教学水平,我们通过一课多讲、同课异构、每人一课、共读一课、优课分享、团队赛课等形式磨砺教师团队实力,各展教师风采,形成了二十小学和而不同、各雅其雅的课堂文化。

3. 提升教师素养,引领教师专业成长

(1)专业化课题,拓宽教师成长的路径

"班主任专业化"国家级课题的引领,任小艾、魏书生这些导师们的一路相伴,转变了班主任工作理念、拓宽了班主任自我成长的路径,提高了教师的内在修养和气质。

(2)培养读书习惯,丰实教师文化内涵

读书习惯润泽教师成长:我首先为教师设立了"教师书屋";向教师介绍阅读的书目以及读书的方法。同时还采取了教师互相分享阅读精品的办法来破解时间不足的难题,让教师把自己读到的教育教学理论文章、教育教学心得体会以及推荐理由及时上传到网络平台上,教师之间互相切磋,进而实现效益最大化。读书,让教师成为学习者,让教师有了书卷气。我们的教师变得更睿智、更自信、更儒雅。

(3)注重礼仪培训,提升教师内外气质

古人说:不学礼,无以立。我校邀请了教育部中国人生科学学会首席礼仪培训师金子老师为师生们进行培训。内外兼修提升了教师的儒雅气质,"言雅行"成就了教师审美的追求。

(4)建立名师工作室,引领兄弟学校共同发展

我校不断开创教师研修新途径,创建了全省首家学校层面的名师工作室,

构建人才引进、培养提高、培训带动的运作模式,逐步形成教师人才队伍结构不断优化、骨干教师队伍迅速成长、推动学校实现跨越式发展的良好格局。二十小学名师团队成立于2013年7月,进一步引领着校内教师、区内教师、四区五县教师不断成长,不断推进着学科教育的研究进程。

其实,教师文化建设的极致,便是对文化内涵的深化。而教师文化反作用于学校建设的各个层面,便是教师文化建设执行力的体现。因此,我们要努力地打造教师的竞争文化、合作文化、创造文化等等,让教师们找到提升生命价值的抓手。

(三)"慧雅和乐"的学生文化

在教育实践中,如何看待成长中的孩子,如何看待个性各异的孩子,如何看待成绩不够理想的孩子,是每一个教育工作者首先要面对的问题。"让每一名孩子都能得到充分发展",这是一种基于责任的教育信念,是一种基于对孩子们的深爱滋生的教育期盼。

1.树立以学生发展为本的质量观。发展人的个性,解放人的创造力,应该成为我们基础教育改革的一项重要使命。弃之荒野的树根是无用的废料,然而到了根雕艺术家手里,经雕琢却成了艺术品。从某个侧面说,教育也像一位根雕艺术家加工一个根雕艺术品的过程。对教育来说,好的教育要体现在教育能力上。所以,我们应该调整自己的眼光。用欣赏的眼光看待学生的优点,用发展的眼光看待学生的缺点。

2.树立促进全体学生个性发展的质量观。由于学校受升学压力的影响,不得不片面地去追求升学率,往往是"重视一棵树而忽视一片森林"。学校只要有一、两名学生出人头地,便会大肆宣扬,其他各项考评目标也就随之享受"一美遮百丑"的待遇。作为一名教师我们深知有的学生注定是一棵大树,有的学生却注定就是一棵小草;是大树就要他做栋梁,是小草就让他为世界装点绿色,重要的是让每一个学生都要放出自己的光彩!关注每一个学生的个性发展是时代的声音,努力使每一个学生都在原有的潜能和基础上实现最大的发展和提高,是学校教育的根本追求。

3.树立促进学生可持续发展的质量观。教育教学本身具有长效性特点,基础教育更是为未来打基础的教育,它的成效不可能立竿见影。可持续发展是人类社会发展的必然要求,更是人的成长,人的终身发展的内在需要。我们要从长远的、终身的立场去培养学生,考察教育教学质量更不能急功近利。十年树木、百年树人,教育教学中要杜绝一切急功近利,我们要对学生的现在的成长负

责,更要对他们的将来发展负责,不能为了眼前的"分数",而使学生失去了未来的可持续发展的潜力。教师要让他们感悟到现在的学习是将来生活的需要,学习不仅是为个人的生活幸福,更是为了国家富强和民族的振兴。

为了实现和雅灵动的学生培养,实现学生的快乐学习,真正落实"和而不同,各雅其雅"的学生发展,我们历经几代二十小学人的探索,开发出了独属于我校的校本课程体系。

1. 校本课程探索阶段一

我校研发出显性和隐性课程。显性课程有三类:一是思维发展类(包括语言训练课、思维训练课、美术启智训练课,统称为思维体操);二是身心健康类(包括形体训练课、乒乓球课、排球课、心理健康课、课间舞);三是活动交流类(即课间十分钟系列活动,包括周一"故事大王讲故事";周二"露一手大赛",如剪纸、书法、绘画、口技、小制作、器乐等多种本领展示;周三"夸夸我的小伙伴";周四"小小辩论会";周五"信息发布会")。还有以下几项是我们的隐性课程:音乐铃、开放图书长廊、文化墙、教材拓展、利用网络愉快内涵。

2. 校本课程探索阶段二

为了让每一个孩子都能得到充分发展,根据学生的个性发展,我校原有的20多门社团活动课程化,促进了学生多元发展。包括礼仪、钢琴、合唱、书法、水彩、足球、乒乓球、形体、舞蹈等课程。

3. 校本课程探索阶段三

近几年,在原有校本课程开发的基础上,又增设了实践体验课程。包括五类:社会实践课程、阅读课程、教师课程、大手牵小手课程、亲子课程。极大地丰富了我们的课程文化。

(1)社会实践活动课程。即拓展社会资源,延伸和雅之风的社会实践活动,让学生走出校园,走入社会,亲身体验,收获成长。

(2)阅读课程。即利用学校的阅读课来开展我们的课程。比如每周一节阅读课,并在月末进行读书交流会;每天回家进行半小时的亲子阅读课程。同时我们举行了阅读嘉年华系列活动:小小朗读者、我喜欢的一本课外书演讲比赛、作家进校园阅读讲座以及学生的阅读征文等。通过"阅读嘉年华"系列活动的开展,将对每个学生的健康成长产生深远的意义。

(3)教师课程。如果说必修课程重在所有人,是共性发展;那么选修课程就是富有个性化的特色课程,是促进学生个性与特长的发展。我们的出发点是:我们的选修课程不是学知识,是让孩子们在玩中练思维、长本领、怡情操、强体魄,能为孩子未来的职业规划做好预备。秉持这样的理念,二十小学为学生提供了各种球类、声乐、益智游戏、纸工制作、面点拼盘制作、茶艺、舞台走秀、诗词欣赏、绘本阅读、书法、天文、编织等 70 门教师课程,在每个月最后一个周五的下午进行。学生根据自己的兴趣、爱好选择了自己喜欢的课程。

（4）大手牵小手课程

学校从美术课入手,从小学到幼儿园,进行活动。极大地丰富了孩子们的课程文化。

（5）亲子课程

学校从体育课入手,学生利用每天放学后,由家长组织学生,并和家长一起,进行体育训练。通过这样的活动课,培养孩子们的体育兴趣,增强了孩子们的身体素质。

多样的选修课程平台,为广大同学发展个性特长、提升核心素养提供了舞台。回顾课程文化研究与发展过程,我们立足实际、把握关键、扎实有效地进行了一系列的实践和探索,取得了一定的成果,初步形成了"和雅教育"特色的课程文化模式。在课程文化的开发与实施方面,我校迈出了坚实的一步。但学校的课程建立是否科学成体系,还需要进一步研究。

（四）"高雅和乐"的管理文化

一名校长,要成为师生心目中的文化校长而非行政校长,绝对是一个艰苦而恒久的过程。一方面,校长要读懂自己的学校和学校的传统文化,成为学校传统文化的继承者;另一方面,校长也要读懂校长岗位的职业意义,要能在世俗的浮躁中守住宁静的心田,通过长久的历练成为学校新文化的建设者。改变那种"以管人为中心"的管理方式,代之以"以人为中心"的人性化管理方式,即要尊重教师和学生的人格,尊重教师的工作和学生的学习,关心每一个教师和学生的情感,关心每一位教师和学生的存在和价值,真正达到"管是为了不管"的最高境界,才能最大限度地调动广大教师和学生工作、学习的积极性、主动性和创造性。

尊重教师的个性发展。教师是一个个具有鲜明个性的活生生的人,我要对教师的终身发展负责,因此,我为教师个性的充分发展提供机会与空间,为教师营造宽松、愉悦的成长环境,善待教师、尊重教师、爱护教师,让教师有差异地发展,有个性地发展,只有有个性的教师才能培养出有个性发展特长的学生,同时,我还确立正确导向,促进教师专业化发展,实施名师工程,有名师才有名校,才能完成教育品牌的建设。

关注教师的需求,彰显人文关怀。调动和激发教师的工作积极性,需要注重教师的各种需求,对教师倾注人文关怀:一是生活需求,即教师赖以生存的基本条件,也是基础性需求。我尽力满足教师的物质需要,想方设法解决教职工工资、津贴及其福利等问题。二是工作条件和环境的需求。尽心创造良好的办公条件,以物质的形态满足教师的需求,为教师解决实际问题。三是精神方面的诉求。"以人为本"管理的实质就是情感管理。人的精神动力产生于自身人格的完美和不断的追求。在教学活动中,教师往往更多追求的是自尊和荣誉,以及对自我发展和实现自我价值的渴望,这是教师自我发展的原动力。也是一种强大的精神力量。如有的教师要求政治进步,有的希望施展自己的才能,有的希望得到社会的认可等等,校长要因势利导,给予充分的关怀,为其创造实现自我价值的机会。总之,我做到体察民情,了解民意,只有这样教师与领导才能心往一处想,劲往一处使。

四、"和雅教育"思想的成效

"践行和雅教育思想,构筑学校文化气质"以来,我们欣然看到:"和雅文化"浸润着每一个二十小人的心。由"和雅"文化派生出的"优雅和美"的环境文化、"儒雅和睦"的教师文化、"慧雅和乐"的课程文化已经形成。

1. 学生的成长

在"和雅教育"大教育观的引领下,我们二十小学的学生越来越自信、越来越充满活力,学生在各级各类的比赛当中屡获佳绩。前不久,我们在艺术剧院进行了校园艺术节活动,我们邀请了市区的领导和全体家长参与,孩子们在舞台上的表现给观看的领导和家长留下了深刻的印象。

每年在毕业生的反馈当中,升入重点高中的学生人数已经达到百分之五十七点三,追溯十年高考,升入一表的学生占百分之四十之多。二十小学一批批毕业的学生成为各行各业的领军人物。现在,把孩子送到二十小学来读书,已经是家长们最大的期盼。

2. 教师的发展

近年来,教师专业成长走上了快车道,职业成就感也有了大幅提升。我校不断创新教师专业成长新路径,创建了全省首家学校层面的名师工作室,分设数学、语文、英语、美术四个学科。我们通过构建人才引进、培养提高、培训带动的运作模式,逐步形成教师人才队伍结构不断优化、骨干教师队伍迅速成长、推动学校实现跨越式发展的良好格局。10名首席名师不仅成为校本研修、提升教师专业水平的学科导师,而且是区级、市级名师联盟核心成员。名师工作室的成员通过带徒弟,开讲座,做研究,做导师,去巡讲,积极发挥着名师的引领示范作用,进一步引领着校内教师、区内教师、四区五县教师不断成长,达到了辐射带动的作用。他们撰写的研究、经验论文在省市级刊物上发表 10 余篇,参加国家层面作课、交流 7 次,省级赛课 2 次,省级大型网络研讨 4 次,集成了名师工作室刊物 3 本。名师工作室带动下的二十小学,新涌现国家级优秀教师 2 人、省市级骨干教师 26 人,承担了 5 项国家、省市级大型课题的研究。

3. 学校的发展

经过多年的努力,二十小学也取得了可喜的成绩,学校先后被评为全国读书教育先进单位、全国班主任专业化学校、全国读书先进单位、全国红旗大队、全国群众体育先进单位、黑龙江省教研基地、黑龙江省十佳和谐校园、省课改实验先进单位等国家、省、市级奖励共 180 余项。

在诸多荣誉面前,我深知:"逆水行舟,不进则退",在践行"和雅教育"的路上,必须扎扎实实,一步一个脚印地前行,要耐得住寂寞,守得住平实,经得起磨砺。在深化核心素养和全面推进课程改革的征途上,我和我的团队不断开拓创新,以"和雅教育"思想,引领二十小学在教育的大潮中卓然前行……

构建"创新实践"教育体系

践行"教育为人的一生幸福做好准备"的教育思想

哈尔滨市东风小学校　　谭彩英

陶行知先生说过:"做一个学校的校长,谈何容易! 说得小些,他关系到千百人的学业前途;说得大些,他关系到国家与学术之兴衰。"校长一定要有先进的教育思想,明晰:办一所什么样的学校? 培养什么样的人? 怎样培养这样的人?

回顾三十年的教育生涯,我深深地体会到:"人的永恒追求是幸福","教育的终极目的是人的发展"。学校教育要为学生终生发展负责,为学生获得幸福人生奠基。

为此在三所不同类型学校的办学历程中我不断地行走,不断地思考,不断地超越,逐步明确了"教育应为人的一生幸福做好准备"的教育思想。在生源不足百人的全区最薄弱的清华小学,基于师生由于自卑而自我放弃的实际,提出"自强不息——我能行!"的办校精神,构建师生精神家园,培养自强自信的清华人,为学生充满自信地面对人生打下良好的基础;走进香坊小学校,则以"品味悦读,滋润人生"的办学理念建构"学生自主悦读机制",打造书香校园,培养"好读书、读好书、会读书,有读书好习惯"的香一学子,为学生终生发展奠基;2012 年来到东风小学后致力于办一所以"创新实践"为特色的学校,确立"指尖上的智慧——做中学"的人才培养模式,培养具有创新精神、实践能力、科学素养的东风人。

现就东风小学构建"创新实践"教育体系,打造"科技馆里的学校",践行"创新实践,为人的一生幸福做准备"教育思想的实践与探索做以交流。

一、学校实施"创新教育"的缘起

《教育——财富蕴藏其中》中提出,教育应为人的一生幸福做好准备,未来教育的四大支柱是通过教育使学生学会认知、学会做事、学会共同生活、学会生存。未来的教育决不能只满足于给学生一点知识和技艺,它必须将学生置于一个有尊严、有个性、有巨大发展潜能的活的生命体的位置上,全面关注他们的发展需要,关注他们的精神生活,开发他们的创造潜能,激发他们的创新精神,不断提高他们的生命质量和生存价值,进而使他们在生动活泼、主动和谐的发展过程中真正为自己一生的幸福做好准备。

"在迈向新世纪的过程中,一种最好的教育就是有利于人们具有创新性,使人们变得更善于思考,更有追求的理想和洞察力,成为更完善、更成功的人。"基于以上认知,我们致力于在办学实践中构建创新实践为内核的创新教育,为学生创造未来幸福生活做准备。

1. 创新教育的育人目标符合社会现实与时代发展需要

21世纪是信息时代,创新是信息时代的灵魂,能否抢占信息时代的制高点,关键就看我们的教育能否培养出大批的创造型人才。这就要求作为基础学科的中小学教学,必须通过创新教育,开启学生创新心扉,唤起学生创新意识,培养学生创新能力,为学生成为创新型人才打好基础。

2. 创新教育的实施是遵循教育本质——为人的发展服务

"创新教育"理念源于我们对基础教育的任务与使命的理解,是对"为人的发展服务"这一教育本质的遵循。

学校组织的目标是人的培养,人的培养这一根本目标是衡量一切教育行为是否恰当的唯一标准。真正的教育浸润着自由的精神,是自由人的教育,学生是具有独立人格和思想的现代公民,热爱真理、美德和智慧,具有创造自身幸福的能力。教育的最终目的不是传授已有的东西,而是把人的创造力量诱导出来。"教育的任务是毫不例外地使所有人的创造才能和创造潜力都能结出丰硕的果实,……这一目标比其他所有的目标都重要。"

3. 培养创新实践人才是实现中华民族伟大复兴的需要

《面向21世纪教育振兴计划》指出,在当前乃至今后一个时期,缺少具有国际领先水平的创造性人才,已经成为制约我国创新能力和竞争力的主要因素之一。

习近平总书记多次强调创新在国家与民族复兴中的重大意义与作用:

在激烈的国际竞争中,惟创新者进,惟创新者强,惟创新者胜。

——2013年10月21日,习近平在欧美同学会成立一百周年庆祝大会上的讲话

科技创新是"牛鼻子"。当今世界,谁牵住了科技创新这个"牛鼻子",谁走好了科技创新这步先手棋,谁就能占领先机、赢得优势。

——2014年5月23日至24日,习近平在上海考察时的讲话

人才是创新的根基,是创新的核心要素。创新驱动实质上是人才驱动。

——2014年8月18日,习近平在中央财经领导小组第七次会议上的讲话

习总书记关于创新的讲话进一步明确了,创新是一个民族的灵魂,国际综合国力的竞争,实际上就是创新型人才的水平和数量的竞争。因此,创新是世界上许多国家教育改革的焦点和核心。

4.创新教育是我校历史与现实发展进步的要求

(1)尊重学校的历史和文化积淀

哈尔滨市东风小学校始建于1959年,有两个校区,占地面积一万余平方米,教学楼面积8169平方米。各功能室齐全,设施设备齐全且相对比较超前先进,三个计算机教室,两个机器人教室,一个基于云计算的智慧教室,一个创客教室。几十年积淀下来一种积极进取、敢于创新、善于创造的学校精神。学校的机器人课程、人工智能课程、模拟飞行、STEAM课程在全国乃至国际都一定的影响,多次在全国和国际大赛中获奖。学校八十年代就开始了注重学生自主学习、自主实践能力培养与提高的"教法学法同步改革试验"并召开过全国的现场会。

在原有的"细雨泽桃李、文化润东风——红、金、蓝、绿四色文化"沁润下,东风学子活泼开朗、阳光向上。以"红色文化"为根本,用革命传统教育激励人;以"金色文化"为依托,用多彩的活动教育人;以"绿色文化"为载体,用校园环境影响人;以"蓝色文化"为象征,用教研培一体塑造人。学校文化积淀与传承为创新教育的实施奠定了坚实基础。

(2)符合学生家长发展与需求

经过对2—5年级部分学生和家长的问卷调查,发现:

① 96.3%的学生表示"愿意参加动手操作的活动";92.5%的学生表示"有过自己动手制作或创作的经历"。这说明学生的创新兴趣浓厚。

② 87.5%的父母表示"支持孩子参加科技、环保、语言、音乐、美术等方面的课外或校外活动";97.2%的父母表示"家庭能够提供孩子所需要的课外读物";这表明家长能够为学生提供一定的创新环境。

由此可见,"创新教育"符合学生及家长的需求。

（3）结合学校教师队伍实际

东风小学有一只结构合理、进取向上、专业素质高的教师队伍,在各级各类教学大赛和教师素养大赛中成绩卓著,有一批在市区及全国有一定影响的名师。全校共有 41 个教学班,在校学生 2000 余名。教职工 119 人,平均年龄 36 岁,学历达标率为 100%。其中,特级教师 1 名、省骨干 2 名、省能手 3 名、市骨干 16 名、市学科带头人 2 人、区骨干 43 人。领导班子成员 10 人,4 位校长,6 位主任,平均年龄 39.3 岁。

历史积淀、文化传承、师资及硬件资源为创新教育建设提供了坚实基础。

二、学校对"创新教育"的界定与解读

1. 对"创新教育"的界定

在基础教育阶段,创新教育的目的不在于使学生发明创造出多少新的事物,而在于通过有效的教育教学途径培养学生的创新意识、创新观念和创新态度,塑造他们的创造才能。遵照这样的原则,我们定义的创新教育是指学校的教育教学工作必须以培养学生的创造能力为核心,通过积极的管理和有效的教学,更新学生的创新观念和态度,培养学生的创新精神和创新能力的教育方式,归结为一点就是"以创新的教育塑造学生创新的人生"。基于此,我校的创新教育是以培养人的创新精神和实践能力为基本价值取向的教育实践。

2. 对"创新教育"的解读

从学生的发展来讲,我校的创新教育旨在开发学生的创造力,培养其成为创新型人才;从教育学的角度来讲,我校的创新教育旨在为激发学生创新精神、培养其创造能力打基础、作储备;从心理学角度来讲,我校的创新教育旨在培养、训练人的思维、人格,特别是养成创造思维和人格。

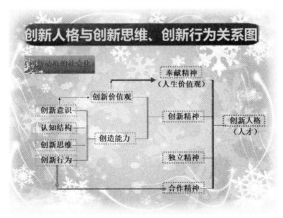

（1）创新教育的根本目的：发扬人的创新潜能、弘扬人的主体精神、促进人的个性和谐发展，让学生从创新的教育走向创新的人生。

（2）创新教育的育人模式："指尖上的智慧——做中学"。鼓励儿童的创造性探索活动，以创造性想象为突破口，在动手动脑的实践探索中激发创造欲望。

（3）创新教育的育人目标："始于创造 止于至善"。我们理解的创新过程并不仅仅是纯粹的智力活动过程，它还需要以创新情感为动力，如远大的理想、坚强的信念以及强烈的创新激情等因素。"始于创造"是创新实践型人才的基础教育；"止于至善"是至真、至善、至美的人格精神。

三、学校"创新教育"的实践体系

办学思想不会自动地转化成办学行为。把办学思想转化成办学行为需要有学校文化这一中介。学校文化集中反映了学校的价值观体系及教育思想体系，并能将其融入学校的生活方式、教学方式以及其他行为方式之中，逐步形成独特的个性风貌和鲜明的办学风格。

我校以"创新实践"作为学校文化的精神内核，从精神文化、物质文化、制度文化、行为文化、课程文化五个方面建构"创新教育"实践体系。明确了创新教育的实施策略与方法途径：用文化的方式发展创新教育！

（一）凝练"创新实践，为学生的一生幸福做准备"的精神文化，明晰创新教育办学境界的立足点

1. 准确定位：学校文化精神内核是"创新、实践"。

明确"创新实践、为人的一生幸福做准备"的办学理念。

办一所什么样的学校：办一所以"创新教育"为特色的学校。

培养什么样的人：培养具有"创新精神、实践能力、科学素养"的东风人。

怎样培养这样的人：确立"指尖上的智慧——做中学"的人才培养模式。

2. 育人目标："始于创造、止于至善"。

3. 办学目标：打造"教育的童话世界，使学校充满游戏与欢乐、充满探险与探究、充满合作与尊重……成为师生健康成长的乐园"。

进一步明确了：

东风人的共通能力：沟通能力、批判性思考能力、创造力、协作能力、运用资讯科技能力、运算能力、解决问题能力、自我管理能力、研习能力。

培育这样的教师：学生为本、永不放弃；讲求质素、全方位学习；勇于实践、敢于创新。

培育这样的学生:"让每个东风学子在德、智、体、群、美各方面都有全面而具个性的发展,能够一生不断自学、思考、探索、创新和应变,有充分的自信,合群的精神,愿意为社会的繁荣、进步、自由和民主不断努力,为国家和世界的前途做出贡献。"

校长的责任:办一所师生喜欢的学校。让学生喜欢上学,让学生走出校门之后,喜欢学习、喜欢探究、喜欢交流。

教师的责任:构建学生喜欢的课堂。让学生喜欢自己,喜欢自己的学科,喜欢自己的课堂。

学生的能力:乐于学习、善于沟通、勇于创新、善于实践。

凝练了具有创新特色的"三风一训"即,校风:崇尚实践 勇于创新;校训:始于创造 止于至善;教风:厚德笃行 博学创新;学风:既学会动脑 也学会动手。

努力锻造以先进的办学理念、共同的团队追求、和谐的人际关系和拼搏进取的创新精神为主要内容的学校精神文化,实践"教育为人的一生幸福做准备"的教育追求。

(二)打造以"科技馆里的学校"为主题的物质文化,呈现创新教育学校的落脚点

校园文化力求实现"心理安全"和"心理自由"两个功能,让师生置身于良好的创新环境中,感受到整个校园都渗透着的浓浓的创造气氛。以环境育人,发挥其主动性和创造性,实现有意识与无意识的统一,释放巨大的学习潜能。

1. 具有创新风格的校标、校徽、吉祥物等

东风小学
Dong Feng Primary School

2. 充满科技感的楼廊文化与主题科技功能室

（三）创设以"心理安全与自由"为主题的制度文化，夯实创新教育有序发展的支撑点

自由是创造性智慧生发的前提。用科学民主开放包容的先进的制度文化建立干群之间、教师之间、师生之间的民主和谐关系，在办学中，尤其是教育教学过程中，鼓励师生敢于表达自己的思想和观点，在自由、民主、平等、安全的氛围中催生新的思想，探索新的知识。

1. 对待学生，开放民主包容

实行开放式的管理，解放学生的个性，努力赋予学生真正平等的地位，只有这样，学生才敢质疑教师的权威，提出富有创新意义的观点，锻炼自己的创新能力。创新教育的管理原则是努力保持学生的主体地位、唤醒学生的主体意识，发展学生的主体性以帮助学生认识自己、发挥能动作用，尊重学生独立的人格以促进创新意识的培养。

创新教育管理原则：一是解放儿童的头脑，提出"想法越多越好、做法越新越好、与众不同最好"的学习原则；二是解放儿童的双手，为学生提供实际锻炼的机会，培养学生的动手能力，明确提出了"既学会动脑，也学会动手"的学风；三是解放儿童的嘴，鼓励大胆质疑，奖励勤思好问，激励演讲演说；四是解放儿童的空间，学习不局限于教室，充分利用学校、社会和其他教育机构的教育设施提供学生丰富多彩的生活，让儿童在自由的空间里掌握知识；五是解放儿童的时间，减轻学生的课业负担，将学生从重复无效的时间中解脱出来，让学生有时间思考问题、发挥创造力；六是解放儿童的眼睛，提供空间、技术、方法，培养学生的观察力。我们将陶行知在《创造的儿童教育》中"六大解放"的主张落实到我们今天的创新教育中。

2.对待教师,理解尊重依靠

我们力求做到,理解教师:多表扬,少批评;多看优点,少看缺点;多看主流,少看支流;多用奖励,少用惩罚。用领导的理解赢得教师的理解,增强学校的凝聚力,使教师感到工作温馨愉悦幸福。关心教师:管理中把教师的工作、学习、生活、思想等时时挂在心上,关心教师,处处为他们着想,让学校充满浓浓的人情味。尊重教师:学校管理由强调"应该怎么做"的刚性管理,转向强调"怎么做最有效"的绩效管理,激励教师的自觉性和创新性,淡化管理对教师的束缚。建立民主协商的对话制度——让教师充分参与学校管理,参与学校发展的谋划,使教师产生强烈的归属感,并增强对发展决策的认同感,从而激发教师工作的积极性、创造性,发展乐业精神。我们的目标是带领全校师生共享一流的幸福人生,即:关系简单、承担责任、学习发展。在追求学校办学成功、教师教学成功和学生求学成功的道路上,让每一位教师保持向上的好样态、愉悦的好心态、健康的好体态、稳定的好状态,形成整个学校轻松活泼的校风和人际关系的阳光、自由、开放、创新。

(四)养成以创新实践为指向的行为文化,培育创新教育学校可持续发展的生长点

学校行为文化建设是学校办学理念的实践行为。它是办学思想的内涵提升到文化的境界,并以文化的尺度衡量学校办学的最终呈现方式。在具体践行中,通过理念指导行为、引领行为,通过行为润泽行为、感染行为,使师生的精神状态、行为习惯等渗透着学校的教育理念。

1.培育实践体验式的德育文化

(1)培育人文情怀,提高教师立德树人的能力

学校是培养"人才"的地方,我们首先要培养合格的"人",然后再让这个人有"才"。因此从某种意义上讲,提高教师的育人能力比提高教师的教学能力还要重要。提升教师立德树人能力,培育教师的人文情怀是育人之本。教师的人文情怀是育人能力的核心要素,它和尊严有关,和价值有关,和人的生命有关,和幸福有关,和我们的职业生涯相联系。

我们在创新教育理念下提出了以下几个方面:①加强人文知识修养;②树立人文价值观;③养成人文思维方式;④塑造人文文化品格。

俗话说:想大问题,做小事情。在我的教育实践中,提升教师人文素养的方法途径和手段概括起来就是"琴棋书画诗酒茶"。如校务会议上观看"水知道答案"公益宣传片,"感恩词"从此成为餐前必诵;针对二胎带来的冲击,教工大会

和老师们分享"别为家庭牺牲了工作——其实爸妈工作越努力,孩子感觉越棒"的思考,用真实的数据及杨澜、韩国首席妈妈的真实的事例使老师们懂得了要想成为孩子最好的引导者,首先要考虑自己的人生目标,让自己不断成长;带领教师观看电影《杜拉拉升职记》《红海行动》等;每学期赠送全校师生一本书,去咖啡厅、书吧、图书馆、公园草地进行自由读书活动。

在有趣味、有温度、有人情味的人文关怀的活动中,润物无声地影响大家的思考、谈吐、仪表形象、与人共处等方方面面,让我们的老师能够更宽容的去理解这个世界有多复杂,去发现更好的自己,把平常无聊寂寞的晨光换成温暖而享受的时光,让我们的教师脚踏实地的同时学会仰望星空。而这样的教师才能培育出勇于"问苍天问大地"的创新型学生。

(2)落实"创新教育"德育八原则

学校总结梳理出符合创新教育理念的德育八原则:了解每一个孩子;相信每一个孩子;尊重每一个孩子;悦纳每一个孩子;激励每一个孩子;友爱每一个孩子;学习每一个孩子;依靠每一个孩子。

①开展"我能行"主题教育活动。"我能行——为自己设奖",找出每个孩子的每一项优点给予表彰,让每个孩子都充满自信,我能行,从而敢想、敢说、敢于创新实践。"夸夸我自己,夸夸我的孩子,夸夸我的同学,夸夸我的老师"活动,让每个教师都带着欣赏面对学生,每位家长都带着欣喜面对孩子,每个学生都充满自信与自豪。使学生、老师、家长逐渐了解自己,悦纳自己,逐渐增强自我意识,充满自信,张扬自我,成为积极进取、勇于创新、善于实践的人。

② 开展实践体验活动。组织"让我自己来"角色体验活动:学生们自主寻找岗位、自主选择岗位、自主创设岗位,自觉补岗和创岗,"扫把头""门神""灯的使者""谈心小天使""历史小博士""班级联络员""劳动评价员"等一个个新名词、新岗位闪亮登场,体现了学生的创造力。

美国华盛顿图书馆有三句话:"听过了就忘记,看过了就记住了,做过了就理解了。"对孩子来说,听到了容易忘记,看到了记忆不深,只有亲自实践和体验到的才能刻骨铭心,终生难忘。

2.形成创新教育理念下的"学与教"行为方式

(1)学习方式

创新教育理念下的学习观念是坚持对知识"再次发现"的探索式学习观念,其本身就是一种科学的创新精神。我们希望学生不盲目接受和被动记忆课本或教师传授的知识,而是主动地进行自我探索。为此我们尝试建立"学与教"的新文化:从强调知识的灌输,转为关注如何学会学习;从偏重学术转为多元化的全人发展;从固有的科目框框转而推行融合性的学习;从以课本为主的单一学习方式,转而采用多元化的教材;从传统的上课时间表概念,尝试综合而富有弹性的编排学习时间。

（2）教学方式

改进教师的教育观念、教学方法和手段,改变教师知识定位的思想,从教学生学会知识转变到教学生学会判断、学会选择和学会生存;运用现代教育技术,创造适宜的教学环境,调动学生积极参与、自主学习、自主体验,帮助学生形成主体精神和意识,形成创新能力。注重社会实践,教学跑出课堂,为学生提供探索性和发挥潜质的机会。

（3）能力方式

培养学生"再次发现"知识的探索精神,培养"重新组合"知识的综合能力和准备"首创前所未有"事物的创造意识和创造能力。创新教育视角下的创新学习能力包括:质疑学习能力、联想学习能力、迁移学习能力、组合学习能力、变通学习能力、标新学习能力、独创学习能力、操作学习能力。

（4）活动方式

学生的活动方式也不再单一,可以有探究型活动方式、交往型活动方式、体验型活动方式、创造型活动方式,让课程真正成为一种具有个性化与独特性的文化。

（5）评价方式

改革原有的评价系统,形成评价标准和评价手段的多元化,发扬民主的评价精神,消除评价中的教师特权,从发展的角度确定师生的评价内容。

①评价教师的内容

我校创新教育理念下的教师评价内容:是否具有从更高的层面和更广阔的视角把握教材、理解知识的能力;使用、处理和变革教材的能力;创造性地驾驭课堂的能力;对教学实践不断进行反思的能力;组织管理和社会活动的能力;不断提高自身的人文素养的能力;调整、补充和改造现有课程和教材的能力;创造适宜于学生主动参与、主动学习的新型教学环境的能力。

②评价学生的方式

我校创新教育理念下的学生评价内容:学习的基本态度和方法;学习的基本能力;已达到的认知水平、情感水平和行为发展水平。其中需要关注:自主性、创造力、兴趣、动机、理解力、语言表达能力、活动的技能、合作精神、思维品质等等。

在评价中还考虑学生在团体活动中的表现、兴趣爱好、性格特征、身体发育情况以及需要特别指导的方面。重点评价学习过程中是否进行了内涵丰富的对话、是否在问题探究的过程中进行了有意义的交流、对认识上的分歧冲突是否进行了

协商;在小组合作学习中是否聆听尊重同伴的意见、是否积极参与辩论,是否积极主动地去搜集和分析有关资料并加以验证,是否真正掌握了发现和思考问题的科学方法等。采用学生自我报告、行动观察相结合的方式进行综合评价。

(五)构建以创新实践为内容的课程文化,选准创新教育的切入点

在创新教育理念统领下,我们尝试改革传统的课程体系,以弥补我国中小学基础课程的开设以知识为定向的,注重学科知识的逻辑性,但综合化程度不高的不足。课程体系的设计中注重培养学生独立活动能力和创造能力,实行必修课与选修课结合、知识性课程与综合课程结合的方式,注重课程的生活化气息,课程的开设尤其注重学生的个别差异并向微型化方向发展。课程体系在内容上强调课程的综合性,在结构上增加与生活相关的课程和一些创造学方面的课程,使课程能够更加有效地为学生创新核心素养服务。

课程调整的原则:

——压缩必修课,增设"综合创新活动课"。

——增设选修课(给学生更多自由发展的空间)。

——改革活动课(以创新活动为特色)。

1. 校本课程开发

校本课程体现着一所学校的发展方向。根据创新教育的目标与学校的实际,我们对校本课程体系进行调整和重组,以"创新实践"为特色,以"指尖上的智慧——做中学"为原则,以学校原有传统优势和特色为基础,结合学校和学生的实际情况开发学校校本课程体系。目前学校共开设五类(拓展延伸类、科学素养类、人文素养类、智体发展类、社会实践类)共计 29 门校本课程。在课程开发中,我们遵循学习的本质是"做",以自主学习、探究学习、研究性学习为主要方式,给学生创设较大自由空间,开放学生思维,开放教育渠道,使学生多方面、多领域地获取知识,丰富个体内涵。

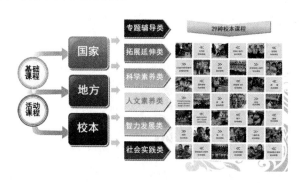

2. 创新教育理念下的课堂教学模式改革与实践

以创新实践为主旨,积极开展"教读导读自读教学模式""三分之二课堂教学模式""4 个 C 的学习过程"和中南大学《做中学》课题实验的研究与实践,建构"把学习主动权交给学生"的主体观;创设"以问题作为创新纽带"的教学观;引发"启发学生学会创造想象"的激励观,积极探索有利于实践创新的课堂教学模式及体系。

如:创新教育理念引领下的"三分之二课堂教学模式实践研究"

"三分之二"顾名思义,将课堂教学时间一分三,教师占一,学生占二。这是一个理念式的教学模式,时间界定只是相对而已,可根据学科、学段、学情以及教学内容的不同进行适当的调整,其关键在于时间划分背后教师学生观、教学观、课程观的变化。

在课堂教学中,教师要本着"教"为"学"服务的观点,充分发挥学生自身的积极性和主体性,把问的权力交给学生,把做的过程放给学生,让学生在积极主动中去学习、去体验,充分调动和激发孩子的学习兴趣、探究知识的欲望,在快乐中学习。

"三分之二课堂教学模式"的理论依据:

"三分之二课堂教学模式"的实施原则:

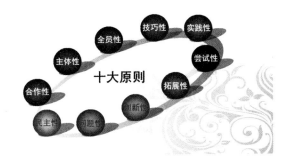

三分之二课堂教学中的"四个C学习过程"：

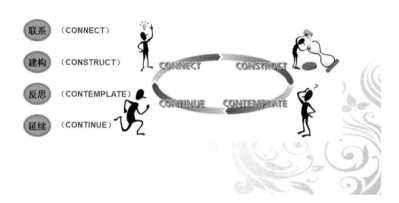

联系 （CONNECT）

建构 （CONSTRUCT）

反思 （CONTEMPLATE）

延续 （CONTINUE）

"三分之二课堂教学模式"的研究之中，为了使研究更具科学性和严谨性，学校根据学科内容、学生年龄、教材编写的特点，制定了恰当的课堂观测量表。

东风小学"三分之二课堂"教学模式观测量表

执教人：_____ 课题：_____ 所教班级：_____

上课时间：_____ 观课教师：_____ 观测小组人数：_____

观察视角 活动时间	学生课堂学习时间					课堂学习效果				
	新课导入	初读感悟	合作交流	研究写法	拓展运用	新课导入	初读感悟	合作交流	研究写法	拓展运用
学生活动时间						学习效果	学习效果 人	学习效果 人	学习效果 人	学习效果 人
教师活动时间						比例	比例	比例	比例	比例

(___学科)课堂观测量表

学科			班级				课题	
授课者					观察者：			
环节		教师活动	效果	时间	学生活动	活动形式	效果	时间
联系	情境							
	质疑							
建构	自学							
	合作探究							
	共享							
反思	自主生成							
	小组生成							
延续	生活应用							
	创造							
合计时间								
评价与反思：								

　　老师们带着观测量表进行课堂教学观测,通过对师生活动时间、学生参与活动的主动性、学生创新能力的提升、师生之间是否进行了内涵丰富的对话、是否在问题探究的过程中进行了有意义的交流、对认识上的分歧冲突是否进行了协商;在小组合作学习中是否聆听尊重同伴的意见、是否积极参与辩论,是否积极主动地去搜集和分析有关资料并加以验证,是否真正掌握了发现和思考问题的科学方法等方面进行了详细的观测,并把观测结果用于教师改进自己的教学。

　　在"学为主体、教为主导、疑为主轴、动为主线"的教学原则指导下,研究出适合各学科的,行之有效的教学环节并总结出六步备课环节:

139

各学科的教学环节

语文	数学	英语	科学
话题引领 建构探究 学习表达 迁移运用	创设情境 生疑探索 反馈归纳 内化提高	联系旧知 创设情境 阅读讨论 创新延续	观察发现 提出假设 实验验证 应用创新

音乐	美术	体育	品德
兴趣感知 模仿感悟 参与体验 创新展现	提出主题 自主创作 点拨指导 共同欣赏	游戏热身 自练互评 小组竞赛 回忆学程	情境激趣 学文知义 明理导行 活动迁移

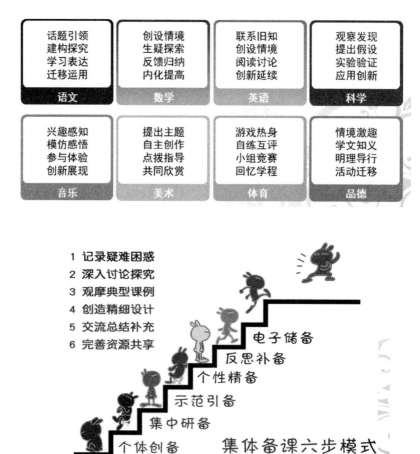

1 记录疑难困惑
2 深入讨论探究
3 观摩典型课例
4 创造精细设计
5 交流总结补充
6 完善资源共享

电子储备
反思补备
个性精备
示范引备
集中研备
个体创备

集体备课六步模式

　　三分之二课堂教学模式旨在让学生变重复学习为创造学习,培养学生的问题意识,启发学生学会创造想象。充分调动和激发孩子学习的兴趣和探究知识的欲望,让孩子在快乐中创新实践、学习发展。

　　在"创新实践,为学生一生幸福做准备"教育思想引领下,我们力求让学生在学习的过程中感受到科学启蒙真、艺术陶冶美、交际习得善。努力培育外有创造、内有修养的学生,以内在修养提高创造的品质,以创新的思维完善自身的修为,真正达到《大学》中所说:"大学之道,在明明德,在亲民,在止于至善。"以此实践我们"始于创造,止于至善"的育人追求。

　　三十年教育实践,二十余年的校长经历,我认识到领导学校,首先是教育思想的领导。教育思想决定教育行为。一个校长思想水平的高下,决定了所在学校整体发展水平。一个富有思想的校长,可以使一所前途无望的学校焕发出生机与活力;而一个没有思想的校长,则可以将一所原本很好的学校经营得江河日下。所以"没有与世界先进潮流相合拍的教育理念,没法当校长;校长是个领跑人,领跑人必须跑得比别人快,比别人远,需要比别人的思想更超前,更勇于创新,善于创新,在领跑中体现校长的办学理念,展现心智情感和实现人生价值。"

这是一个校长修炼的过程——读不尽日月星辰,赏不尽风花雪月,走不完春夏秋冬,舍不得璀璨年华。

这是一个没有终点的旅程——让我们且思且行、渐行渐远。

以人为本,凝智聚力;精心构建,绿色学校

大庆市东湖第三小学　荣彦彪

人们常说校长是一校之魂,有什么样的校长就有什么样的学校。二十多年的学校管理经验,不同性质学校的任职经历,让我不断成长,"阳春三小,绿色育人"的办学理念已显现出了推动学校发展的积极作用。

1965 年 7 月,我出生于黑龙江省巴彦县,1987 年参加工作,任大庆油田设计院中学生物教师、团委书记;1992 年来到大庆油田设计院小学担任党支部书记兼副校长,1998 年担任校长;2003 年任大庆市东湖第三小学校长至今。现为大庆市中小学名校长工作室荣彦彪工作室主持人。2000 年,我被评为黑龙江省骨干中小学校长,同年被评为大庆石油管理局名校长。任东湖三小校长十五年,学校共取得省优秀标准化学校和大庆市教育系统先进集体等区级以上集体荣誉 170 多项,其中 2011 年 12 月在"首届中国当代特色学校推选活动"中,东湖三小的绿文化特色校被《人民教育》杂志和《中国教育报》等评为"全国百强特色学校"称号;2014 年 12 月 12 日,中央电视台《朝闻天下》栏目播出了东湖三小学生传唱幸福谣情景和三小校名、校徽、校容、校貌及办学理念等画面。我先后合著或任副主编出版了《班主任工作新思维新方法》《整体构建学校德育体系理论概论——小学分论》和《中华教育教学文丛》等五本书,其中《中小学生行为问题巧解录》(黑龙江教育出版社出版、与韩凤臣合著)一书,入选 2010—2011 年国家新闻出版总署农家书屋重点出版物推荐目录和黑龙江省农家书屋出版工程用书。

参加工作 31 年来,从事小学教育管理 26 年,多年的工作实践使我深深体会到,要做教育规律的研究者,任重而道远。我一直坚持走文化兴校发展之路,努力争做教育思想的承载者,不断淬炼理性精神。从 2009 年起,开始创建绿文化特色学校,随后又将生态文明建设的理念融入东湖三小的办学实践中,且收到了一定效果。从实践中总结提炼出了绿文化的核心理念就是"科学、和谐、发展",并在学校各项工作中加以应用和探索。

一、绿文化让教育回归人的本质

《周国平论教育》一书中提出了"教育的七条箴言":一是由卢梭提出、杜威进一步阐述的"教育即生长,生长就是教育",在生长之外别无目的。"教育机构和教育者的使命是什么? 就是为生长提供最好的环境。所谓最好的环境,有两个方面,自由的时间和好老师";二是"儿童不是尚未长成的大人,儿童有其自身的内在价值","有其内在的品质和意义,不可把它当作人生中一个未成熟阶段,只想让它快快过去";三是西塞罗的名言"教育的目的是让学生摆脱现实的奴役,而非适应现实";四是卢梭说的"最重要的教育原则是不要爱惜时间,要浪费时间";五是爱因斯坦曾引用的怀特海的话"忘记了课堂上所学的一切,剩下的才是教育";六是"大学应是大师云集之地,让青年在大师的熏陶下生长";七是罗素为正确的师生关系规定的原则"教师应该把学生看作目的而不是手段"。

对照多年形成的认识和自身教育实践,我觉得在回答教育是什么这类根本性问题时,往往就缺少了这样的"直指事物的本质,既简明如神谕,又朴素如常识"的回答。我们常说德、智、体、美全面发展,多以活动和技艺学习竞赛去展示,殊不知"智育是要发展好奇心和理性思考能力,而不是灌溉知识;德育是要鼓励崇高的精神追求,而不是灌溉规范;美育是要培养丰富的灵魂,而不是灌溉技艺。"有时"以生为本""生本教育"我们还是更多地停留在口号和论文里,我们让学生快乐学习,健康成长,成为优秀的人,常使用的还是强制、保守、孤立、功利的办法,还浑然不觉,从更高视角的殷切告诫让我们醍醐灌顶。面对应试教育大行其道的特殊国情和远离幸福快乐的教育时弊,周国平先生倡导孩子们要"做学习的主人,向教育争自由",我们做教师做校长的确实应该深思。

教育要有激情。教育没有最好,只有最适合。使我进一步明白了,真正的教育就是要回归人性,回归人的本质。现代教育主张把教育活动看作是一个有机的生态整体,这一整体既包括教育活动内部的教师、学生、课堂、实践、教育内容与方法诸要素的亲和、融洽与和谐统一,也包括教育活动与整个育人环境设施和文化氛围的协同互动、和谐统一。我们总结出的绿文化的核心理念就是"科学、和谐、发展",是关注人的和谐发展,就是让教育回归人的本质。

二、探索实践绿文化

东湖三小诞生于 2001 年 3 月,占地面积 20942 平方米,建筑面积 9500 平方米。学校一直在走文化兴校发展之路。绿色是东湖三小建校至今永恒的颜色,

2000多盆由师生自己培养的鲜花常年装扮校园,人性化的教育教学管理为学生成长搭建了绿色通道。建校十七年,学校先后荣获全国首届校园文化建设百佳创新示范学校、全国少年儿童消防教育示范学校、第四届全国中小学思想道德建设活动先进集体、黑龙江省示范小学等多项集体荣誉。由建校初的300多名学生,发展到现在的103名教师,30个教学班,1253名学生,实现了规模办学、跨越式发展,成长为一所常年充满绿色生机的北国美丽学校。

早在1993年,《中国教育改革和发展纲要》就提出中小学要"办出自己的特色",2010年7月29日正式发布的《国家中长期教育改革和发展规划纲要》中,进一步提出"鼓励学校办出特色、办出水平",将特色学校建设推向新的高潮。2009年,我校按照"立足校情,科学定位,整体规划,稳步推进"的创建思路,开展特色校创建,现初步形成了以绿文化为核心的东湖三小特色学校文化核心价值理念。2012年5月,被中国教育学会授予"全国特色学校文化建设研究基地"称号。2016年9月,被黑龙江省教育学院授予黑龙江省首批基础教育教研基地称号。

(一)绿文化的提出及核心理念的诠释

2009年重庆教育评估院龚春燕院长来我校检查指导特色校创建工作时特别指出:绿色是东湖三小的亮点。专家的引领为我们的特色办学指明了方向,在各级领导的数次帮助分析,龚春燕院长和胡方所长等重庆特色校教育专家的热心指点,全校师生家长的共同参与下,我们提出以绿为核心的文化理念,即以充满花香书香具有绿色生机的校园文化为特色切入点,精心打造绿文化,继续走文化兴校发展之路。

绿是一种色彩,一种自然生态的暖色,象征自然、健康、和平、希望。绿更是一种理念,其核心价值与时俱进,为"科学""和谐""发展"。绿文化特色学校创建的宗旨在于:人人尊重科学,事事讲究科学,按教育规律教学;人人相处和谐,事事体现和谐,以和谐理念育人;人人关注发展,事事追求发展,用发展眼光办学。绿文化的主要理论依据是教育生态学、生态文明建设理念、科学发展观和宇宙自然规律。引领社会价值选择,在不断研究实践的基础上,学校形成了以优秀传统文化做积淀的办学理念:阳春三小,绿色育人。

(二)绿文化的体现及特色学校的创建

1.绿色文化,灵魂之绿
围绕"阳春三小,绿色育人"的办学理念,我们精心构建显性和隐性的绿色文化。显性学校文化建设我们融入了学校的办学思想和文化主题。在每层楼道的相同位置分系列设置了"礼、勤、诚、新""三风一训"等形象墙,相当于春夏秋冬,不乱不散。同时每层楼还有 90 幅古语小画为本楼层主旨文化服务。开放式的荣誉展厅,增强了师生的集体荣誉感,激发了师生爱校爱岗、爱家爱国的使命感。

学校 70 个点的电子摄像监控系统保证了学生课间始终在老师的关注之下;文化墙、荣誉窗、宣传栏、植物廊、标本厅、古语画框等人文景观,与充满现代气息的校舍相映生辉。每一面墙上都有着文化的烙印,每一寸土地都沐浴着文化的甘霖,让学校成为学生求学问知、调谐心情的精神家园,让绿色细致地染润在学生心灵里,让绿色带着心的波动,跳跃在春夏秋冬,成为一种不衰的色彩。

2. 绿色德育,生命之绿

东湖三小的绿色德育是以"生命树"的形式来体现的,用绿色人生为绿文化服务,成体系不散。爱祖国——生命之根;爱社会——生命之脉;爱父母——生命之源;爱师友——生命之基。爱自己——让学生积极参加阳光体育活动、两操、跳绳踢毽子比赛、冬季长跑及夏季趣味运动会,让自己的生命之树更加繁茂。爱自己——理解自救自护的重要性,通过常规逃生演练,紧急疏散演习,学会自我救护,让生命之树常绿。爱自己——做守纪律的小卫士,上课时认真听讲,下课时规范言行,遵守纪律,让自己的生命之花绽放。

我校始终把爱国主义教育作为德育的主旋律,将升旗仪式改为特殊天气室内升旗后,无论风雪天还是阴雨天,每周一的升旗仪式已成为我校的固定活动。我们邀请石油科普进校园,大庆石油科技馆讲解员来到我校为学生做题为"大话石油"的石油科普知识讲座。学校少先队以"寻找铁人爷爷的足迹"为主题,带领学生参观铁人王进喜纪念馆。

3. 绿色教学,启智之绿

积极打造原生态本真课堂,追求绿色教学质量:一是创建生态民主的绿色课堂文化。我们把大庆精神、铁人精神教育与绿文化深度融合,通过绿色课堂彰显文化活力,努力打造"生态、求实、灵性、简约"的课堂。"生态"的绿色课堂是自然的课堂,是以学生为主的课堂;"求实"的绿色课堂就是在尊重教师授课风格的基础上,把小事做实,关注细节;"灵性"的绿色课堂提倡自主学习的方式,崇尚研究性学习和探索性学习;"简约"的绿色课堂要求教学情境简约,不花哨,教学语言简洁,不啰唆,教学设计简洁,不冗繁,教学手段简易,不错乱。

二是创建和谐共进的绿色教研文化。2011 年 3 月中旬,我校数学教师任鸿雁作为大庆市唯一的基地校代表,被推荐参加了北京师范大学课程研究中心数

学工作室、新世纪教材编委会举办的第五届新世纪小学数学教学设计与课堂展示网络教研活动的网络教学大赛。活动从 3 月开贴，经过 3 个月的论坛研课，最终，任鸿雁老师获得了全国大赛的一等奖。2011 年 4 月 8 日，以黑龙江省小学数学论坛为平台，以 UC 小学教研在线为主房间，研讨了北师大版小学数学二年级下册《小熊购物》的备课活动。

4.绿色管理，和谐之绿

刘秀杰是我校一位朴实勤奋、爱生如子的好班主任，学校多次收到家长的表扬电话和信。2012 年 11 月我们收到了该班学生张洋爷爷张志的表扬信，张老是位油田退休干部，他写给胡锦涛的建议信和胡锦涛的回信曾在《光明日报》和《大庆晚报》发表，他通过孙子的变化和对刘老师的观察了解，一笔一划地写了这封长信，名字叫《她像"四个一样"》——她的爱心像慈母一样挚意，她的吸引力像磁石一样强劲，她的责任感像金子一样贵重，她的心灵像洁水一样丽澈。刘老师是我校众多优秀教师的代表，正因为有了他们，才托起了东湖三小的今天。

为加强学科教学与现代信息技术有机整合，2011 年 6 月，成立了东湖三小信息中心，主要解决了老师教学教得好但信息技术不熟、懂信息技术但不了解教学实际的两层皮问题。同时信息中心还组织 80 多位教师自主开发了 50 多本校本电子教材和五册校本教材《绿色天地》。学校投资六万余元，建立了一个绘本教室，在一二年级开设绘本校本课，入课表，每周一节，七年来效果很好。学校因地制宜，融合英语教学特色，自主开发了英语绘本。老师们创办了英语戏剧节，把英文经典绘本改编的戏剧搬上了舞台。已成功举办了两届东湖三小英语戏剧节，2015 年 8 月，在第三届外研社亚马逊杯"我是书虫"全国校园英文短剧比赛中我校获校园优秀组织奖。

(三)绿文化的发展及学校成长的助力

2011 年在黑龙江省青少年羽毛球比赛中，东湖三小女子组获团体亚军；2011年 12 月东湖三小选送的《学校文化建设》宣传片，在中央电视台组织的"我的梦——中国梦"节目评选中获奖，并在中央电视台教育一台播出；2012 年东湖三小相继承办了大庆油田教育中心小学特色教学开放日、学校文化建设小学现场推进会和名师工作室授牌仪式等活动；2013 年 1 月 10 日，在参加大庆市中小学"学规范、强素质、树形象"师德建设校长论坛中，我们《用大庆精神培育师德》的演讲获得本届校长论坛特等奖。2013 年 7 月第七届全国特色学校高峰论坛在清华大学中心礼堂举行，东湖三小在论坛上作了《阳春三小 绿色育人》专题发言。"绿文化研究的深，成体系，与学校各方面工作结合的好，一次一个变化，且变化很大，比较成型，非常好。"大会主持人评价说，"这是绿色学校，绿色发言"。

2014 年 10 月 13 日，我校与发展共同体学校大庆乘风四小联合举行了纪念少先队建队 65 周年大庆市辅导员例会暨培育践行社会主义核心价值观油田教育中心专场展示活动。团市委及油田教育中心领导、全市辅导员老师与两校师生一起参加了活动。2014 年 11 月 12 日，天降祥瑞，迎来了大庆第一场雪，也迎来了尊贵的客人，黑龙江省委宣传部、大庆市委宣传部、黑龙江日报社、黑龙江广播电台、黑龙江电视台、东北网及大庆市多家新闻媒体，来到东湖三小，采访我校"唱响大庆幸福谣　践行核心价值观"工作的开展情况。随后各媒体先后进行了报道。在全市同唱"大庆幸福谣"的活动中，我校还得到了中央电视台的关注。2014 年 12 月 12 日上午 8 点 40 分中央电视台"朝闻天下"栏目播出了《幸福谣插上音乐的翅膀飞起来》，报道了东湖三小的学生歌唱幸福谣情景和学校校徽、办学理念。2014 年 11 月，黑龙江省教育厅牧童副厅长在大庆市教育局及让胡路区有关领导的陪同下，来校调研检查指导工作，对东湖三小的绿文化十分感兴趣，充分肯定了学校工作。指出学校办学特色鲜明，与众不同，"绿"阳春意谱华章。

东湖三小 2014—2016 连续三年被评为大庆市教育系统先进集体，连续两年被评为大庆市中小学德育工作先进单位。2016 年 9 月，被黑龙江省教育学院授予黑龙江省首批基础教育教研基地称号。2017 年，学校获大庆市少工委"红领巾相约中国梦"读书征文活动优秀组织奖；获大庆市教育局和教师进修学院"第二课堂之成语英雄会"第八季优秀组织奖；被中国好老师公益行动计划办公室确定为中国好老师公益行动计划基地校。

三、精心构建绿色学校

做教育理念、教育价值的守护者，是我常励常新的准则。校长本身一要善良、有德，低调、包容、勤奋、刻苦，热爱学习。古语讲"有德滋养天下，善心普度众生"，我要说有德滋养学校，善心普惠师生。校长有德有爱，学校充满光明。二要尊重别人，公正公平。喜欢听不同意见，但自己骨子里要有主见。对自己有清晰的人生规划，对学校有清晰的发展规划，并随形势变化适时调整这两个规划。做好规划的实施与监督指导。三要对自己严格要求，对事业要有责任心。身正为范，上行下效，起个好榜样作用。努力做一名有思想、和蔼正直、有公正心和善心的好校长。四要精心构建学校文化，处理好校长与所有师生的关系，对待老师像对待自己的家人一样，对待学生像对待自己的孩子一样。下之

琳在《断章》中说:你站在桥上看风景,看风景的人在楼上看你。明月装饰了你的窗子,你装饰了别人的梦。能量是守恒的,爱是守恒的,你对师生好,师生自然也对你好。

对班子成员讲

有时观点不一致是一定存在的,想办法商量解决,互相支持,校长不可能全对的。校长要看大方向,始终围绕大方向决策、做事。校长要正确处理好与书记的关系,一荣俱荣,一损俱损。必须尊重书记及班子成员。对副职不仅要给尊重,更要给锻炼机会、给权力、给待遇、给指点、给批评、给要求、给方向、给思想、给面子。放手让他去干,成绩给他,出了问题校长揽过来,帮他再上一个事业的台阶,做他的事业发展的贵人。

对中层主任讲

一是要选有才能服众的人。二是用其所长,把不同的人放在不同的岗上。三是对主任们尽量一视同仁。不与任何主任走得太近,避免让人认为有远近厚薄的关系。四是对中层主任,要让他们感到有奔头儿——成熟了特别出色的推到副校长岗位,让其感受到成就感。

对教职员工讲

校长要抓主要矛盾,抓主因,形成良好的学校风气。一是要及时传达上级文件精神,上级不允许做的事,老师绝对不能做。该讲的事必须及时讲,反复讲。如坚决不能违规补课办班等。二是制度约束。戴紧箍咒,尽量不念紧箍咒。制度要人性化一些,且要灵活,要给校长自己处理问题留有空间余地。三是结构约束,不同的人放在不同年级、不同位置,人员微调时适合哪个组就把这个人放哪个组。四是适时适当给予教职工利益。先进个人评比、外出学习机会、明面的表扬等等。五是关心职工生活,解决他的实际生活困难,关心老师的情绪变化,职工家中有大事校领导要及时到场。职工的子女升学就业遇到困难想办法帮忙。六是尽量一碗水端平,公平公正处理事情。

对德育管理讲

一要抓好常规德育管理。组建好学校德育管理队伍,选好用好人。特别是德育主任必须是个强手。根据小学生守则和日常行为规范,结合本校实际制定学生校规,抓好学生良好行为习惯的养成教育。二要抓好安全管理。安全管理我们学校主要是安保办负总责,学校政教处和总务处协助,三个部门分工负责。学生安全教育及管理、监控系统的维护及管理由政教处和安保办负责。校园安全、设施设备安全及外雇劳务人员的安全工作由总务处负责。我校安全工作检查情况一周一通报。三要抓好德育活动管理。首先选好德育活动管理主题思想,方向要对。我校将爱国主义教育始终当作德育教育的主线,结合本土文化大庆精神教育和"五会一有"的育人思想有计划地开展计划好的德育活动。多数活动全员参加,努力提高全体学生的兴趣爱好,活动不求多只求精。注重效果,不劳民伤财,达到教育目的,收到教育效果就可以了。四要多给德育管理者权利。主要是活动自主性支持、人财物支持、时间场地支持及思想支持等,让德育人员感到校长像重视教学一样重视德育工作。

对教学管理讲

在大力推进素质教育的今天,校长也要记住对于一个学校来讲,教学质量永远是学校的生命线。质量上不去,即使学校搞出花来,意义也不大。个人认为文化素质是素质教育综合素质中的主要素质之一。我们一直将保持和提高教学质量当作学校生命线来抓。有句话说得好,满树桃花一棵根,意思是希望人们做人处事要注重根本,因为唯有根本稳固了,才能枝叶繁茂,花开果成。我们就是把教学当作了学校工作的根本来抓。

一切工作以教学为中心。我校主要做法是充分发挥教导处、教研室和信息中心的作用,重视常规教学管理,重视教师培训,重视教学和教科研有机结合。一是发挥教导处、教研室和信息中心的作用,重视教学和教科研的结合;二是重视常规教学管理;三是重视教师培训,注重引导,尽量形式灵活,方法是自愿加强制培训,自愿能解决完成的培训就自愿进行,不能或不好完成的就强制培训;四是活动搭台,多给教师展示的机会和外出进修学习的机会;五是形成良好的教风后,一切就好办了。现在绝大多数的老师都在默默无闻、暗中使劲、想方设法提高自身素质,进而提高教学质量。

对后勤管理讲

主要就是选个好的后勤主任,给他权利,给他政策,做好对后勤工作的指导和监督。一是校长要给机会,让后勤主任主动思考、主动工作、放开手脚工作、细心大胆工作。用人不疑,相信他,鼓励他在做好学校后勤的常规管理工作前提下,再创造性开展后勤服务工作。二是及时提醒后勤主任工作要有预见性,凡是往前想;三是服务好教育教学,确保师生安全;四是校长和后勤主任,要对后勤员工好,特别是校长要常告诉所有教师和学生,都要尊重后勤人员,特别是要尊重所有外雇员工,把他们看成学校的一员,想办法调动他们的积极性,他们的作用不可小视,好多细小的安全隐患多数是他们发现的。

对文化建设讲

学校文化的构建,校长必须有自己的思想,必须有自己的长远规划。校长的思想有多远,学校的发展就能有多远。校长不仅要有自己的办学思想,还要

通过对教师的培训将自己的办学思想解读给教职员工,让每位教职员工在工作中践行。一是不能着急,构建学校文化这是一个慢功夫,越着急越乱,行稳致远。二是校长要讲究工作技巧。如真着急,假生气,热问题,冷处理。三是别人的文化可以借鉴,不要拿来就用,要结合自己学校的实际。整体规划,分步实施,精心构建学校文化;四是办学校要尊重规律,尊重教育规律。

"顺木之天,以致其性"。教育就要适应儿童,绿文化的主旨就是要尊重自然规律、尊重教育规律,让教育回归人的本质。我会不忘初心,继续追求自己的教育梦,继续争做教育实践的开拓者。正如我校党办主任陈庆莉所写的《东湖三小赋》一样,东湖三小绿意满眼,生机无限!

满庭芳 ·绿观

壬辰年·秋月于东湖三小

兴校十载,润物知阳,回望顺木览胜。

风雅涤荡,绿意阑干凭。

远略深谋指与,论纵横,光华群英。

堪凝望,廊宇静默,更书声绵情。

寻踪。独觅处,礼勤诚新,古语遒泽。

却清风皓月,芬芳往来。

传语依依相期,二千师生一梦同。

待明日,绿阳漫道,只把春来报。

150

让师生在"和乐文化"润泽中幸福成长

——关于"和乐教育"思考与探索

齐市公园路小学　刘　丽

我很感恩能在黑龙江省首批小学教育家型校长班学习,聆听专家讲座、与优秀的同行近距离交流和切磋、不断看到我学校之外的教育教学风景……这一切都让我获益匪浅。其次,感谢老师给我们布置的任务,让我们不断反思自己的工作。特别是这次关于学校办学理念的解读,让我梳理了十余年来的工作历程,回顾、反思、整理、修正……这样循环思考审视的过程让我在不断地反省中获得提升。

大家都知道这样一句话"一个好校长就是一所好学校",以前听听也就算了,通过这次梳理,我忽然意识到:好校长的标准就是校长要具有好的"办学理念"。因为办学理念是学校教育教学工作的指导思想和根本宗旨,决定着学校发展的方向。一所学校拥有什么样的领导班子和教师队伍,要培养出什么样的人才,给孩子提供什么样的教育等等都与校长的办学理念密切相关。深圳市教育科学研究院院长叶文梓曾有言:"校长的办学理念,不但影响着校长自身、他所领导的学校的发展,甚至影响着他所处的时代的发展。"这也就是说:校长办学理念的梳理不是我们个人的事,而是学校组织发展的内在需要。校长的办学理念关系到学校的发展、教师的成长,尤其是关系到孩子们一生的幸福。所以对办学理念的梳理和总结不仅仅是我个人的工作责任,更是我们应肩负起的历史使命。下面我将从以下三方面展开论述:

第一部分　现状与发展:学校现状及发展脉络

一、学校的现状

悠悠流淌的嫩江水映画出一幅百年育人的历史画卷,翩翩飞舞的丹顶鹤见证着一所百年老校的历史沧桑。公园路小学始建于 1912 年（民国元年），校址在当时的省治西门卜奎（西站）马神庙附近，前身名为同信女子两级小学校，1932 年改为同信两级小学校，后于 1946 年至 1947 年改为"第十初级小学"，1956 年由原"第十初级小学"改称为公园路小学校，一直沿用至今。学校经几次改建、换址、更名，现地处两区交界处的老城区，是一所成功转型的薄弱学校。目前，学校占地面积 7000 平方米，共有教职工 61 人，21 个教学班，860 名学生，省、市、区级骨干、学科带头人等共计 15 人，中学高级教师 10 人。

二、"濒临停校—峰回路转—内涵发展"的三段式历程

十几年来，公园路小学经历了濒临停校、峰回路转、内涵发展的三个阶段。

第一阶段"濒临停校"的求生存阶段，时间为 2003 年 4 月至 2005 年 9 月，提出的口号是：承载使命，迎难而上，打破制约学校发展的瓶颈。

我于 1987 年毕业于齐齐哈尔市师范学校。30 年来，在组织的培养教育下，在各级领导的亲切关怀和指导下，在全体教师的鼎力支持和共同协作下，我由一名普通中师毕业生，成长为一名优秀共产党员、省特级教师、全国优秀教育工作者。的确经历过许多坎坷风雨，但正是这些风雨坎坷让我受益良多。回顾自己走过的路，在公园路小学做校长的十几年，是我从教以来最具有挑战性的阶段。2003 年 4 月，我调任公园路小学工作，正值学校的低谷期，因学校地处城市中心的老城区，在两区交界处，百米之内有永安、全福两所知名小学，居民多是高龄的老人，仅有的生源还不断外流，校园周边环境脏乱差到无以复加的程度，学校濒临解体。面对这样的状况，我们没有气馁，将学校的困境当作"聚人心、形合力"的契机，带领教师上下齐心、众志成城，由调研入手，制定学校发展策略。

具体路径：

做法 1：以改变求关注。校园操场及教学楼外整饬一新，物见本色，人精神。楼内沉睡的图书被"唤醒"，开始漂流，书香弥漫。学校以自然环境和人文环境的改观为切入点，吸引家长和附近居民的关注。

做法 2：以特色求生存。2003 年 9 月，学生自配电脑，家校联合办学，开办"网络化互动式小班"，同时增加英语课时，破解"哑巴英语"的状况，打造英语教学特色吸引了大量学生，同时家长口口相传，不断提升学校知名度。

由此开始，学校基本上走出了招生难的困境，扭转了颓势局面。我们也创造了龙沙区 4 个"首个"，即：龙沙区首个网络化互动式小班、首个开放式阅览室、首个电子图书馆、全市首个英语教学 5 课时制。2003 年招新生 66 人，2004

年我们招新生 126 人,2005 年我们招新生 146 人,全校学生数由 2003 年的 287 人增加到 2005 年的 697 人。

第二阶段是"峰回路转"的求发展阶段,时间从 2005 年 9 月至 2008 年 7 月,提出的口号是:立足发展,固本强基,完善学校的良性运行机制。

经过二年的努力,学校得到社会的认可,学生数量稳步攀升,但随之而来的办学条件还很差,现代教育设施严重不足,教师素质也参差不齐等问题严重制约着学校的发展。为此,我们采取了四项策略:合力探究学校发展、优化育人环境、促进教师群体成长、全力提升教学质量。经由学校全体同仁的努力,2006 年学生人数为 870 多人,2007 年学生人数已达 928 人,2008 年学生人数增至到 1021 人,成为龙沙区一所名副其实的千人学校,学校也由市合格小学发展成为省级一类学校。

第三阶段是"内涵发展"的品质提升阶段,时间从 2008 年 9 月至今,提出的口号是:面向未来,打造品牌,提升校园文化建设内涵。

自 2008 年 9 月,公园路小学已步入健康发展的快车道,强烈的责任感再次促使我们去思考学校的未来发展方向。借助多重平台共谋学校发展大计,为学校发展重新把脉重新定位。即:为了进一步提高学校办学水平,必须全力挖掘学校发展内涵,创生教育资源,打造学校品牌,从而加速学校跨越式发展进程。

经过十余年的努力,学校有了翻天覆地的变化。龙沙区教育局给予我校的评价是:公园路小学在短短的几年里,由一所 200 来名学生、20 几名教师的薄弱学校建设成为育人环境温馨、教师队伍敬业、教学质量优良、办学特色内涵丰富、家长社会广泛认同的千人学校,为龙沙区薄弱学校的发展探索出了成功之路,创造了因地制宜改变薄弱学校现状的示范办学模式,为龙沙区的和谐、均衡、可持续发展做出了突出贡献。

第二部分　探索与提炼:"和乐教育"构建与内涵

一、和乐教育的构建

伴随着学校的不断发展,我们意识到"弱则思变,变则思干,干中求创新,创新求发展"是公园路小学走出第一步困境的原因,而"办学校就是办一种精神、办一种文化"的思想观念是学校得以持续稳固发展的重要保证。所以,我们结合学校发展基本走向和特色定位,确立"一切为师生发展"的办学理念,致力于师生每一天生命质量的提升,让师生在和谐的环境中健康快乐成长!以"乐教

乐学、求真求实"为校风,以"敬业智慧地工作、幸福高雅地生活"为教风,以"勤奋刻苦地学习、生动活泼地玩儿"为学风,以"善思、文雅、活泼、创新"为校训。工作中注重凝聚合力、谋求合作,实施"兵团作战,抱团发展"的强校战略,逐步形成"和乐教育"办学思想体系。其终极目标就是以培养"和而不同、乐行其中"的阳光少年为宗旨,构建"和雅德育、和润教学、和美校园"的和乐文化,实现"教师与学生同发展,学校与师生同发展"。

二、和乐教育的内涵

1. 思考与定位:和乐教育提出的立论依据

(1)植根于中国传统教育哲学

"和"源于孔子关于"和为贵"的思想,"和"既是孔子哲学思想的最高原则,也是他进行教育、培养人才的最高标准,表达协调、和谐、平和等思想理念。

"乐"源于孔子的"乐学"思想。孔子曰:"学而时习之,不亦说乎","知之者不如好之者,好之者不如乐之者"。可见,提倡乐学,既是孔子重要的教育主张,也是孔子重要的教学原则。"和"的第一义在于唱和,在于共致完美,比如唱歌,高音有低音牵制,方能成曲;比如跳舞,先必有回旋之姿,才能有奔腾之势。"和"的第二义就是相互配合、合作,共生存,齐发展,求双赢。何为"和"?"和"是对人我双方之道的认知,借着共同的规律,本着不同的情况,做出大体相同的善的效果。"和"为和谐,合于道,表现为礼。

孔子所说的"君子和而不同","和"就是和谐、中庸,乃是儒家精华。"不同"强调的是不拘一格造人才。《尚书》中讲的"允执厥中"的"中"就是"和"。"和"是太古元气"太和",天地相和,乃生万物。人与人相和,乃成万事。

(2)以人的个性发展为指向,契合人本主义教育思想

"和乐教育"将传统以人为本的教育精髓与现代素质教育相融合,尊重差异,关注全体,开发潜能,和谐发展。"和乐教育"以"尊重、包容、爱"为保障。"尊重",就是尊重孩子的个性,尊重他们的所思所想;"包容",就是包容孩子们的差异,每一个学生都是不同枝头上的一朵花,他们各有各的芬芳鲜艳;"爱",就是关爱孩子的成长,关注他们成长道路上的点滴,一起分享成功的喜悦,也一起分担失败的痛苦。

追求和谐,享受快乐,凝聚"合力",谋求"合作",教师在团队中体会互助的快乐,学生在协作中体验成长的快乐,师生在和谐中享受成功的快乐。

2. 历史与传承:回眸学校百年历史,觅得和乐教育文化的 DNA

公园路小学在近十几年的发展历程中,不断定位与修正教育理念,最终定

位为"一切为师生的发展",实施和乐教育。而当我们由于一个偶然的契机,获知公园路小学竟然是由民国初年著名教育家、黑龙江近代教育奠基者林传甲先生所创办的,首开黑龙江教育之先河的,具有高起点、高站位的百年老校,我们激动之余不禁也额手相庆:我们的办学思路竟然与林传甲校长的教育理念切中肯綮,遥相呼应;学校百年沧桑历史终于在我们这一辈手中拂去历史烟幕、薪火相传。

（1）砥砺前行的首任校长——林传甲

我们研究"和而不同,乐行其中"的公园小学教育文化,不能不关注林传甲这位黑龙江教育筚路蓝缕、以启山林的开拓者。

林传甲是福建人,清末民国初年著名的教育家。早年有"神童"之誉,博览群书,从西湖书院毕业后,便到两湖从事教育工作,创办湖北时务学堂、衡州时务学堂、湘山时务学堂,很受湖广总督张之洞的赏识和器重。曾在湖南任教,后经严复推荐,被管学大臣张百熙聘请为京师大学堂文科教授,后人评价"其为文,磅礴有奇气,滔滔万言,倚马可待。"1905 年林传甲奉调来到黑龙江省会齐齐哈尔创办教育。尽管当时"江省地处边陲,尚骑射而轻文学,风气锢塞,输导颇难",而林传甲仍不遗余力,"多方劝谕,创办学校,发展教育"。林传甲是中国近代教育史上坚定的拓荒者和领路人,在其短短的 45 年人生履历中,为黑龙江教育奠基和铺路更是其浓墨重彩的一笔,而公园路小学就是他当时创办的学校之一。

（2）林传甲重要的教育创举

一是普及教育——创办学校

他指出:"小学为陶铸国民之本",发展教育首先要"以小学为本"。为了发展黑龙江教育事业,他不辞辛劳,挨家挨户动员学生,并给生活困难学生补助。他亲自编写乡土教材并兼任教学工作。到 1906 年,当时的省城齐齐哈尔创办了初等小学 10 所。由于他大力创办各类教育,黑龙江教育事业获得飞速发展。光绪三十三年（1907 年）,全省学堂不超过三十处,至民国元年（1912年）仅省城齐齐哈尔就兴办 24 所学校,全省各类学校发展到 1461 所,学生发展到 38973 人,他把一生中最宝贵的年华和主要精力都奉献给黑龙江教育事业,为发展黑龙江的文化教育事业做出了不可磨灭的贡献!

二是女学教育——均衡发展

清末民初黑龙江的女学教育突破了中国封建社会"女子无才便是德"的思想束缚,使大批女性接受正规学校教育。祝宗梁嫁于林传甲后,婆母授以《女四书》《蒙学课本》等,后去湖南女学堂读书。在她和林传甲的共同努力下,1912

年(民国元年)在齐齐哈尔北门正街路西租茅舍三间创办同信女子两级小学。虽然这个女学起初仅有 3 名学生,她也是"雨雪载途往来,教授未曾辍",他们一方面积极奏请办学资金,筹建校舍;一方面四处租赁民房,"尝赁城北茅屋数椽办女学",游说劝学。为缓解办学经费的困难,林氏夫妻把自家房屋、财产用以办学,自编教材,亲自授课。学校成立后,招生仅有18人,第二年学生骤增到60人,学校得以迅速发展。这个女学,就是公园路小学的前身。承载着厚重底蕴的公园路小学,砥砺前行。

三是龙江教育——潜心研究

林传甲在黑龙江办学,坚持十年写教育日记,成《黑龙江教育日记》一书。此书是林传甲留给黑龙江教育事业的一笔文化遗产和宝贵的财富,书中主张以日记形式考查教职员,使人人尽职尽责。此外,还著有《龙江旧闻录》《龙江进化录》《龙江史论》《黑龙江教育状况》,编有《黑龙江最新地图》《龙江诗集》《龙江唱歌集》等。在《龙江唱歌集》中,《劝学歌》共五首,每段一个主题,分别劝导学生爱国、和谐、公德、自立、乐学。作为教育家,林传甲将他的教育主张编进歌词,教学生传唱,易学易记易流行。在今天的公园路,这些文化的 DNA 仍在不断传承,衍变为公园路学生的"日常行为五个好""课堂习惯九做到"行为规范,衍变为追求和谐、享受快乐的师生行为处事原则。跨越时光的脉络,林传甲砥砺前行的开拓气概,和而不同、乐致进取的和乐文化教育,对今天奋进的公园路小学将永远起着指引、鼓舞和激励作用。

第三部分　践行与保障:和乐教育实施路径与保障

和乐教育的出发点就是"以人为本"的教育理念,为了"一切为师生发展的"为目标,打造"和润教学、和雅德育、和美校园"的和乐文化,培养"和而不同,乐行其中"的阳光少年。

一、和乐教育实施路径

"和而不同"是"和乐教育"的特征。"和"是社会、家庭、学校三者合力的协调,"不同"是各自的重点和领域不同;就师生发展而言,"和"是教师、师生、生生之间人格的平等,真诚的合作。和而不同,旨在教育学生博学多才,全面发展,多方面地汲取对自身成才有帮助的知识。为了更好地使学生得到全面发展,我校努力创建与"和乐教育"特色相适应的课程体系,即以"和润教学"为核心的学科性课程,以"和雅德育"为基础的活动性课程,以"和美校园"为中心的环境性课程,三位并行凝聚"和乐"亮点,完善和乐课程结构,搭建特色育人平台。

路径1:构建以"和润教学"为核心的学科性课程体系,不断提升学生核心素养。

"和润"教学就是"和谐统一,润物无声"的教学。"和"蕴含和谐、高效之意。构建和谐团队,教师间相互促进形成合力,课堂学生自主互助同成长,师生之间和乐共赢,协同发展;"润"蕴含生态、润泽之意,构建生命课堂,打造顺应自然的人性生态教育,面向全体尊重个性,获得"和而不同,乐行其中"的发展。

我们始终坚信"没有学习方式和教学行为的变革,就没有素质教育的真正实施。"依托课题研究驱动学科基础性课程建设,开启了以课堂教学为中心,以培养"全面发展的人"为核心,以"自助互助学习"与"语文主题学习"为两翼的课堂教学变革之路。首先采取"理论学习—专题研究—课例研讨—总结交流"等形式开展活动,完成思想的变革。其次课题引领,人人参与。尝试以语文、数学、英语等学科课题驱动,促进国家规定的课程校本化。2016年我们启动"语文主题学习"实验,对语文课程进行二度开发,对国家教材进行了整合,让学生用三分之一的课堂时间学完教材,其余三分之二时间在教师指导下自由阅读,打破了"语文阅读只能靠课外的传统观念,有效转变了语文教学高耗低效的现状;数学从"以人为本"出发,探究"自主互助"教学模式,以平等、互动、激励、合作为主要特征,学生在掌握知识的同时,感受和理解知识的内在意义,获得精神的丰富和美好的生命体验;英语学科立足"兴趣",营造乐教乐学、和谐互动的学习氛围,实现教学方法的变革。其三是名师引路,课例研修,一节节的观摩课打磨,最终实现教学模式的变革,形成"学、展、评、练"的教学模式,实现课堂的高效。

路径2:构建和乐教育学生课程体系,促进学生健康快乐成长。

围绕"追求和谐、享受快乐"的教育理念,着眼于学生的全面发展,拓展德育阵地,用精品课程锻造核心素养,让高尚品德浸润学生灵魂。形成"知行—体验—特色—传统文化"四类德育课程体系,使学生在课程中体验成长的快乐。

(1)知行课程

本着"低、小、细、实"的原则,分别制定了一二年级"日常行为五个好"(即"把路走好,把地扫好,把歌唱好,把话说好,把字写好");中高年级"课堂行为九做到"(即"会倾听、乐发言、善合作、懂礼仪、用品齐、能安静、坐姿端、握笔正、书写美")。编撰《〈和乐之行〉——和雅德育》校本教材,让学生诵读经典,懂礼知仪,追求优雅,共享和乐。由"要我做"转化为"我要做",提出"五自我教育",

即:"我自主""我安全""我环保""我健康""我文明",并融入各项工作之中,通过"自评—生评—师评"等形式,以班为单位,每月评选"安全之星""礼仪之星""健体之星""学习之星""环保之星",学期末评选校级"五自小标兵"。通过知行课程引导学生自觉养成良好习惯,从而达到学生综合素质的全面提升。

（2）体验课程

体验性德育课程设置了学习、实践等体验性内容,每项内容都有具体要求。在陶行知的"生活即教育"理念引领下,学校打破课内外的壁垒,利用龙沙公园百年老园蕴涵的丰富教育资源,把教材和地区教育资源结合起来,实施了"探究者工程",增强课程的生命力。师生们定期来到公园了解、访问、研究、考查,广博的内容和领域的新鲜深深地吸引着孩子们,并分别以个人独立和小组合作方式进行课题探究。同时组织学生走进田园实践体验、和平广场忆英雄、博物馆内追溯历史与文明同行等多项活动,为孩子们提供了自主学习、提高能力、塑造品行的实践空间。"探究者工程"不仅启发学生独立思考问题,探索未知领域,也为孩子们提供和创造了多向思维的环境。

（3）特色课程

围绕"德育课程校本化"和"校本课程特色化"两大主题,构建特色德育课程,激活学校的课程文化,生成极为鲜活的课程资源。本着"回归传统,亲近自然,自主创造,身心发展"的教育途径,立足实际,动静结合,把中国结制作、传统跳绳纳入校本课进行开发、推广,大力开展"绳"文化教育。一是结合学生的年龄特点,自编了中国结教材,并列入学校的课程表,由专业的美术教师定时任教,每一位教师都是辅导教师,制作方法在不断创新,有编、织、钩、粘、缝等多种方法,学校成立了中国结爱心超市。"中国结"这一传统工艺,在公园路小学已形成了全员参与、全员管理的态势,成为公园路小学的一种时尚。二是着力开发的另一项以"绳"为主的育人特色——体育花样跳绳,融入于体育教学中,与每天一小时体育活动紧密结合,在活动中学生们掌握大绳跳法50余种。如:彩蝶飞舞、双龙戏珠、竹韵绳舞、激流勇进、多人穿越由24人同时摇动的12根并列大绳——时空隧道、多人多绳点跳法——众星捧月等。"绳"文化教育给孩子们带来了无穷的乐趣,开创学校"以绳促德、以绳增智、以绳健体、以绳导行"的教育新篇章。同时,寻找适合小学生的益智游戏,积极开发"竞速"课程,像魔方、华容道、速叠杯、航模等竞速运动,体验智力与速度的双重挑战,感受现代科技的魅力。

（4）传统文化课程

充分发挥祖国优秀传统文化和社会主义核心价值观的教育价值,并将其渗透在学校的教育教学活动中,使之成为师生灵魂家园和价值追求,它最有效的途径就是让国学经典回归课堂。我们深刻地认识到,把国学经典融入课堂,让祖国文化回归教学,是我们必走之路。学校多年来坚持"低年积累,高年运用"的八字原则,一是制定中华优秀传统文化课程目标,将《弟子规》《三字经》《百家姓》《千字文》《论语》等校本教材内容分学段布置下去,通过吟诵经典—书写经典—绘画经典—歌唱经典等形式感受到国学的魅力,引导学生"与经典同行,做少年君子"。二是建立国学小剧场,以多种活动为支撑,对传统文化课程进行的大胆尝试和创新。课本剧《晏子使楚》《滥竽充数》《两小儿辩日》《铁杵磨针》等先后参加黑龙江省中小学生艺术展演活动、齐市中小学生"我的中国梦"等活动。三是大力倡导"回归"教育,让地方传统游戏走进校园。在前后操场,用彩色油漆科学、美观地画出多种传统的游戏图案,课间学生们在游戏格中尽情玩耍,丰富了课间活动,达到益智、益体、益趣的目的,打造学校典型的文化特色。

路径3:构建和乐教育教师课程,提升教师职业幸福感。

习近平总书记强调:"教师是立校之本,兴校之源。"学校营造和谐氛围,激发内在需求,以课程形式助推教师专业成长,促进教师绽放职业精彩。

(1)情感活动课程,营造"和谐"氛围

首先,行政领导坚持深入一线,勇挑重担。一切工作从老师出发,给予理解、关心和尊重,让爱充盈校园。其次,学校注重营造"家"的和谐、温馨。

(2)多元文化课程,提升内涵发展

一是师德提升课程。

榜样引路课程——"颁奖盛典",传递榜样力量。学校设置"魅力教师""我最喜爱的班主任"等奖项,让辛勤工作、为学校发展做出贡献的教师,走上领奖台,引领其他教师获得前行的力量。

榜样引路课程——"和谐"之家,弘扬优秀团队。以提升团队凝聚力为课程宗旨的"和谐之家"课程,通过改善办公环境、合作互助、团队业绩等项目的建设与评比,增强凝聚力。

二是专业拓展课程。分层助力教师发展,确定基础课程和提升课程。

其一对新上岗教师进行基础课程学习,包括教学基本功、教学常规课程、班级管理课程等。

其二科学规划团队,做到搭配合。第一,以名优、骨干为每个团队的首席,做到合理的搭配,取长补短,形成合力。第二,课题引领,以个人成长促团队提升。第三,名师建设,共谋发展。"青蓝课程"通过传帮带,加强青年教师成长;"互助课程"依托"名师工作室",提升教师专业能力。

路径4:构建和乐教育家长课程体系,助推学校和谐发展。

苏霍姆林斯基有这样一个著名论断:"最完备的教育就是学校——家庭教育"。我们把全国妇联联合九部委发布的《关于指导推进家庭教育的五年规划(2016—2020年)》与学生发展的核心素养进行融合,确立学校家庭教育培养目标,即"父母成长、孩子成人、家庭幸福、社会和谐"。打造家庭教育的"三元核心素养"。即:方法层面:有原则、会宽容、懂激励、能放手;行为层面:敢担当、讲文明、行民主、严律己;爱好层面:会学习、乐创新、喜阅读、爱运动。在亲子课程体系建设中我们围绕"和乐"教育思想,构建家庭教育"点单式课程"体系,形成修身齐家、育子树人、家校共育三个篇章的课程模块。

第一模块:理念篇——修身齐家课程系列

学校将"亲子共成长"家庭教育上升到"课程"的高度,家长学校"8课时"培训模式已成为家校共育活动的主要内容之一。学校创新"六化"(管理方式制度化、教育对象全体化、授课教师专业化、课程内容系统化、课程设置层次化、教学活动多元化)办学模式。做好"十有"即计划、教材、专(兼)职教师;教师授课有针对性、趣味性、实效性;学员听课有记录、体会、目标、行动,且领导小组、家长委员会相互配合、相互渗透,全方位保证家长课程有效实施,形成齐抓共管的良好氛围。

第二模块:方法篇——育子树人课程系列

(1)打造"五个一"工程

每周至少面对面与孩子认真坦诚地交流半个小时;一学期至少读一本家庭教育图书;一学期必须来开一次家长会;一学期必须参加一次家长课堂的考试;一学期至少交一次家长亲子日记。

(2)推行《家校共育手册》

《家校共育手册》是一个家庭教育与学校教育的即时记录,也是一本学生在校生活的学习日记,还是一部家庭教育八课时的作业本,同时也是学生与家长成长的过程性评价。

第三模块:体验互动篇——家校共育课程系列

(1)参与体验课

社会体验课程,如:SOS村献爱心,到扎龙乡村体验生活,户外亲子活动,冬季上冰雪活动体验课程,在学校组织的航模赛场上,在学校百年校庆中,在班级文化布置里,每年一届亲子运动会上到处都有各位家长忙碌的身影。

管理体验课程,如组织家长志愿者佩戴标志轮值进校园,参加爱心护学活动,多角度参与学校内部管理。

（2）家长活动课程

——家长进课堂，重做小学生。

定期举办家长开放日，让家长走进课堂，拉近家长与教师的距离。

——教师进家庭，互动勤沟通。

开展教师家访活动。一方面使家长及时了解学生在校表现；另一方面广泛征集家长对学校和教育工作的意见与建议。

——家长也过节，亲子共成长。

举办每年一次"家长节"活动。增强学校、孩子及家长之间的沟通与交流，促进了学校教育和家庭教育的和谐统一。

二、和乐教育实施保障

1.多元评价建立和乐师生关系。

在学生综合素质评价过程中，关注学生个体，尊重差异，有效沟通，互赏互育，以评促育。采取教师、学生、家长共同参与评价。通过建立成绩档案、学生评价体系表、家校共育手册等，使学校、教师及家长全程参与到学生成长的评价中。

2.营造和乐教育校园文化氛围

为师生营造舒适温馨的学习生活环境。实施文化长廊教育，使小小走廊成为层层有主体、步步有文化的大世界。一楼：正厅有"和乐"育人理念的文化墙，突出我校"追求和谐，享受快乐"的办学理念；以中国结特色装饰学校，文化墙上有全校师生共同设计制定的校徽、校训、校风等激励着师生共同进步。二楼：以"传"为主题，"诵经典，传雅言，兴文化"，展示学生学习传统文化的成果，如：经典诵读、课本剧表演、师生书法作品等。三楼：以"悦"为主题，彰显绳文化，学生"玩中乐，乐中学，学以修身，身心愉悦"。四楼：以"创"为主题，容纳飞叠杯、航模、创意画等开放性创意活动，学生"大胆想，认真做，实现的不只是梦想"。五楼：校史文化长廊，演绎百年老校的风雨历程。

总之，和乐教育即是公园百年校史的文化传承和提炼，又有教育契合时代发展、面向未来的考量。对"和"的努力追求，就是促进学校形成适宜于"人"栖息和成长的气场，学校有了"和"之气，自然而然会结出理想而美好的"乐"的果实。"和以养气，乐致进取"是我们追求的最高境界。

每一颗星星都闪亮

——全纳教育的思考与实践

黑龙江省黑河市黑河小学　费聿玲

　　"举止言谈两相宜,平和娴静含秀奇。创意根雕英才塑,校长本色是名师。"这是 2010 年全省特级教师巡讲活动结束时,指导专家黑龙江省教育学院广德明教授代表省教育厅对我的评价。1991 年我毕业分配到嫩江县第一小学任语文教师、班主任,2000 年破格提拔为副校长,我把汗水和心血凝聚成一滴滴雨露,滋润着一片片绿色的希望,使我在教育教学这块沃土上实现着人生的价值,找到了事业的归宿,由一名普通教师逐渐成为语文学科带头人、优秀班主任、教育科研骨干等。

　　2007 年,黑河市政府筹建黑河小学,我被黑河市教育党委任命为黑河小学党支部书记、校长。面对从零开始的新建校,我毅然接受了组织的重托,经过几年的艰苦创业,使黑河小学迅速成为我市的名校。我也由此多次当选为全国人大代表和黑龙江省党代会代表,并成为全国名校长领航班学员。学校实现了内涵式发展,荣获国家级语言文字规范化示范校、全国语文特色示范校、全国生态道德教育示范校、青少年科学调查体验活动国家级优秀活动示范校、全国优秀少先大队、全国知识产权教育试点学校等称号。

一、全纳教育的思想根源

(一) 遵循历史的轨迹

　　"和合"思想是中国传统文化中最富生命力的文化内核,"善解能容、和而不同"是中华民族自古追求的一种文化理念。从苏轼的"万物并育而不相害,道并行而不相悖"的包容与和合思想,再到蔡元培先生在北大提出的"思想自由,兼容并包",以"循思想自由原则、取兼容并包之意",进行思想解放和学术繁荣。

教育先驱们一直用包容并蓄的教育观念影响着教育发展的进程。

（二）顺应时代的潮流

我国正在进行深化教育改革,培育学生的核心素养,其目的与全纳教育的目的实际上是一致的。日前在博鳌亚洲论坛上,习近平主席提出时代之问,强调"不畏浮云遮望眼,善于拨云见日,把握历史规律,认清世界大势",指出:当今世界,和平合作的潮流滚滚向前;当今世界,开放融通的潮流滚滚向前;当今世界,变革创新的潮流滚滚向前。在"互联网＋教育"的时代下,在互通有无的教育趋势下,正如习近平主席在博鳌亚洲论坛向世界发出的邀请一样,教育融合的趋势、开发的力度将会越来越大。

（三）面向未来的思考

面向未来,教育应该是怎样的？我校应该培养什么样的人？基于"多元智能理论"的观点,应该根据学生的不同情况来确定每个学生最适合发展道路的教育目标,面对未知的将来,学校的教育应该做到"包容并蓄、和而不同","和"即为目标,教育成人的目标是一致的;"不同"即为过程,教育成人的过程因人而异、因地制宜、因材施教,这就需要我校有大教育观,为孩子的未来、生命的成长提供更多可选择的平台。

（四）基于学校的实际

黑河小学2007年建校之初,基于黑河地广人稀的市情与办优质教育的需求,将办学定位为:打造边疆欠发达地区小学小班化特色学校,并与特殊教育学校合署办公。基于这样的实际,我校将本属于特殊教育领域的全纳教育引入到小学阶段,并结合小学阶段的教育规律,将全纳教育进行了全新的解读与建构。

二、全纳教育的构建探索

对于全纳教育的构建,我校秉承着这样一种思想:让所有学生民主平等地参与教育活动的全过程,在全面参与的过程中,促进每名学生的全面发展。我校从以下三个层面进行了深入的探索与思考:

从教育学视角探讨全纳教育,全纳教育是一种价值追求,满足所有在校学生学习的不同需求,构建和谐的教育氛围,力求让每一个学生都能感受到被关注、被认可,强调所有学生都应平等参与到学校一切的教学活动中。

从政治学视角探讨全纳教育,每名学生都享有民主、平等的权利,让学生成

为学校真正的一员,让他们感受到接纳与尊重,让他们能够积极主动地参与到学校的教育教学活动中。

从社会心理学角度探讨全纳教育,每个儿童都是独立的个体,都是社会的一员,家长、学校乃至整个社会也应给与足够的支持与协作,以满足不同儿童多样化的教育需求。

基于以上探索与思考,我校进行了全纳教育的构建。

（一）全纳教育的"魂"

全纳教育教育价值观:"全纳、适宜、精致、优质"。

全纳教育德育观:以爱育爱,以生命影响生命的全员、全程、全方位立德树人。

全纳教育课程观:课程应该适应学生的需要,而不是让学生去适应课程的需要。教师应该成为课程的建设者和实施者,一切对学生有积极影响因素皆为课程,为学生素养的培育尽可能提供丰富的课程资源,形成各美其美、美人之美、美美与共的课程文化。

全纳教育教学观:学校的教学必须根据学生的不同特性,开展多样化的教学,才能满足学生的不同需求。学校要在学生遇到困难、有问题时给予及时的帮助和支持;要在学生取得成绩和进步时给予赞赏和鼓励。学生自己能学会的教师不教,尽可能暴露学生的潜意识,尤为关注"相异构想"的发现与解决。

全纳教育管理观:基于三个面向:面向人性、面向生命、面向发展,坚持三个原则:依法管理、以德管理、民主管理,营造群星闪耀学校文化。

全纳教育办学思想体系:办学理念:每一颗星星都闪亮;校训:做更好的自己;校风:关注每一个、激励每一个、成就每一个;教风:千教万教教人求真,学风:千学万学学做真人。

（二）全纳教育的"脉"

学校如何实施全纳教育提倡的接纳所有学生、满足学生不同需求的理念,这是学校教育实践面临的一个巨大挑战。我校基于社会发展趋势、国家教育政策、核心素养总框架、黑河市地域文化、学校办学特色五个维度对核心素养进行校本化的解读,依据学校的全纳教育理念,对学校育人目标进行了具体化解读,总体上构建了中国情怀、国际视野、智慧学习、审美情趣、健康生活、自我成长的六大校本核心素养框架。

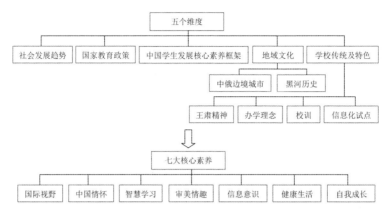

为了更好地促进学生核心素养的培育,在全纳教育理念下,构建了以全纳评价体系、全纳管理体系、全纳课程体系、"智慧"课堂教学模式、资源建设与共享为核心的全纳教育体系,以此践行党的教育方针——立德树人。

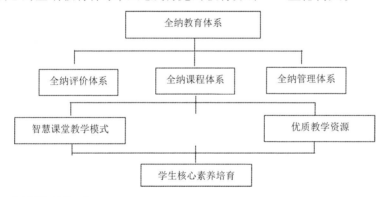

1. 全纳课程体系

一直以来,我校以课程建设为突破口,培育学生核心素养。主要进行了三方面的思考与实践:为什么进行课程建设——校本核心素养的确立;建什么样的课程——全纳课程体系的构建;怎么进行课程建设——全纳课程体系的实施。

(1)为什么进行课程建设——校本核心素养的建立

基于核心素养的培育,依托信息技术手段,确立了一切对学生有积极影响的因素皆为课程的理念,以"国家课程校本化,校本课程特色化,生本课程个性化"为课程策略,顶层设计出适合学校特色的课程体系,促使核心素养落校、落生,不断通过课程整合,构建了信息技术支撑下的课程体系。

(2)建什么样的课程——全纳课程体系的建构

构建了基于学生核心素养养成的课程体系暨全纳课程体系。

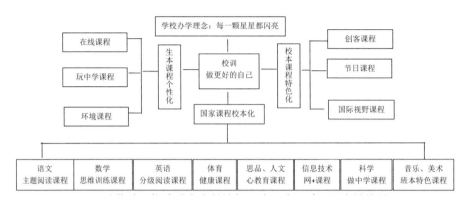

从培养、锻造学生发展的根、魂、脉入手，用多样的课程培育学生核心素养。

①国家课程校本化铸造学生的"根"

国家课程是文化基础课程，基于学科本质及其育人价值，构建了校本化实施的课程，为学生核心素养的培育扎根。

语文"主题阅读"课程。我校利用各种资源把不同版别教材中的单元主题相同、价值取向相同、训练目标相同的课文或课外的相关文章进行整合性学习，通过晨诵午写暮读、课上一篇带多篇、课外一本带多本的"主题阅读"课程，让读书成为一种习惯，夯实学生的人文积淀。

数学"思维训练"课程。我校倡导生活化数学，引导学生解决生活中数学问题，并引进"益智课堂"思维潜能开发项目，构建"思维训练"课程，让学生学会思考，培养学生的问题意识。

英语"分级阅读"课程。我校以教学目标为核心，以教材为基本原点，自编了分级阅读教材，购进英语绘本，并将原汁原味的英语绘本制成微课，借助平板电脑、手机、电脑 PC 端，进行分级阅读的教学，回归语言学科的特点。

艺术特色班本课程。我校在音乐、美术学科建立了以班级为单位的"2 + 1艺术特色班本课程"，将戏曲、器乐、舞蹈；折纸、粘贴画、刮画等内容整合融入不同班级教学，制作相应微课助学，培养了学生感知、欣赏、评价美的意识。

体育"健康"课程。我校通过长短课时，保障了每天上下午各有一个 30 分钟的阳光大课间。借助社会力量将国际象棋、围棋引入课程，把篮球、健美操、校园足球进行归纳"收编"，融入体育教学当中，学生依据自己兴趣爱好自主选择，尝试"选课走班"课程实践。

"心教育"课程。我校将班队活动、人文与生命、品德等进行跨学科整合成"心教育"课程。利用电子书包、电子白板等图文并茂的特点，创设情境，开展多样的体验活动，培养学生积极的心理品质。

信息技术"网＋"课程。我校把基于信息技术属性的"云课堂"与"智高课堂"整合成"网＋"课程,提升学生信息化素养。

科学"做中学"课程。我校构建了基于电子书包模拟实验与科学实验箱真实实验相结合的"做中学"的课程,让学生在做中学,培养学生探究意识。

②校本课程特色化 铸造学生的"魂"

我校基于资源优势与教师特长开设校本课程,培养学生面向未来,既有中国情怀,又有国际视野,为学生核心素养培育铸魂。

节日课程。我校整合社会资源,以"校园五节"为主线建设节日课程。即"读书节、艺术节、英语节、感恩节、足球节",活动育人。

"创客"课程。我校是教育部首批信息化试点校,我校开设了机器人、"数字美术"、三D打印"创客"课程,为学生搭建一个个汇聚创意的场所,一个个让想法变成现实的"梦想实验室"。

"国际视野"课程。我校利用对俄交流的地缘优势,结合具有接收小留学生资质的优势,将异国风情作为课程资源,让学生认识中西方文化的差异,感受西方文化的魅力。

③生本课程个性化 铸造学生的"脉"

我校基于学生差异、自主发展的需求开设生本课程,为学生核心素养的培育把脉。

"环境"课程。学校文化环境布置以"群星闪耀"为主题,设置了校园吉尼斯、好习惯之星,各班的展示墙、展板上的学生的作品和事迹,为学生提供了身边的榜样,形成了比学赶帮的良好氛围。

"在线"课程。充分利用人人通空间,将教师制作的微课等资源上传,为学生开设在线学习;每晚开设了七点半课堂,通过"在线"课程的建设,实现了精准辅导,解决了学生学习差异的问题。

"玩中学"课程。为了主动适应低年级学生趣味学习的特点,解决一二年级不留书面家庭作业规范化办学的难题,我校与龙华教育合作研发了语文、数学、英语三个学科的游戏化资源,构建了基于游戏的"玩中学"课程,让学生在玩中学,激发学习内驱力。

(3)怎么进行课程建设——全纳课程实施方略

我校从全纳课程怎么建、怎么教、怎么学、怎么评四个方面入手,力争实现四个转变:教学生到懂学生的转变、关注自己教的过程到关注学生学的过程的转变、教教材到教学材的转变、教学生学会到教学生会学转变,扎实推进全纳课程的实施,促进核心素养的培育。核心素养的真正落实,在于课程的建设要懂

得学生学习需要,懂得学生认知规律,从学生本位出发,为此,我校基于课程的属性、学生需求,通过三种方式,构建符合学生发展的课程体系。

①同学科的整合与重构。我校将国家课程在解读课标的基础上,以人教版教材为基础通读教材,进行知识体系梳理,然后进行不同版本教材以及学校资源的学科整合与重构。

②跨学科的迁移与再生。我校以学科属性相通、学习规律及学习方式相容为考量,以学生发展为目标,跨学科进行迁移,再生为具有多元属性的学科,在学科融合中培养学生的核心素养。

③非学科的创建与内化。为满足学生个性化学习的需要,我校利用与教育密切相关、对学生有积极影响的课外资源,从培育学生核心素养的角度进行非学科的创建,注重课程隐性与显性的特点,既凸显课程的实践体验功能,又注重其育人价值,以达到活动育人、环境育人的目的。

2. 全纳评价体系

(1)为什么构建——培育学生核心素养

在小班化教育教学中,我校教师面临着评价时间的滞后、评价内容及主体的单一、评价结果统计难度大、评价反馈不及时、评价作用效果不明显等问题。为此,我校基于加德纳的多元智能理论,结合学校小班化全纳教育实际需要,引进了"中小学素质教育信息化管理评价平台",将原有的评价体系与评价平台进行整合,实现了评价内容多元、方式多元、手段多元,通过全纳评价体系促进小班化全纳教育体系中的全纳课程的实施与全纳管理的实现,最终实现学生核心素养的培育。

黑河小学全纳评价体系

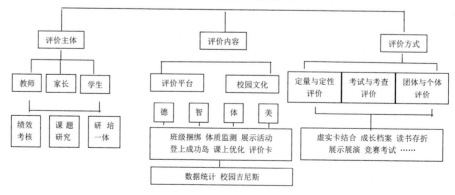

(2)怎样构建——全员参与、手段多元

①建设优质的评价环境

为了更好地运用全纳评价体系,我校创建了适宜的评价环境,校园实现了无线网络全覆盖,每个教师重新更换最高配置笔记本,教师实现了虚拟化办公,引进了"中小学素质教育信息化管理与评价平台",给每个班级配备2台笔记本电脑,打造了随时随地评价的信息化环境。

②构建科学的评价管理体系

学校在评价管理上实行了"班子检查—中层督促—教师实施—学生参与"的四层管理体系,通过这种管理,学校评价做到科学、有序、时时进行。

③构建了全纳的评价方式

A.定量与定性相结合的评价方式

每学期,我校把评价平台里参与学校各科竞赛、活动、课堂表现获得课上优化、标志性发展评价卡定量积分最高的纪录列为校园吉尼斯,授予同学星级个人,并表彰到校园文化墙各星级评价体系当中,成为校级明星。

B.团队与个性相结合的评价方式

我校把自主管理体系中的班级"一人一岗"评价中的诸多岗位评价管理的内容融入评价平台中的班级捆绑模块当中,建设了学生成长档案管理体系,班级每个孩子又进行了个性化设计。在学校整体的评价体系下,我校老师还结合班级情况,进行了班级个性化评价内容的开展:"小银行""绶带""奖状"班班不同,各有特色,以"展"代评,巧妙地将评价融入活动之中,能让学生体验成功,又是对孩子成长的一个随时的记录。

C.考试、考查结合的评价方式

根据《课程标准》以及我市《义务教育学校教学常规管理细则》,我校改变传统期中、期末测试的考试评价,开展了形式多样的学科竞赛活动,竞赛内容有的笔试、有的口答、有的实践、有的操作,形式多样,内容丰富。还结合我校的六节(感恩节、艺术节、英语节、读书节、足球节、科技节),开展内容丰富多彩的展示类、展演类活动。运用"中小学素质教育信息化管理与评价平台",真实地记录各类、各方面的竞赛,更好地反映学生全面发展、逐渐长大的历程,为孩子的进步和成长提供了推进器。

(3)构建了什么——德智体美全面发展

我校按照《教育部关于推进中小学教育质量综合评价改革的意见》等文件的要求,构建了以"德、智、体、美"为核心评价内容,学生、家长、教师为评价主体、"定量与定性、考试与考查、团体与个性"评价方式为主框架的全纳评价体系,充分发挥评价激励、导向、引领作用,最终促进学生个性成长,核心素养的养成。

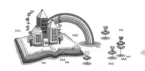

评价内容体系表

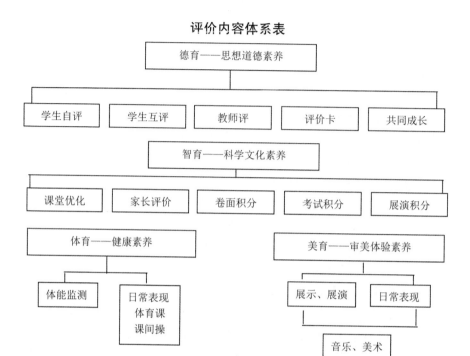

3. 全纳管理体系

(1) 为什么构建"三级"学生自主管理体系——学生成长的需要

在"每一颗星星都闪亮"办学理念的引领下,以养成教育为切入点,学校转变"职能",实施的是"大队部—值周班—班级一人一岗制"三级管理的学生自主管理模式,让每一个孩子都能成为管理者,培养学生的主人翁意识,成为学校的主人,为教育顺利发展开辟了一条条绿色通道,让好习惯成就学生的一生。

(2) 构建什么样的管理体系——全纳管理体系

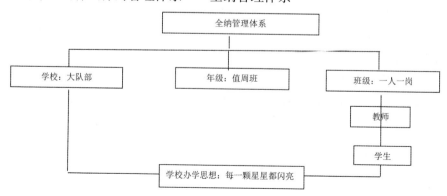

①大队干部是学校管理中的"中枢神经"

黑河小学的大队干部,肩负着学生自主管理和服务全体同学的责任,任务艰巨而又光荣。可以说,学校于无形之中为学生的生长、生活与发展提供了这种自主管理的机会和空间。

全校大队干部共有 24 个,分别由四、五、六年组通过班级竞选脱颖而出。值周分为三组,每组 8 人,轮流值周。为了人尽其才,灵活调度,学校根据每个学生的特点和能力进行岗位分配。执行任务的时候,大队干部胸前佩戴着红色飘逸的绶带,配以金光灿灿的大字,阳光自信中洋溢出一种意气风发、昂扬向上的精神气象。

②值周班级是学校管理中一把"双刃剑"

第二级管理就是将充满成长气息的班级分为了纪律值周班级和卫生值周班级,纪律值周班级为 3 到 6 年级。每星期轮岗一次,卫生值周班级则每个学期岗位轮换一次。鼓励学生在各自所担任的岗位上学会为自己的成长负责。

纪律值周班级担负起学校常规纪律的检查与记录,是学校管理的中坚力量。班主任根据每个孩子的能力和特点分配岗位,做到教学楼内、外每个角落均有值周生,负责监督班级和检查每个学生文明习惯的工作。而卫生值周班级主要负责打扫教学楼内的所有卫生,包括教学区、办公区、楼梯、窗台、花盆、玻璃等。这项工作的管理重在做,而且要做得好。这既是自我服务,也是自我教育。孩子们在这种干净清洁的环境中学习与活动,则有了特别的欣慰感。而在此处的值日生,已不是一个人与另一个人的比赛,而是代表一个班级与另一个班级的竞争,从而达到在集体荣誉感中考量个人耐性和品德的逐步升华。久而久之,这种"帮规"又变成一种自觉,习惯了它的韵律和节奏。当所谓常规化为惯性,无疑会让孩子受益终身。

③"一人一岗"是班级管理中的一枚"楔子"

"一人一岗"制属于学校管理中的第三级管理,遵循的是"人人有事做、事事有人做"的原则,让每个学生"动起来",明确班级奋斗目标,了解班级工作环节,清楚自己应该承担的义务和责任,让人人都成为班级管理的主人。

"一人一岗"制采取的是因人设岗原则,根据年级特点和学生的个人差异设置岗位。在以年级为特点的岗位设置中设置服务类岗位(低年级)、管理类岗位(中年级)和行政类岗位(高年级)。在具体细化岗位的设置中,根据各自班级特点,在低年级设置领发员、抬水员、卫生清洁员、讲台整理员、黑板清洁员、阵地管理员(地面)、办公用品领取员、课间管理员、桌椅摆放小组长、衣服整理员等;中年级设置卫生管理员、纪律管理员、一日班长、学科负责人等;高年级设置

班级学监、课间总监、路队总兵等。

在实施过程中,采取的是"师帮徒,徒帮徒"的策略:教师先将服务意识强,做事有条理、有计划、有想法的学生组织起来进行"岗前"培训,再由这些用心摆渡的老徒弟去帮助新徒弟适应自己的岗位,如有难解决的问题,请求老师给予搭桥、指导、帮助。

"一人一岗"制度调动了全班每个学生管理的积极性,即使那些原先被大家认为有问题的学生,也因自己成了管理者,不但获得了心灵的愉悦感,还有了"求诸己"的自律意识,进一步提升其继续向上的自信心,从而让生命焕发出精彩。

4."智慧"课堂教学模式

(1)基于信息技术"智慧课堂"总体构想

我校还以此构建了信息化条件下的全纳教育"智慧"课堂教学模式,结合我校的办学理念和信息化水平,进行了校本化的解读:"智慧课堂"是在信息技术的支持下,变革教学方式方法,将技术融入课堂教学中,构建智能化、数字化的课堂环境,从而有效促进学生核心素养培养的新型课堂。

黑河小学智慧课堂教学模式

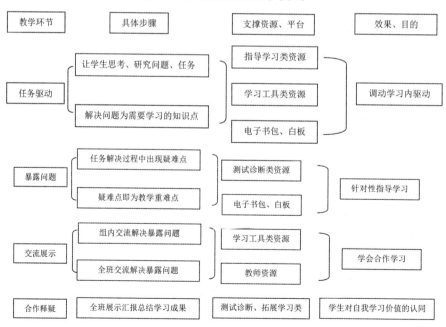

(2)"智慧"课堂呈现的五大特点及建设思路

对于"智慧"课堂的构建,首先要考虑是我们到底要建设成什么样的课堂?

智慧课堂最终的呈现态势是什么样？我们提出了"智慧课堂"应该具有以下五大特点:资源应用场景化、教学工具轻量化、知识体系结构化、信息推送精准化、学习方式社交化。

(3)"智慧课堂"教学模式的解读

有了"智慧课堂"教学模式的初步设想后,我们认为"智慧课堂"教学模式应该分为以下四个环节:任务驱动—暴露问题—合作释疑—交流展示。每个环节都对应具体步骤、支持资源/平台/工具以及所能达到的效果。

借助无线全覆盖学习环境、多种支持教学工具和丰富的资源平台,提供了人人皆学、时时能学、处处可学的泛在化、个性化的学习环境,最终实现了教师智慧地教,学生智慧地学。

我们构建了"智慧"课堂教学模式中,通过问题任务驱动,调动学生对学习的兴趣,从而激发学习认同感;提供丰富微课、拓展资料等学习资源,让学生按需学习,解决学习暴露出的问题;构建电子书包等探究学习工具,给予学生自主学习的途径;通过合作释疑的教学环节,寻找合适的学习伙伴和教师合作学习,最终通过交流展示自我学习成果,实现学生对自我学习价值的认同。

5. 资源建设与共享

(1)为什么进行资源建设——问题的提出

几年的探索,全纳教育体系下的全纳管理体系、全纳评价体系顺利构建,但在全纳课程体系的构建中因缺少支撑学生进行个性化学习的资源,导致我校构想的全纳课程体系、"智慧"课堂教学模式无法深入实施,全纳教育体系无法构建,学生个性化成长无法全面达成。主要体现在:

①现有资源不能满足学校全纳教育中学生泛在学习、主动学习的学习需求。

②原有资源针对性不强,缺少支撑学校全纳课程以及在"智慧"课堂教学实施的个性化教学资源以及方便教师教学的学科工具。

③全纳课程体系与"智慧"课堂教学模式没有形成,导致全纳教育体系的构建不够完善。

④资源在校内、区域共享辐射过程中,共享形式、手段单一,制约资源的有效利用。

(2)怎么进行资源建设——解决问题过程与方法

基于问题的提出,我校重点思考:如何建设、使用上述所需教育资源呢? 在"互联网＋教育"的背景下,我校结合自身办学特点,抓住时代发展脉搏,实施课题牵动战略,以教育部首批教育信息化试点校建设为契机,确定试点选题为"信

息化促进小班化优质资源建设与共享机制模式的探索"。同时,"十二五"期间,我校还申报立项了省教育科学规划课题"小学课程资源信息化建设与共享的实践研究",进而进行了"信息化促进全纳教育优质资源建设与共享机制模式探索"的实践研究,是一项中小学教育技术教学应用与资源建设的实例研究。

为此,我校运用调查问卷法、实践研究法、经验总结法,采取资源建设、共享与课程建设、课堂教学模式构建同步建设的原则,构建了资源建设与使用的模式:搭建资源建设顶层设计(明确怎样建设)—打磨学科教学案例(论证资源使用的实际效能)—总结反思(专家指导资源建设存在的问题)—再次打磨学科教学案例(再次检验、论证资源使用的实际效能)—总结提炼(资源建设模式与类型),具体研究过程如下图:

序号	内容	2012	2013	2014	2015	2016	2017
1	重构全纳教育体系						
2	重构全纳课程体系						
3	资源建设与共享						
4	创新课堂教学模式						
5	探索学生个性化成长						基于核心素养

根据课程实施、课堂教学的需求,细化了资源分类:

一是能够通过购买满足所需的资源;

二是针对学校课程所需研发的个性化资源;

三是自身能够建设的资源;

四是能借助网络免费平台进行校本化修改的资源。

基于这样资源建设的实情,我校进行了资源建设的方法探索:直接获取的资源、能够购买的资源是"拿来"主义校本化修改;个性化资源是寻求高校、企业合作针对性研发;自身能够建设的资源自建。在这样的建设思路下,本着"多元参与、自建与定制并行"的建设原则,构建挖掘自身资源,联动高校、企业、社会参与资源建设的模式。

（3）建成什么样的资源——成果的主要内容

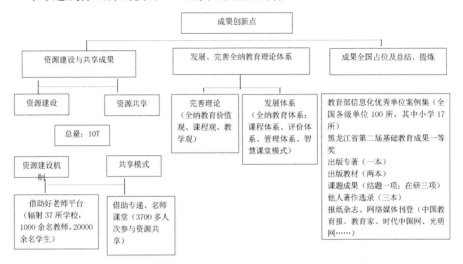

①资源建设与共享成果

A. 资源建设成果

我校在全纳教育优质资源建设成果上去伪存真、去糟存精共建了六类、总量达10T的资源。

六大类资源	资源内容
案例类资源	5个学科2576个典型案例
学习工具类资源	9个学科56种校本教材，约20000个音视频、试卷等基础素材资源
基础素材类资源	606节知识点微课，740节校本课程微课，读书微课157节、640节学生优秀微课，150幅古诗词动画
指导学习类资源	游戏化资源6套，1套成果竞赛，1套古诗词大会
拓展学习类资源	植物图鉴450个，6套VR
测试诊断类资源	批注阅读工具，随机抽取，画图工具，仿真实验室等资源

B. 资源共享成果

在全纳教育优质资源共享成果中构建了"一平台、一共同体、两课堂"的共享模式：

一平台:黑河小学全纳教育一体化平台,通过 APP 手机端以及电脑端,实现资源在全国范围内的共享。

一共同体:作为"中国好老师"公益行动计划市级基地校,学校与 8 所区县基地校、29 所乡镇(基地校形成共同体,辐射 1000 余名教师、20000 余名学生)实现优质资源共享。

两课堂:构建了异地同课同师的"专递课堂"教学模式,为优质资源的共享、使用提供了平台,通过专递课堂模式,重点为市区内 4 所帮扶学校(五大连池市风景区一小、孙吴正阳山小学、孙吴辰清小学、孙吴沿江小学)提供了优质的教研培训资源,一定程度上帮着解决了他们开课不齐的问题。还构建了家校互动的"名校网络课堂",每半个月通过网络在线直播,把账号提供给相应的共享学校,向本校以及共享校家长提供优质的家庭教育资源,共开课 25 次,3700 多人次参与其中共享优质教学资源。

三、全纳教育的反思深化

(一)全纳教育的反思论证

需要进一步依托高校、教科研部门的专家、学者对"全纳"教育进行理论上的论证、实践上的指导。

(二)全纳教育的完善深化

1.加强全纳课程建设与开发的深度,将"生活即教育"的理念融入到全纳课程观中,践行大课程观,在课程建设与实施中,促进家长、社会层面的积极参与。

2.继续深化评价平台的建设,做好评价平台升级改造,深入探索评价与校园文化建设之间的融合,进一步营造"群星闪亮"的校园文化。

3.完善"智慧课堂"模式的构建,通过平台的支撑、资源的保障,逐步构建线上与线下的课堂教学模式。

爱润生命　德立人生

黑龙江省佳木斯市光复小学　嵇　鸿

　　偏爱文学的父亲给我取名"鸿"字,是想让我拥有鸿鹄之志,可我长大后没遂父愿远走高飞,1989 年 7 月师范学校毕业后,一头扎回母校——佳木斯市光复小学,对教育的爱便从这里启航。我在光复小学这块教育园地上心无旁骛,步履坚实地默默耕耘了整整 29 年,与学校同呼吸、共命运,同风雨、共成长。

　　1989 年至 1999 年,十年幸福忙碌的班主任工作中我潜心育人,以爱育爱,以情激情,真情地守望着一批又一批学生健康成长。1999 年至 2004 年,五年间我担任了科研主任、教学主任、办公室主任、副校长的工作。我领会到不同的工作岗位,相同的工作责任:要在校长与教师、学生之间搭起一座桥梁,要成为将校长"为生命奠基"的办学思想和"爱的教育"办学特色贯彻到师生中去的重要渠道和纽带。

　　2005 年 2 月,34 岁的我通过竞聘走上了光复小学校长岗位,倍感责任重大。在这 13 年中我与班子成员一起带领全校老师努力拼搏、追求卓越、与时俱进,用先进的办学思想理念,引领学校走上科学创新发展的快车道。

　　在 28 年的教育实践工作中我与教师们深刻地认识到,高质量一流的教育,不仅要有"大楼"还要有"大师",更要有"大爱"。"大楼"为体,"大师"为根,"大爱"为本。"大爱"是一种生生不息的精神,能让大楼灵动,让大师璀璨,有了"大爱"教育才是真正有灵魂的教育。爱不只是一种情感,更是一种精神、一种品德、一种能力,有了爱便拥有了通向人生的幸福的阶梯,从而实现教育的终极性价值:教育——为了人的幸福。

　　因此我与班子成员及全校教师共同构建了"用爱为生命幸福成长奠基"的办学理念,努力打造"爱的教育"为办学特色,十几年来,以特色活校、以特色兴校,致力于学校的内涵发展。我们将"爱的教育"融于学校全面、系统、持续的校园文化建设之中,先后构建完善了"爱的教育"精神文化、"爱的教育"环境文化、"爱的教育"课程文化、"爱的教育"制度文化等校园文化。我们欣喜地看到"爱的教育"文化在我校已经形成了巨大的能量，它潜移默化地引领、教育、激励、温润着每一名师生、浸润着学校的每一个角落。

在多年的教育实践中我们对"爱的教育"德育体系进行了深入的思考和研究。

一、为什么要实施"爱的教育"

1. 立足传承华夏精髓

"仁爱"作为孔孟儒家道德教育的内核，已成为中华民族的民族性中最本质的价值取向，所以我们认为提出"爱的教育"意在传承中华道德精髓，汲取本原性、根基性力量。

2. 立足中国社会现实

针对以前我校的学生绝大多数都是独生子，大都只是一味木然地接受爱，自认为理所当然，全然不知回报，不懂爱，不会爱。我们提出"爱的教育"意在改变这种家庭和社会现状。

3. 立足立德树人根本任务

在教育实践中我们深深地认识和体验到"爱的教育"突出了德育在人的全面发展中重要地位，是全面贯彻落实立德树人根本任务的有效载体，是全面贯彻落实立德树人根本任务的有效途径和方法。在小学六年中情感教育必须有意识地贯穿于教育的全过程，使之成为教育内容的血肉，成为教育过程的灵魂。我们意在通过"爱的教育"培养学生系好人生的第一粒扣子，让爱润生命，德立人生。

4. 立足人的自身发展

我们知道"爱"作为情感的制高点，是学生成长过程中必备的心理需要，是人自身生存和发展的内在需要，它对促进认知、潜能等智力结构的开发与发展有不可忽视的作用，对学生精神生命的引领和塑造，激发学生的自信心，开发学生的潜能有着重要的帮助。我们意在用爱的教育关注学生全面发展、全员发展和个性发展。

二、什么是"爱的教育"

"爱的教育"内涵

爱的教育，是把爱作为一种教育理念和方法，运用到教育教学中，也就是关于如何培养学生对自身及周围世界积极主动关心的思想、情感及如何把它们转化为积极主动的关心行为的教育。具体地说,爱的教育是教育本质的要求,是人类自身生存和发展的内在需要,是以个人内省和体验为主要教育方式的教育,是一种以提升人的精神境界和实现人生幸福为目的的教育。

从爱的教育的性质上说,爱的教育是尊重个性独立的创造教育;是一种发扬人性的人本主义教育;是一种提升人格实现人生幸福的价值教育;是培养人的教育理念、能力和行为习惯的生活教育,是促进人全面发展的教育。

通过对"爱的教育"内涵的深入剖析,我们又进一步构建了我校"爱的教育"的三维目标和内容体系。

"爱的教育"三维目标

学生:感受爱、理解爱、学会爱、奉献爱

教师:充满爱的情感、培养爱的品质、讲究爱的艺术、形成爱的行为

学校:培养师生人文情怀、打造学校人文特色

"爱的教育"内容体系:(师生六爱)

学　　生:爱生命、爱生活、爱学习、爱环境、爱祖国、爱科学

爱生命——学会爱自己　也爱他她它

爱生活——乐观求进取　养成好习惯

爱学习——日日在学习　天天在成长

爱环境——美化小家园　保护大家园

爱祖国——放飞我的梦　实现中国梦

爱科学——充满好奇心　探索乐创新

教　　师:爱岗位、爱学生、爱学习、爱生活、爱祖国、爱创新

"爱的教育"教育特征:渗透性、自主性、体验性、情境性

"爱的教育"教育原则:尊重、信任、理解、关怀

三、"爱的教育"的理论基础

通过对教育学、心理学等有关理论知识的学习和网络查找,我们找到了实施"爱的教育"的强有力的理论,为更好地实施"爱的教育"打下了坚实的基础。

1.伦理学仁德为首理论

我们在伦理学中学习到,伦理学把"仁"放在众德之首,认为"爱人"是"仁"的基本含义,"博爱"也是其内在本质。在孔子的教育实践中,就把仁德作为一项重要的基本内容教育学生,并形成了相互尊重、关心、理解与信任之融洽和谐的师生关系。

179

2.心理学情感理论

从教育心理学角度看,"爱的教育"的理论基础是心理科学中的情感理论。情感是人的生命发展的一个本原性、根基性的问题,它不仅是人的生命发展不可缺少的组成部分,而且还主宰着人生命发展的方向,提供发展的动力,促进认知的发展。爱是儿童的基本心理需要,是一种深深的理解与感受。儿童渴望能在充满爱的、愉快的环境中成长,才能让儿童得到爱、学会爱、付出爱,养成良好的道德品质。

3.教育学以人为本理论

以人为本是教育发展的本质要求,也是科学发展观在教育中的体现。以人为本的教育理念要求教育要以满足人的需要为本;教育要以促进人的持续发展为本;教育要以关注人的个性发展为本。"爱的教育"正是科学发展观指导下的以人为本的教育思想。

四、"爱的教育"有效实施

我们始终本着将学校特色建设的最终落脚点内化为学生素质、发展学生核心素养的教育思想,在实施爱的教育过程中,以爱育爱、以情激情、以理明理、以行导行,通过如下五条主要渠道实施爱的教育。

(一)爱在校园文化中——构建"爱的教育"主题校园文化

抓特色、创品牌、积底蕴,是校园文化建设的更高追求。我们积极营造以实施"爱的教育"为主线,具有浓郁人文特色的校园文化,用这种校园文化作为教师教育实践的行为准则,规范约束着每名师生的行为,对师生的思想意识、道德风尚、工作和学习态度、行为有着潜在的规范导向作用。

1.构建以"爱的教育"为主题的精神文化

精神文化是学校文化的内核和灵魂,是学校组织发展的精神动力。"爱的教育"是我校一切工作的基调,我们围绕"爱的教育"制定了学校的校训、教风、学风、学生培养目标及校园主题词等精神文化:我们的校训是"爱润生命、德立人生";我们的教风是"修身爱生、治学严谨、明理导行、激趣启智";学风是"乐学、好问、善思、求异"……同时我们在常规工作中凝结"爱的教育"的主题词:"爱乃生命之血脉 爱是教育之真谛""生命有爱才温暖,教育有爱才成功""爱是一切行为的支点"……这些主题许多已经凝结成大家的共同语言,在教师心中留下鲜明、深刻的印记。并通过"爱的教育"讲座、"爱的教育"研讨会、"爱的教育"论坛等主题鲜明的系列活动,将"爱的教育"文化内化为教师的行动。工作中积极营造着学校厚重的"爱的教育"的文化,凝练着学校人文的个性。

2.构建以"爱的教育"为主题的环境文化

我校的环境文化是在凸显"爱的教育"主题中演绎出来的,我们在校园的设计和布局中将象征"爱的教育"思想的有价值观、审美情趣、行为导向的文化内涵融入环境文化。我校的校园文化以"爱生命、爱生活、爱学习、爱环境、爱祖国、爱科学"六方面内容为各楼层主题。色彩鲜艳、形式活泼,符合学生的年龄特点,同时在每层楼中展示了学生在各项活动中取得的成绩及学生作品,充分体现了以生为本的教育思想和"爱的教育"特色。"爱的教育"校园文化潜移默化地打造了我们师生的人文情怀,也在引领和约束着师生的思想和行为,凸显着我校"爱的教育"特色。

(二)爱在学习中——构建"爱的教育"情感动力系统

我们在学习心理学时了解到情绪对许多认知因素都有影响,人在心情舒畅时才思敏捷、机智幽默、妙语连珠,各种能力都能增强;反之则思维迟钝、记忆衰退、语言呆板。由此可见,情绪是催化学生认知发展的重要手段,它主宰着人生命发展的方向,提供发展的动力,促进认知的发展。因此我们在学生的学习过程中实施"爱的教育",培养学生积极健康的情绪,根据情绪对感知、记忆、思维、注意的影响,我们在学生的学习中构建情感动力系统,着重在如下几方面实施:

1.挖掘教材

国家课程和地方课程是对学生进行"爱的教育"的主渠道。教师们在备课及教学过程中有意识地锁定情感目标,使它不被忽视。教师们具体明确了每一科课程运行中"情感育人"这一教学功能,使"爱的情感"教育在整个教学过程中有了依托,有了落实,使教学成为一种"爱"的延伸,将教学的德育功能充分体现出来。在整个教学过程中向学生提供了积极的学习情绪,为提高学生的理解、记忆能力奠定了良好的基础。

2.提升教师

教师本身就是一本隐性的"爱的教育"的课程资源。所以我们通过每年200学时的校本培训,通过国家、省级等课题研究等途径大力提升教师的专业水平。在课堂教学中,我校构建了"136生本E课堂"教学模式,在课堂上教师们本着促进学生终身发展的目标,以促进学生发展为本,将信息技术与课堂教学深度整合,以爱育爱、以行导行,为学生创设宽松民主的教学氛围,激发学生爱的情感及爱的行为,促进学生思维发展,提高学生的学科素养与核心素养。

3. 尊重学生

教师在备课中除注重情感教育目标的设定外,教学中还注重对学生自身学习热情的呵护、引领。学生之间是有着个性差异的,但向上的热情、渴望得到别人的尊重和认可的心理需求是共同的。教师们在教学中较好地把握这一点,极大地满足学生心理上、情感上的渴求,使学生具有积极的情感。

4. 评价激励

在课堂上对学生的评价也是"爱的教育"实施的渠道,教师们的评价注重对学生的尊重、激励,在学习中营造一个爱的氛围。"回答得真好""你真棒"……这些"千人一面,千人一腔"的陈俗套话已经退出了我校的评价舞台,取而代之的是亲切生动、充满温情、富有个性的评价。我们将这些爱的评语总结、编辑成册,教师充分利用这些评导用语,让学生在爱的鼓励中学习,在爱的呵护下成长,真正为学生找到适合每一个生命发展、壮大的生长点。这是课堂情感教育非常重要的资源。

(三)爱在活动中——开展"与爱同行 24 节日"活动

为了培养学生感知爱、理解爱、学会爱、奉献爱,几年来我校围绕"爱的教育"开展了"与爱同行 24 节日"活动课程,让学生在如节日般的活动中快乐地感受、体验、成长。24 个学生们喜欢的节日如下表:

主　题	节　日　名　称			
爱生命	天使节 3 月 15 日	尊师节 9 月 10 日	感恩节 6 月第 1、4 周	安全节 3 月 27 日
爱生活 音乐节	11 月 20 日 美术节	9 月 30 日 体育节	5 月 25 日 美食节	中秋节
爱学习	读书节 4 月 23 日	汉字节 5 月 15 日	益智节 11 月第 4 周	英语节 5 月中旬
爱环境	环保节 6 月 5 日	劳动节 5 月 1 日	美化节 4 月 10 日	绿化节 3 月 12 日
爱祖国	文化节 12 月末	军事节 6 月 23 日	国庆节 10 月 1 日	国际节 9.26—9.28
爱科学	科技节 11.13—11.17	创新节 10 月第 2 周	实践节 寒暑假	信息节 12 月 20 日

每个"爱的教育"主题中有四个节日,我们将每个节日的时间固定下来,这二十四个节日让学生每天上学像过节一样的兴奋和快乐。例如以下节日:

爱生命——天使节

天使节是我校"爱的教育"24 节之一,每名学生都是天上折翼的天使,带着梦想和渴望来到人世,孩子们都用充满爱的心灵,将爱的种子洒满人间。在"天使节"主题活动中,开展"传承雷锋精神·志愿服务先行"志愿服务活动激励全校学生人人争做中华民族传统美德的传承者、社会主义道德规范的实践者。

每年的 3 月初这一周我校各班组建雷锋小队,走入社区,走进养老院、聋哑学校……"爱心小天使"的足迹遍布佳城,温暖每一个角落。活动中爱的种子已经播种在孩子们幼小的心田,在他们成长的道路上开花、结果。

爱环境——环保节

为培养学生从小热爱大自然,树立环境保护意识、社会责任心和责任感。我校每年以 6 月 5 日世界环境日活动为契机,开展环保节活动。活动分为环保主题校园摄影大赛、组建环保小队、我为环保节代言、环保时装秀表演等内容。"环保节"活动培养学生养成爱护环境,保护环境的意识,把环境保护的理念贯彻到学生的日常生活中。

爱科学——创新节

每年的 10 月份第二周为我校的"创新节",开展"创意无限,点亮生活"活动。活动中学生开动自己的大脑,通过自己的巧手,将生活中的物品进行创新:有的学生设计了下摆支撑的雨衣、有的学生制作了发光雨衣……2018 年的科技节,我校有幸邀请到了中国科学家陈贺能教授到我校,陈教授别开生面的讲解、丰富多彩的图片视频和生动幽默的语言,为现场师生们带来了一场科普的盛宴。

爱学习——读书节

十多年来每年的 4 月 23 日世界读书日这一周便是学生们的读书节,让读书成为习惯。为了让每个学生手中的书籍发挥最大的作用,使闲置的图书找到新的主人,感受"共享书源,共读好书"的意义,各学年举行各具特色的"图书交换""读书交流会""我爱读书手抄报展"等活动,引导学生养成多读书、乐读书、会读书、读好书的习惯。2018 年的读书节我们很荣幸地迎来了著名作家曹文芳来到光复小学,并做讲座,同学们对读书产生更加浓厚的兴趣,激励同学们像曹文芳作家一样书香岁月、芳华流年,我们相信书香氤氲的少年必将气度非凡。

（四）爱在校本课程中——开设"爱的教育"系列校本课程

课程是对学生实施"爱的教育"的有效途径之一,为了践行"用爱为生命幸福成长奠基"的办学理念,为了实现"爱的教育"培养目标,我们根据学生的年龄特点和兴趣爱好,构建了"爱的教育"校本课程体系,开设了以"爱的教育"为主体框架的校本课程,包括"必修课""选修课"两部分,"必修课"即"特色课程",选修课分为"校级、年级和班级"三级课程。

1. 必修课——特色课程

必修课程关注学生基本的科学文化素质,追求知识与技能的基础性、全面性、系统性、完整性,为学生的发展奠定知识技能与情感态度基础。我校的校本"必修课"的特色课程包括:奠基成功之路、小学生团体游戏、逸韵口风琴、弟子规操、晨读、午练、开心农场、弯腰行动、科技馆探秘、百变魔方、绘我大中华、智解九连环等十二项课程内容。校本课程分学段、分年级设计课程目标,固定课程时间,通过这十二项特色校本课程对学生进行"爱的教育",以提高学生的核心素养,为学生适应未来社会奠基坚实的基础。如:

（1）《奠基成功之路》:是我们开发并正式出版的校本教材,教材分为上中下册,由一个个生动的小故事组成,学生通过校本课程的学习从小奠定积极的主观成功因素,培养积极的思维方式,促进情商的提高,为学生的幸福成长奠基。

（2）《小学班级团体辅导活动66例》:团体心理游戏课程是我带领教师们根据学生的年龄特点和身心理发展规律,在七年实践课研究的基础上精选的66例班级团体辅导活动开发而成校本课程,现已正式出版。教师通过每半个月的一节团体游戏辅导课促进学生心理健康成长。

（3）逸韵口风琴:因为口风琴性能优良,小巧易学,所以我们研究从三年级开始为学生开设口风琴课程。千人合奏口风琴已成为孩子们值得骄傲的展示,培养了学生欣赏美、创造美等能力。

（4）晨读:每天清晨7:40是全校师生美好的读书时光,同时每周的星期三是学校读书日,在课外阅读中我们启动了亲子阅读、读书存折、走进电台直播间等形式来调动学生们读书的热情。学校学生六年至少读书200万字。

（5）智解九连环:九连环是中国传统的具有代表性的智力玩具,凝结着中国传统文化,具有极强的趣味性,即练脑又练手,所以我们决定学生们从一年级开始学习九连环,开发学生的逻辑思维等能力,培养学生的专注力和耐心。

2. 选修课

为了必修课的内容进行拓展和深化,为了发展学生的技能、特长,我们设计了选修课程。选修课使我校课程生机勃勃,充满活力,凸显了学校特色。

（1）开设"爱的教育"校级选修课程

根据学生的爱好特长及师资情况我校在四至六年级开设每周一节的"自助餐式选修课",选修课中筑梦排球、童声飞扬、炫舞玲珑、思维体操等 20 余门课程供学生选择学习,发展了学生的兴趣和特长,培养了学生的个性。

（2）开设"爱的教育"学年选修课程

我校设置的年级课程主要是增加学生体质的室外活动。根据学生的年龄特点及学生的兴趣爱好,各学年学生们选定了学年课程:一学年彩带操、二学年足球、三学年篮球、四学年呼啦圈、五学年红旗操、六学年花样跳绳。在每半个月一节的课程学习中,学生们会熟练掌握一项体育活动,在体育活动中培养学生爱生命、爱运动、爱健康的积极情感,培养学生的运动能力和意志力等综合素质。

（3）开设"爱的教育"班级选修课程

根据"爱的教育"六项内容,每学年一个主题,每个班级学生选择了自己喜欢的课程内容进行研究,在小学六年中学生们会将对六项爱的教育主题课程都有学习、有研究、有收获。如一年级"爱生活"主题班级课程:1 年 3 班棋类游戏、1 年 2 班棋类游戏……二年级"爱学习"主题班级课程:2 年 1 班诵读《笠翁对韵》感受古典文化、2 年 4 班数字翻板……五年级"爱科学"主题班级课程:5 年 2 班自然现象探秘、5 年 3 班制作滑翔机风筝……

经过一段时间的学习与研究,学生们会利用多种生动有趣、丰富多彩的形式,展示自己对班级课程内容的研究成果,增加了学生们感受爱、理解爱、学会爱、奉献爱的能力,爱的种子在活动中悄悄地生根、发芽,慢慢地成长……

（五）爱在生活中——浸润爱的无痕教育

教育有显性有隐性,学生对隐性教育接受得更快,他们会在不知不觉中接受教育,这是一种无痕的教育,是教育的最高境界。我校的"爱的教育"就是这样轻轻地、柔柔地通过日常生活浸润进学生们的心田。

日常生活中,我们的学生会微笑礼貌地向老师及客人敬"微笑招手礼",我们的老师也会面带笑容地和学生招手。这一微笑招手礼比任何单纯的说教都有实效;在课堂上老师对学生彬彬有礼,让学生回答问题时的一个"请",当学生对老师的教学有补充时,老师谦和地说了一声"谢谢"……教师以行导行,在细节中注入爱的内容,践行着"爱的教育"。

学校处处充盈着深深的情、浓浓的爱,演绎着一个又一个师生间"以爱换

爱"的故事。面对视力微弱的小新同学,赵老师适时地送上关爱与鼓励,以一封封真诚的回信、一次次细心的呵护,重新燃起了即将失明的九岁孩子的希望之火;王老师为小峰精心送上的一双鞋,温暖了一颗缺少关爱的心,使其每天准时走进课堂;李教师为同学们在教室里过生日;下雪了,孙老师站在教学楼门口为每位学生拍掉身上的雪花……生活中的点点滴滴的爱汇成光复小学"爱的教育"的长河,滋润每一位学生的心田。爱就像维生素一样,给学生成长以充足的养分,最终内化为学生良好的品德素养。

四、"爱的教育"成果

生命有爱才温暖,教育有爱才成功。十几年来,我校在"爱的教育"引领下,教师、学生以及家长们在情感上、行为上都发生了很大的变化,学校、家庭、社会都传诵着一个个爱的故事——爱无处不在。我们在感受爱与被爱的同时,也在不断地总结、保持"爱的教育"为学校教育带来的良好局面。

(一)提升了教师的职业道德修养,融洽了师生之间的关系

开展"爱的教育"活动以来,我校每年坚持进行"爱的教育"课题培训、召开"爱的教育"交流会、举行《爱的教育》主题报告会、以"爱"为主题的毕业汇报会。丰富多彩的活动一次又一次地感动着教师,感动着学生,激动着家长。我们还将一件件感人的事迹汇编成《与爱同行》《爱在身边》等集子。张老师写的《让每名学生的心中亮起一盏灯》充满了教师对学生终身发展的关怀;孙老师写《让爱洒满孩子的心田》;王老师在日记中写道:"为人师十几载,为人母十几年,看着眼前跳跃的儿子,注视着眼前走过的六十几名学生,让我在情感上能越来越细腻,更能站在母亲的视角去审视、关注身边的每一名学生。"多么真挚的话语,多么动人的情感,它代表了我们教师的共同心声。

在学校教育中,教师坚持开展爱心手拉手党员教师走访帮带学生活动,59名党员教师每年走访帮带学生100余人次,教师每年走进困难学生家庭460户,书包、文具、图书、谈心,是每一位教师对结对子同学爱的关怀,他们在老师的关心帮助下找回自信,体验快乐。以王盛青、商梦春等老师为代表的教师们都用个人时间积极参与"好老师公益行动计划"的行动中,连续走进市孤儿院和集贤、汤原、桦川、四马架、桦南、同江等村镇进行志愿讲座、授课;以孙晓艳为代表的教师参加佳木斯市义工服务队,先后为佳大学生做职业培训,多次走进前进派出所、走进保卫社区、走进社区服务站,做职业心理疏导、做家庭婚姻生活指导,培训人数达到300余人……"爱的教育"不但激发了教师爱的情感、爱的

行为,而且提高了爱的能力、爱的艺术。

(二)使学生真正感知爱、理解爱、学会爱、奉献爱

1.在"爱的教育"实践活动中,学生的爱的意识被唤醒。有一名学生这样写道:"老师的爱无处不在,有的藏在清早那张甜美的笑脸里,有的藏在那几句严格的话语中,还有的藏在那鲜红的评语上。今天老师的爱却藏在了那红红的地毯下面……"六年三班李千慧写下了这样一段诗句:"我要感谢一切,/感谢身边的一切。/我要感谢父母,/感谢他们给予我生命。/我要感谢老师,感谢她教给我知识。/我要感谢同学,/感谢他们和我分享学习的收获。/我要感谢朋友,/感谢她们和我分享生活的快乐……"

2.学生们在"爱的教育"活动中感知爱、理解爱、奉献爱,又将爱的情感延伸到家庭当中,家长对孩子的变化之快感到惊喜、激动。三年二班家长在反馈中写道:女儿在光复小学两年多的日子里,所受到的教育和收获的成果让我们做父母的感到莫大的欣慰。透过女儿幼小的心灵,我们感受到的是她对生活的热爱,对学校的热爱,对家庭的热爱。

3.学生将爱延伸至社会。最成功的爱的教育,并不仅仅是给予,而是给予后的回报,让学生用爱心去温暖他人,回报社会,将爱心延伸到生活的每一处。全校师生没有把奉献爱的正能量局限在校园,而是走出校园、走向社会,用行动彰显师生们的大爱情怀。在学校"爱的教育"天使节中,教师带领学生们走进敬老院、孤儿院、贫困家庭、火车站、社区、聋哑学校等佳城的各个地方,师生们的足迹与爱心遍布了佳城的每一个角落,默默奉献的身影因此刷爆在微信圈里,留在了新闻媒体的笔下。福利院的孩子在同学们的爱心帮助下手舞足蹈,敬老院的爷爷奶奶们甚至被孩子们的爱心感动得流下眼泪。全校师生为汤原县振兴乡农民救火英雄捐款28000余元。在我校刘昊昕同学因患白血病在北京住院治疗期间,我校以党员教师为代表组织所在的班级同学开展义卖,先后筹集资金12302.3元。并利用强大的网络平台,通过微信、QQ、搜狐视频等,向社会发起倡议帮助小昊昕同学,仅一周的时间共计捐款258857元,大家爱心汇集,共筹得36万元,帮助他成功地更换了骨髓。如今的小昊昕已经得到救治,回学校上课。我们欣喜看到有了"爱的教育"文化之"化","爱的教育"就不只是一个理念,而变成了一种令人欣慰的现实。

(三)"爱的教育"促进了学校和家长的相互理解

学生将爱延伸到家庭中,不但使家长感受到了爱,而且使家长也学会了爱,

学会了尊重、理解。一年四班的一个家长看到孩子的进步,在孩子的"十个一"本上这样写道:"看到女儿的一天天的变化,一天天的进步,我乐在心里,喜在脸上。女儿的诸多改变,都是与老师的辛勤教育和好习惯的培养分不开的。我从心里感谢韩老师,感谢她默默无闻的工作,感谢她对孩子无私的爱。最让我难忘的是一次家长会,孩子们的汇报演出中讲到老师那全心全意的爱,老师那诚恳朴实的话语,真的打动了我,感染了我,让我感觉到老师的责任感和爱心。我想,这也是'爱的教育'具体表现吧,它让我感悟到了'用爱为生命幸福成长奠基'办学理念的真正含义。"

(四)"爱的教育"使我们的学校、家庭形成了良好的人际氛围

"爱的教育"使教师心中充满了爱,人与人之间多了相互间的理解、宽容和关心。是"爱的教育"让师生的情感得到了升华,心性得到了陶冶,人格得到了完善,生命得到了健全。"爱的教育"实践培养了师生的人文情怀,打造了学校人文特色。学校也因此得到了家长的认可,赢得了社会的美誉。"爱的教育"让光复小学处处充盈着深深的情、浓浓的爱,师生在爱的温润中共同健康、幸福地成长。

灵魂·价值·育人

——"七彩云环教育"之思考与实践

佳木斯市云环小学　张建明

记得印第安人有这样一句格言,意思是:"当我们走得太快时,要停下脚步,等等我们的灵魂。"因此,我也想暂停脚步,反思工作历程,审视教育之路。

1988 年 7 月,带着期待与梦想,我从佳木斯教育学院毕业回到了母校——云环小学任教。半个甲子的教育岁月,始终充盈满怀的是我对母校的浓浓情感和对教育的执着坚守。母校以宽广的胸怀给了我成长和发展的广阔空间,从第一堂公开课、第一次演讲、第一份荣誉证书,从稚气青涩的班主任,到学年组长、教务主任、副校长,母校的滋养和恩师们的帮助让我稚嫩的双肩变得逐渐坚挺。2005 年 1 月,我参加了全市首批中小学校长的公开竞聘,荣获小学组第一名。同年 3 月 10 日佳木斯市教育局正式任命我为佳木斯市云环小学校长。

担任校长以后,我思考更多的是如何承载历史与传统、凝聚精神与力量,如何抓住办学的根基与价值取向,办一所有灵魂、有文化、有品质的学校,如何让育人的本质与教育的理想落地生根。多年的教育实践使我认识到,教育的本质就是"人"的问题,无论是教育者和受教育者都是教育的主体。为突出"人"的核心,我实施了"凝聚学校灵魂、确立价值体系和切准育人路径"三步发展战略。主要突出"灵魂、价值、育人"三个关键词。

一、抓住育人的本质——凝聚灵魂。

（一）认知与理解

1. 明晰教育的本质

作为教育人,必须要明晰教育的本质是什么？我认为,教育的本质主要是

对学校灵魂的把握和精神世界的营造。马克思主义哲学认为精神是高度组织起来的物质,是人们在改造世界的社会实践活动中,通过人脑产生的观念和思想上的成果。教育的精神生产功能是使人从社会化到重视精神世界的建构。事实上,作为管理者,应该从意识上去引领师生的精神世界,通过一种精神的引领和灵魂的塑造,将个体的精神世界凝聚成一种团队的意识与力量,从而带动学校发展。

2. 抓住灵魂的本质

灵魂是什么? 我们所说的灵魂是非神论的,是积极的、正义的。无论从哪个层面来看,灵魂都至关重要。对个体来说,如果没有灵魂,那就是一具行尸走肉;对一个群体来说,如果没有灵魂,将是一盘散沙。对于一个学校来说,灵魂不是校长强加的,而是在学校已有的精神层面上丰满起来的。

德国的教育家提出了"灵魂唤醒"概念。以教育来看灵魂,可以将教育理解为灵魂转向的艺术。我认为,教育应该为产生优秀的灵魂创造条件,它能够把人的认知与意识当中最优秀的部分提升出来,具有一种强大的力量去解放、引领和沉思万物之中最好的东西。

3. 突出教育的价值

"教育首先是一个精神成长的过程,然后才成为科学获知的过程"。教育,不取决于你教什么,而是你自己的境界到了一种程度后,自然就形成了一种精神力量,一种人格的流露和渗透,一种自觉和提升。教育要通过文化价值与灵魂价值的摄取,获得人生的全部体验,进而陶冶自己的人格和灵魂,这是教育内在价值的根本所在。

(二)传承与凝聚

任何一所学校的发展历程中,一定会有一种东西传承下来,这就是学校的精神文化和印记特征。这种印记不会因为校长的轮换而发生改变,相反会更经得起时间的洗礼与历史的沉淀。

云环小学坐落在被称为"东北小延安"的佳木斯市,这里人杰地灵、英雄辈出,这片红色的土地养育了孙西林、邵云环等革命烈士。云环小学是为纪念新华社记者、佳木斯的好女儿——邵云环烈士而命名的学校。梳理我校 70 年的发展史,两次命名记载了两个主要的发展时期,并形成了不同的意识特征。

●坚韧不拔的纺小特征

学校前身是佳木斯市纺织厂子弟小学,简称为佳纺小学,是一所企办学校,办学质量与规模堪称一流,"三算结合"和"注提实验"更是成绩显著。但 20 世纪 90 年代中期企业破产,学校办学陷入困境,教师工资才是市属教师的一半。但纺小人仍坚守岗位,没有懈怠,只有坚韧,不甘落后,没有被时代所淘汰。纺小能够走过艰难时期,靠的就是坚忍顽强和永不服输的精神! 这也成为纺小的特征。

●敬业奉献的云环精神

邵云环是我校的优秀学子,在校期间担任大队长,她热爱学习,勤奋刻苦。这种好品质陪伴她参加"上山下乡",陪伴她在北京外国语学院刻苦学习,陪伴她成为优秀的战地记者,陪伴她勇赴战火纷飞的南斯拉夫战场。她以笔为武器,敢于揭露北约的暴行。1999 年 5 月 8 日,邵云环同志在北约对我国驻南斯拉夫大使馆的轰炸中不幸壮烈牺牲、以身殉国! 人们对她热爱和平、恪尽职守、英勇无畏、无私奉献的精神品格给予了高度评价。为了缅怀邵云环烈士的丰功伟绩,佳木斯市政府在 1999 年 6 月 3 日,把我校命名为云环小学,这个命名寄托了一种希望,更赋予了一种责任。我们认真搜集云环的故事、梳理她的英雄事迹,讨论她不同层面的内在品质,提炼出邵云环的六种精神:

即:学习邵云环对祖国、对人民的热爱与赤诚;

对科学、对知识的探索与追求;

对人生、对未来的珍惜与执着;

对师长、对同学的尊重与关爱;

对劳动、对价值的认识与理解;

对法制、对道德的自尊与自律。

这六种精神凝聚了学校灵魂的内涵实质。学校虽然经历了不同的发展时期,但却形成了共同的灵魂特征——家国情怀、勤奋自强、坚忍不拔、敢于担当! 这就是我们的立校之魂。

二、明确育人的核心——共筑价值体系

(一)背景与思考

1. 从国家的要求来看

习总书记对于价值观这样论述:价值观是人类在认识、改造自然和社会的过程中产生与发挥作用的。核心价值观其实就是一种德,既是个人的小德,也

是一种大德。国无德不兴,人无德不立。

社会主义核心价值观对公民层面提出了"爱国、敬业、诚信、友善"的要求。党的十九大报告明确将"立德树人"置于教育的统领地位,以正确的价值观为导向,培养学生的个体习性、人格品质、社会责任感与担当精神。

2. 从社会的需求来看

社会是教育的基础。学校教育培养的是品格高尚、全面发展、人格健康、生活幸福的社会公民。那么,在新时期的社会背景下,对于学生来说,培养快乐、健康、勤奋、自信等价值取向对他们的成长意义更加重要。因此,学校教育需要建构一种本土化、个性化的师生价值观。

3. 从学校的实际来看

在当代教育研究领域中,现代学校价值体系可以呈现一种同心圆结构模式:包括终极理想层、生活精神层、公共生活层、个人生活层等四个方面,终极理想层是核心,为最高层次。

基于现代学校价值体系的"同心圆"结构,对应社会主义核心价值观,我们构建了价值体系,将学生培养成为一个积极发展的人作为终极培养目标。

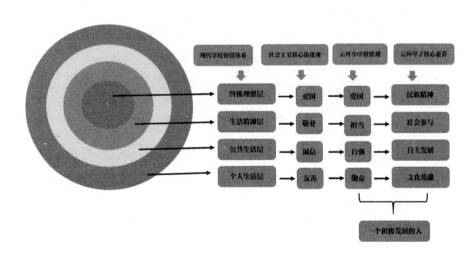

(二)内涵与解读

1. 爱国,终极理想层。学生素养:民族精神

爱国是人们对自己的国家、民族的归属感、认同感和荣誉感的升华,是民族精神的核心。爱国,就要让学生了解国情历史,能自觉捍卫国家尊严和利益;尊重中华民族的优秀文明成果,弘扬中华优秀传统文化;了解中国共产党的历史和光荣传统,热爱党、拥护党;理解并自觉践行社会主义核心价值观。培养学生的爱国精神,是我校学生核心素养的终极所在。

2. 担当,生活精神层。学生素养:社会参与

邵云环勇赴战场、无惧生死,体现的就是一种担当精神。担当,无论是公民、国家、民族都应当具有的一种社会责任。在生活和学习中体现的是自尊自律、文明礼貌、诚信友善、宽和待人、孝亲敬长,有感恩之心;热爱并尊重自然;具有团队意识和互助精神;能对自我和他人负责;能明辨是非,具有规则与法治意识,积极传播社会中的正能量。培养学生具有一定的社会责任感,是我校学生核心素养的外延所在。

3. 自强,公共生活层。学生素养:自主发展

著名思想家屈原在他的《楚辞·九章·怀沙》中,提出自强思想:"惩违改忿兮,抑心而自强"。屈原所提出的自强思想,是中国传统道德和传统文化中的精华。"天行健,君子以自强不息",《易经》指出一个有道德的人应当如大自然日月运行不息那样,自我努力,奋发图强。我校的学生留守儿童和单亲学生占有一定的比例,而且家长多为下岗职工。这种家庭环境更需要培养的就是自立自强的精神。自强首先要自主,第二要自信,第三,要自勉,第四要自责。这是我校学生核心素养的根本所在。

4. 勤奋,个人生活层。学生素养:文化基础

邵云环能在艰苦的环境中刻苦学习并成为一名优秀记者,具备的就是勤奋学习的精神。勤奋是获取知识、提高能力的必备品质。在学习中养成良好的学习习惯,善于学习,自主学习,乐于学习,具有终身学习的意识和能力。奠定学生的文化基础,是我校学生核心素养的基础所在。

三、切准育人的路径——七彩云环教育

如何让学校的灵魂与价值付诸实践?我们进行了校本化的实践与探索,那就是七彩云环教育体系的建立。

(一)七彩云环教育的理解认知

1. 提出缘起

七彩云环,是阳光照耀下呈现的七彩光环。七彩是阳光的颜色:红色,热情

向上;橙色,灿烂绚丽;黄色,明亮温暖;绿色,清新亮丽、充满希望;青色,温婉内敛、不张扬;蓝色,自由奔放、生机活泼;紫色,优雅高贵。我们以此为源,提出了"七彩教育"的教育理念。

2. 教育愿景

办一所令人向往的学校,让校园的一切浸润着七彩阳光,开启七彩的人生。

办一所孩子们喜欢上学的学校,让孩子们沐浴着七彩阳光,描绘七彩的童年。

办一所老师们幸福工作的学校,让老师们享受着七彩阳光,丰盈七彩的人生。

3. 核心理念

七彩云环教育,让每一个生命的色彩更加绚丽。

4. 认知解读

七彩教育,就是让孩子们乐享幸福童年,做最好的自己,为幸福人生奠基。主要是基于这样五个认知:美好的、阳光的、多元的、育人的、多维的。

——美好的:教育是美的,学校生活应该是美好的。

——阳光的:学生的童年应该是七彩斑斓的,校园的每一个角落都洒满阳光,让学生拥有积极向上的心态,打好自信阳光的人生底色。

——多元的:美国哈佛大学心理学教授加德纳提出人类智能的多元理论。每一个人都拥有语言文字智能、数学逻辑智能、视觉空间智能、身体运动智能、音乐旋律智能、人际关系智能、自我认知智能。学校教育应该是开发多种智能,让孩子们发现自己至少有一个方面的长处。因此,我们要尊重规律,为不同的孩子创造适合的机会。

——育人的:七彩教育是一个完整的育人系统,是基于以人为本的教育,强调面向全体、兼顾差异和唤醒自我。英国教育家怀特海在《教育的目的》一书中,明确指出:"学生是有血有肉的人,教育的目的是为了激发和引导他们的自我发展之路。"

——多维的:我们的七彩教育就像一个立体的网络,从"七彩德育""七彩课程""七彩教师""七彩课堂""七彩节日""七彩环境""七彩评价"等七个方面构建七彩教育体系。

5. 结构体系

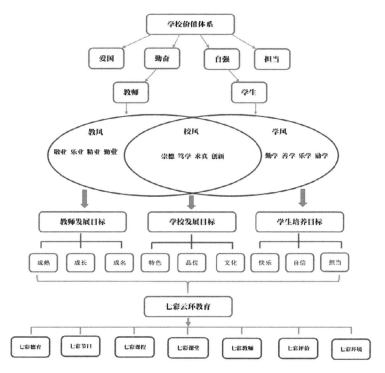

(二)七彩云环教育的核心实施路径

1.实践七彩德育,让孩子们学习做人

"德,人之本也,本立而道生。"道德根植于人,德育应该是对灵魂的教育。

云环小学"七彩德育体系"结构图示

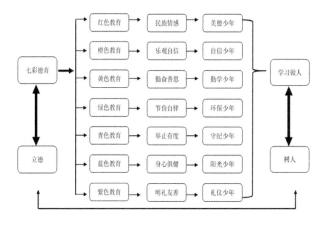

红色的爱国教育——传承红色基因,旨在培养学生的民族情感,培养美德少年。

●突出云环教育

每年的 5 月 8 日是邵云环烈士牺牲纪念日,学校把五月份作为"学云环活动月",每年确定不同主题,开展一系列的主题教育活动。今年是云环牺牲十九周年,活动主题是"做新时代的云环好少年",通过祭扫邵云环烈士墓、主题班队会、演讲会、征文、手抄报等系列教育活动,使学校形成了人人学云环的高潮。

学校积极拓展云环教育资源,将云环烈士的爱人曹荣飞同志聘为名誉校长,与新华社建立密切联系。他们多次亲临学校参加重大的纪念活动,并与孩子们交流云环的先进事迹,使孩子们深切感受到云环的勤奋与努力。学校汇编了《我的校友邵云环》《永远的怀念》《七彩云环》等校本教材,共同学习和感受烈士成长的足迹。学校建立了云环展室,成为云环教育的主阵地。

●传承红色基因

学校周边有独特的红色教育资源:刘英俊烈士陵园、佳木斯市烈士纪念馆、日军侵华罪证陈列馆,陈列着佳木斯地区的革命英烈的英雄事迹图片及实物,这些都成为学校的红色教育基地。每到特殊纪念日,如学雷锋纪念日、刘英俊牺牲纪念日、清明节、"九一八"等特殊的纪念日,学校都开展系列的主题教育活动,让学生们走进纪念馆和烈士陵园,让孩子们了解革命先烈和英雄们的光荣事迹和丰功伟绩,激发学生强烈的民族情感和民族精神。学校提倡"中国人过自己的节日",弘扬传统文化,使红色的爱国教育丰满而有意义。

橙色的自信教育——乐观自信,旨在教学生乐观健体,培养自信少年。

通过春季长跑、拔河比赛、魔方比赛、校运会、趣味冰雪运动、参加市运会等活动,让孩子们在活动中收获自信。与森警部队、市消防支队、派出所等单位建立共建关系,进行安全教育和社会实践活动。

黄色的理想教育——勤奋善思,旨在教学生探索求知,培养勤学少年。

在科技小制作、校园艺术节、读书比赛、主题演讲比赛等活动中丰富知识。

绿色的环保教育——节俭自律,旨在教学生明礼友善,培养环保少年。

通过召开主题班会、发放环保倡议、征集环保作品、环保小队进社区、评选环保小卫士等活动培养孩子勤俭节约的好习惯,帮助孩子们树立勤俭持家的生活态度。

青色的养成教育——举止有度,旨在培养学生良好习惯,培养守纪少年。

以《云环小学学生一日三字歌》和《云环小学学生行为规范 20 条》规范学生言行,培养学生良好的习惯。

蓝色的健康教育——身心俱健,旨在培养学生健康心态,培养阳光少年。

我校的留守学生和单亲学生比较多,学校通过心理健康课、"心语小屋"、团体游戏、"亲情主题班会"等活动,帮助孩子们缓解情绪。我们还通过开办家长学校、开展亲子阅读、家长开放日等活动,让家长真正地关心孩子,尽到应尽的责任,共同帮助孩子建立自信、开朗、乐观、向上的心理取向。

紫色的礼仪教育——明礼友善,旨在引导学生学习礼仪,培养礼仪少年。

我们开展"校园文明礼仪"培训活动,落实《云环小学学生礼仪常识》,每月评选"礼仪星",让学生做一个行为文雅的人。

2. 建立七彩课程体系,让孩子们喜欢上课

作为教育者,一定要从孩子的视角来设置孩子们喜欢的课程。不管你是蒲公英的种子,还是凤仙花的种子,都能让孩子们在课程中找到自己。

在课程实践中,我们主要构建了五个维度、三个层次、七彩课程的课程结构:

● 五个维度

国家课程主体化——课程开设的主体,适当进行拓展,如语文学科各单元的主题阅读,将课文进行串线,形成一个单元的拓展阅读。

地方课程补充化——立足地方特点和地域特色,将教材内容与深入开发和社会实践有机融合,拓展学习空间。

校本课程特色化——充分体现本校特色,开发教师的课程建构能力,扬特色、搭平台、展风采。

班本课程个性化——班主任为开发主体,立足本班实际,体现个性化的课程特点。

家本课程实践化——发挥家长特长与优势,将课程空间拓展到家庭之中、社会之中,广泛开展社会调查和社会实践活动。

● 三个层次

基础性课程——按国家要求开设开满规定的所有国家课程和地方课程。

拓展性课程——以校本课程和班本课程为载体,拓展课程内容,以个性和特色为课程特点。

探究性课程——立足相关教材和特点,鼓励孩子参与社会实践、动手探究和社会调查,培养孩子参与社会,树立现代公民意识。

● 七彩课程

红色课程——爱国教育。通过云环教育、红色传统教育、生魂课程等,提升学生爱国情怀。

橙色课程——阅读积累。包括晨读课、国学诵读、日常积累、主体阅读、亲子阅读、延伸阅读等,旨在增加学生知识广度。

黄色课程——参与社会。通过实践活动、社会调查等活动,让学生参与社会,增加学生的社会认同感。

绿色课程——动手实践。通过小制作、益智游戏、3D打印、机器人、飞叠杯等,增强学生动手实践能力。

青色课程——美术拓展。以书法、刮画、彩铅画、素描等美术课程丰富学生的想象力。

蓝色课程——体育拓展。以轮滑、田径、足球、篮球等体育活动强健身体,锻炼学生意志品质。

紫色课程——艺术拓展。以独具特色的京剧舞蹈、合唱、管乐、诵读等艺术活动激发学生的艺术潜能。

云环小学"七彩课程体系"构建框架图

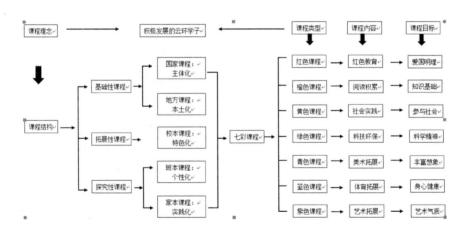

3.过好"七彩节日",让孩子们喜欢过节

主要是指结合各种传统节日进行的教育活动。包括七种节日,有美德节(3月5日学雷锋、3月15日学刘英俊)、感恩节(三八节、重阳节)、体育节(运动会、踢毽子、跳绳等)、艺术节(六一儿童节、毕业典礼)、读书节(读书活动、亲子阅读)、传统节(端午节、中秋节、清明节等)、冬趣节(冰雪运动)等,使七彩节日达到与七彩德育的有效融合。

4.实践"七彩课堂",让孩子们喜欢学习

在原有课堂模式的基础上,进一步丰富和完善,以形成我校独特的精讲多思的七彩课堂教学模式:激趣—导入—精讲—多练—拓展—总结—延伸,进而培养学生的"听、读、写、算、思、合、创"七种能力。在实施过程中,依据教学评价量表,针对不同年级的各自侧重点进行具体实施。一年级侧重倾听,二年级侧重表达,三年级侧重合作,四年级侧重思考,五年级侧重拓展,六年级侧重创新。在学习中重点进行"七项童子功"的培养:计算、写字、说话、演讲、阅读、积累、习作,让孩子们成为课堂的主人。

5. 塑造"七彩教师",让老师们喜欢工作

著名学者于丹说,教师是用生命伴随学生成长的人。因此,关注教师的生命质量与提升专业素养是我们培养教师的核心所在。

(1)人文关怀帮助教师幸福成长

叶澜说过:"不实现教师的精神解放,不激活教师精神生命活力,就不可能有真实意义的、直接面对学生的教育的转型。"只有激活教师从教的生命动力,才可能在教育中实现对学生生命活力的激活。

●锻造和谐共赢的团队精神

所谓团队精神就是在共同目标的引领下,全体成员共同努力,长期坚持并形成的一种相对稳定的行为特征和体现出来的一种精神状态。我们认为,充满和谐、激情的教师团队就像一个热熔炉,每个人都是燃烧的炭火,以灼热的状态发挥着自己的能量。我们提出"如果你想走得快,就一个人走;如果要想走得远,我们就一起走"和"我们同心、同向、同力、同行"等团队口号,让"我们"成为云环团队的代名词。

●以教师的心理需求为本,创设舒心的成长环境

马斯洛的人生需求理论认为,最高级的需求是尊重、自我实现。在学校管理中,只有充分尊重教师,营造"人和"的氛围,教师才有心理安全感和尊严感,才会去实现更高层次的心理需求。学校班子坚持教师生病住院必访、婚丧事必访、家有难事必访的"三必访",将温暖送到教师心间。每次学校举行大型活动后,都会彼此分享、享受喜悦。

在工作和生活中,提倡老师们做到五个"多一点":多一点兴趣雅致,陶冶性情,丰富人生;多一点运动养生,健康体魄,享受生活;多一点宽以待人,与人为善,和谐相处;多一点读书学习,知书达礼,博古通今;多一点艺术修养,优雅从容,富有情趣……做一个有生命质量、有生活品位的老师。

(2)个人制定成长规划促进教师自主成长

我们充分发挥教师自主成长的能动性,自主寻找适合自己的成长之路。

自我分析——客观分析、理性定位。

确立目标——立足现实、切实可行。

制定方案——准确制定、步骤清晰。

执行目标——遵循目标、及时调整。

评估反馈——量化考核、达成目标。

卷宗归档——修正总结、记录过程。

美国心理学家波斯纳提出了教师成长的公式:成长＝经验＋反思。我们注重教师的反思重建,从设定目标、观察记录、自我提问、课后小记、案例分析等强化反思,让教师根据学情及时调整教学思路,及时记录教学中的得与失。

(3)同伴互助促进教师尽快成长

●常态观课——让我们为你诊脉

每天的常态课是课堂教学最真实的体现,"常态观课月"涵盖所有任课教师,将听课变为观课和议课,从评估课、推门课、研讨课、微型课,将上—观—议—评—改的流程处处落到实处。观课也分三个层次:普通课,掌握情况;跟踪课,总结经验;示范课,树立典型。这样有利于形成教研互助体,使教师的教育理念和实践能力都有所提高。

●团队教研——让我们为你助力

通过随机教研、常规教研、专题教研和特色教研等形式,让教研无处不在。每当有教师承担公开课,执教教师所在的科组便群策群力、集体研讨,正如老师所言:"是集体的智慧让我获得了成功。"

●师徒结对——让我们与你同行

师徒结对活动是让青年教师尽快成长的好方法。学校目前有师徒 22 对,师傅对徒弟进行教育教学工作全方位的指导,师徒们每周都互相备课、议课、评课、改课,一批青年教师已在师傅的指导下逐渐成长。

●课题研究——让我们为你提升

明确以行动研究为主体,体现"一个中心,两个基本点";"一个中心"即以课题研究为中心,"两个基本点"即走"研究和整合"的道路。我们以省级课题"新时期小学数学核心素养研究""教育信息化与课堂教学的有机融合"和市重点课题"七彩云环教育体系的实践研究"为引领,以问题式校本课题为根本,体现"小、实、细"的研究原则,让课题研究落地生根。

●名师引领——让我们为你领航

根据"二八定律"和"鲶鱼效应",我们提出"让优秀的教师都成为云环名师"的培训目标,建立起以云环名师、云环骨干和云环新秀为主体的"三步"教师培养机制,启动了"一二三四五"培训规划:一年"结对子";二年"压担子",三年"指路子";四年"搭台子",五年"拔尖子",为教师的成长设定了明确的目标。

●读书学习——让我们为你精彩

"唯有读书的精彩才有生命的精彩",我们一直倡导和采取多种方式促进教师读书,一是指定共读,要记笔记写心得。二是自主阅读;三是展示阅读,比如"朗读者""我读你听"等读书活动;四是经典诵读;五是家校共读,让读书成为习惯,让乐趣共同分享。

6. 实行"七彩评价",让师生们乐于成长

在学生评价中,我们主要采用七彩评价卡、《七彩云环少年评价手册》、评选"七彩云环少年"等来进行评价。红色,美德少年;橙色,勤学少年;黄色,艺术少年;绿色,环保少年;青色,守纪少年;蓝色,阳光少年;紫色,礼仪少年。多元的评价极大地激发了学生积极性,也促进了各种良好习惯的养成。

在教师评价中,让最优秀的老师成为"云环名师"是教师们的成长目标。我们还设立了云环骨干教师、突出贡献教师、最具风采教师、最受学生喜欢教师、30年功勋教师等评选活动,发挥激励与评价的最大效益。

家长评价中,主要是针对我校的家长群体而制定的评价方式,从"家校共育、教子有方、亲子阅读、家本课程、支持班级、坚强乐观、多才多艺"七个方面评价家长,实现家校合作共赢,让家长成为"我们"中的重要教育合力。

7. 打造"七彩环境",浸润师生灵魂

"七彩云环"成为我们的文化符号,从校徽、校歌、班牌、楼层设计等等,处处体现七彩教育的文化氛围。《云环赋》展现了学校的发展历程与办学特色;大气磅礴的大幅油画《长城》和《黄河》展现了自强不息的民族精神,也体现了学校价值观的核心。在不同的楼层分别用成语、图文、名言、故事等呈现爱国、勤奋、自强、担当的学校价值观。

七彩云环是我校的独特标记。让云环精神浸润师生的心灵,在"爱国、勤奋、自强、担当"的核心价值观引领下,我们取得了丰硕的办学成果:学校被确定为"中国好老师"项目行动学校,荣获全国语文教改示范校、省精神文明单位、省"十佳"和谐校园、省教育系统先进集体、省标准化建设先进学校、省首届教育教学成果二等奖、省小学语文教研中心、省德育工作先进集体、省爱国主义教育基地、省少先队红旗大队、市党风廉政建设先进集体、市党建示范校、市课程改革先进集体、市艺术教育基点校、市体育教育示范校等百余项殊荣。云环师生们也在一系列大型活动中表现突出,尽展云环风采。云环教师们在全省首届龙东地区小学语文教师素养展示会上进行教师素养展示;在全市"践行社会主义核心价值观"朗诵比赛中荣获教师组第一名;全市庆祝建党九十五周年歌咏比赛获一等奖;在市语文、数学和英语教师素养大赛中获一等奖;两次承办全市汉字

听写大会,进行了"汉字美·国韵浓"的传统文化素养展示;成功承办全市教研基地建设工作现场会、全市"生魂"现场会和德育现场会;这些现场会均以独具匠心的活动设计和精彩展示赢得了一致赞誉。云环学子们的表现同样令人振奋:"七彩体育队"荣获全市中小学生运动会小学组冠军、亚军,连续多年稳获前三名;"七彩机器人队"获得市机器人大赛团体特等奖;"七彩舞蹈队"连续两次荣获全市中小学生舞蹈比赛第一名并参加全省的艺术节展演;"七彩合唱队"荣获全市合唱比赛最美声音奖、"七彩绘画队"获市书画比赛一等奖等骄人成绩。这一个又一个佳绩凝聚着云环人的壮志与豪情,更鞭策着云环人满怀信心、走向新时代。

四、思考与展望

如何以新时代、新思想赋予学校发展新的灵魂? 如何促进学校的核心价值体系的深化与发展?

教育如虹,七彩如梦,"七彩云环教育"是为孩子们搭建的七彩之桥、快乐之桥、生命之桥和梦想之桥,为他们描绘着七彩童年,引领他们走向多彩绚丽的七彩人生!

校长要做师生快乐幸福成长的引领者

黑龙江省齐齐哈尔市建华区二马路小学校　于湘秋

教育是国家发展的基石,教师是基石的奠基者。教书育人是每个教育工作者的天职,怎样做才能培养出优秀合格的人才,教好书育好人,不枉为人师? 带着这样的思考和责任感,我于1985年师范毕业后,走上了教师的岗位。先后做过5年班主任、5年大队辅导员、2年副校长。1998年走上校长岗位,并在二马路小学这所百年老校,一干就是二十一年。在这数十年中,为了传承"发展儿童之身心,培养国民之道德"的百年育人理念,我根据校情、师情、生情,从"志、勤、进、正、创"五字内容确立育人目标,认真分析、研究、定位学校现代发展的育人理念,即:为学生打好生命的底色,坚持不懈地走特色活动传承发展之路,实施"四优两全"的办学策略。期间,学校校舍三次变迁,现有两个校区,占地面积51420 ㎡,规模不断发展壮大。我本人参与了4项国家重点课题的研究,然而在校长岗位上我思考更多的是,如何做师生快乐幸福成长的引领者,从世界观和方法论两个维度,进行长期不断的实践探索。工作中我有这样的三点认识:一是校长是师生快乐幸福成长的引路人;二是课程是学生走向快乐幸福的阶梯;三是教师的育人能力决定学生快乐幸福成长的指数。

一、校长是师生快乐幸福成长的引路人

首先诠释一下什么是快乐? 孔子曰:知之者不如好之者,好之者不如乐知者。诗人艾青说:去问开化的大地,去问解冻的河流。心理学家认为:快乐是对生活的满意,快乐是乐观的态度,快乐是心理的幸福,快乐是拥有崇高的自尊,快乐是内在需要得到满足。我曾请教一位老教师,他说:快乐是化解学生一个个天真的问题,看着他们长大,直至桃李满天。作为一方学校的引领者,站在职业的角度,我也自问,快乐是带领一支团结乐业不言输败的队伍,努力过后捧着沉甸甸的奖杯喜极而泣,油然而生自信感的那个时刻,一切付出都值了的那种

感觉,以及看到家长、同事认可,学生快乐的笑脸。快乐的程度可能因快乐源的不同而有所差别,但快乐的本质不会改变。归根结底,快乐是:基于心态的一种感觉,快乐是围绕我们周围的点点滴滴。境由心造,情由心生,快乐感如同化学元素一样可以催生人产生巨大的能量。

幸福的基本含义是享受快乐即心理上的满足,是内心持续的快乐,是流动而又持久的美好追求。有人说,幸福是感受出来的,有人说幸福是创造出来的,总之,幸福与人的思想基础,情操走向,文化艺术素质等有着密切联系,在源源的历史长河中,人们不停地探索着人生幸福的真谛,感知幸福、追求幸福、创造幸福。

作为传道授业解惑的教师,根据社会对人发展的需要和学生成长的内在规律,要瞄准人生快乐幸福的方向而不懈去追求,为此我的感悟是:一是寻找快乐——自乐;二是传递快乐——他乐;三是创造快乐——同乐。

1. 寻找快乐——自乐

在寻找快乐中,心中要常存"三好"。待人要"两宽一强"。遇事要换位思考。其中"三好"是工作岗位好,工作对象好,工作心态好。

工作岗位好。如我校有一位 2009 年分来的年青教师,来校后十分珍惜岗位,谁分配工作都竭尽全力,认认真真,从不报怨。人人赞许,感动了很多人,工作量居前,来校 4 年,连续 3 年被评为区优,带动了年青教师,一起上进向上,快乐地工作。我们做领导的更是如此,当你认为工作岗位好,喜欢你的工作,你就会焕发出极大的工作热情,视工作为快乐,乐此不疲。

工作对象好。一个团队人员众多,思想觉悟难以一致,所以作为领导要体现出凝聚力,应该像雷锋说的:"对待同志要像春天般温暖,对待工作要像夏天般的火热。"同时我认为领导与领导是矛盾的统一体,要时常想到变被动为主动,变不利为有利。内心深处要有一个认识即下级是在协助上级工作的助手,他工作好了,你省心省力。魏书生在关于民主与科学的报告中曾说:"你把学生看作天使,你就如同在天堂一样。"所以要怀揣感激之心,团结下级,真诚相待,不计前嫌,懂得欣赏你的下属。

美国著名人际关系学大师,西方现代人际关系教育奠基人戴尔·卡耐基曾经说过:"当我们想改变别人时,为什么不用赞美来代替责备呢? 纵然属下只有一点点进步,我们也应该赞美他。只有这样,才能激励别人不断地改进自己。"欣赏你的下层,要做到语言不吝惜,态度要真诚。纠正下属的缺点和错误,要在谅解的基础上少批评,多赞美,以改正错误为目的,而不是借机横加批评,无半点赞美。作为领导一定要明白懂得赞美之后再批评的艺术。

但我们也不能惧怕批评不敢说,不敢管。如果你的批评能引起员工的自责和内疚,进而促使其暗下决心,幡然改过,而不会对你反感,那你的技巧就是得当的。

工作心态好。我们要懂得学会"变态"。即:改变自己的心态,改变自己的状态,改变自己的态度。心态好是健康之根本,我们千万不要搞得身心疲惫,当一个人心态是阳光的积极的向上的,他获得的一定是正能量,我们要努力改变自己能改变的。

我们待人要"两宽一强"。你与你的同事之间能不能处理好关系,能不能和平相处,能不能避免冲突,提高管理艺术,很大程度上取决于你的宽容与心胸。

一要心胸宽广:心胸宽广的人豁达、开朗,把主要精力放在大事情上,不斤斤计较,不会为鸡毛蒜皮的小事而伤脑筋,更不会做损人利己或损人不利己的事。其情绪总是积极乐观的。

二要待人宽容:对人宽容的人能够容忍别人的缺点和不足,能体谅别人的失误,能接纳别人,尊重别人,把对方作为一个整体系统来看,不去指责别人,更不会去诽谤别人。

三要忍耐性强:忍耐性强的人能控制自己的脾气,善于忍耐,对别人的无视和攻击不计较,不因一点小事跟别人争吵。在小事情上不能忍耐的人,缺乏涵养、容不得别人细微的嘲笑和讥讽的人,容易造成人际关系破裂。所以这是同事之间,上下级之间相处应遵循的一个极为重要的原则。能不能做到相容,直接关系到你人际关系的好坏。

为建立良好的人际关系,避免与同事产生无谓的争论,我的感悟和做法:

一是,欢迎不同的意见。听到不同意见往往是你避免重大错误的最好时机,一个人考虑问题往往不周到,这时听一下别人的不同意见,或许会起到意想不到的作用。

二是,不要轻易相信自己的直觉。所谓直觉也就是第一感觉。当别人提出不同意见的时候,人们的第一反应就是自卫,即保护自己的想法和自尊心。这种自卫常常缺乏科学性,并在同事的眼里留下狂妄自大、气量短浅、听不得不同意见的印象。

三是,控制自己脾气的爆发。发脾气根本不能帮你解决任何问题,相反这样只能激怒对方,加剧双方的防卫和对抗。

四是,先听为上。人缘关系再好的职员,在单位里都会有反对派。只有先听,听了以后才有可能沟通,不听也就失去了沟通的基础和依据。

五是,寻找你同意的地方。当你听完反对者的陈述后,要先看哪些是你同

意的地方,努力去寻找共同点,你和你的反对者之间就有可能达成共识。

六是,诚实的自我批评。当你发现自己错了,要诚实而虚心承认,利于解除反对者的"武装"。

七是,仔细考虑反对者的意见。同意要出于真心。如果有朝一日反对者对你说:"我早就告诉你了,你就是不听。"那时你就难堪了。如果他说错了,你不必指责。否则,他非但不会听你的,还会被你伤了自尊心,导致人际关系更为紧张。

八是,为反对者关心你的事情而真诚地感谢他们。肯花时间表达不同意见的同事,必然和你一样对同一事情表示极大的关心,这说明你俩有共同的兴趣。因此,与其把他看作"敌人",不如看作志同道合的朋友,齐肩并进。

九是,延缓采取行动。要学会反复问自己:"反对者的意见可不可能是对的?""我的反应是否有助于解决问题?"等等。在经过这样的判断之后做出决定,这是比较成熟的表现。

十是,遇事要换位思考。我们只有站在学生的立场思考,才能感受到学生的切身利益,及时地调整自己的教学方法;只有站在同事的立场思考,才能体会到同事的难处,用一颗包容的心体谅对方;只有站在领导的立场思考,才能领悟领导的用心良苦,用积极向上的态度迎接新的考验和挑战。

所以我总结出:面对顺境一时取得成功,要想到问题和不足。面对逆境一时挫折不顺,要想到昔日的成就。面对下级的不理解抗衡,要想到其人的长处。面对与上级一时的分歧,要想到曾经得到的帮助。

2. 传递快乐——他乐

在传递快乐中:一要体会感动。感动是一种朴素的真实,一种心灵的震颤。当我们看到自己的同事为这个集体而努力时,总不禁为他们加油。生命的长河中,无时无刻都有感动的存在。教育就是爱的传递,爱常源于感动。在我校就有许多令人感动的事。教师带病坚持工作,教师偷偷为学生补交饭费,脏活累活人人抢着做,为学生清洗弄脏的内衣等等。感动不是用嘴说出来的,而是用心品出来的。感动别人也是让自己感动。领导要相互传递这种人间的爱和感动,增强凝聚力、向心力。

二要铭记感恩。我们挖掘生活中美好的事物,用一颗感恩的心看待周边一切的人,不管身边发生多少困难,也不管别人犯下多大的困难,都要微笑着坦然面对,使心胸有战胜困难的力量。

三要用心服务。管理就是服务,管理者行使职权的目的是为了服务于管理目标、服务于管理工作和服务于被管理者。因此,管理者必须真心真意地热爱并尊重自己的服务对象,包括管理过程的所有成员和与组织活动相关的社会服务对象。尽可能合法、合情、合理地满足服务对象的需要。

服务关键是用心。我们在工作中曾要求干部"反思四问""自查五少""六制原则""八项注意"。

反思四问:今天的工作任务完成了吗? 今天的欣慰是什么? 今天的收获是什么? 今天的遗憾是什么?

查找五少:少几分追求,工作不完美无创新;少几分勤奋,应付心中无数;少几分自我,盲从没有思想;少几分担当,不敢说不敢管;少几分自律,无境界素质差。

班子六制:目标制、反馈制、问责制、研学制、例会制、民主制。

工作中八项注意:注意维护集体决议,不犯自由主义。注意团结下级与上级,补台不拆台。注意问题的发现与反馈,不等闲视之。注意维护自身形象,不违反规章。注意提高自身综合素质,不弃细节。注意工作质量和效率,不走过场。注意自身个性发展,不虚度时光。注意制订工作计划,不盲从无序。

3. 创造快乐——同乐

一要献给自己掌声。如果说为他人鼓掌是对他人的一种尊敬,一种激励,一种赏识的话,那么为自己鼓掌则是对自己的一种肯定,一种信心,一种鞭策,千万别忘了在自己付出辛勤的汗水之后,幸福地告诉自己,"你已经做得非常不错了",这绝不是自恋、自傲,因为在奋斗的旅途上,没有一个人能比自己更了解自己,只有我们自己时时刻刻在见证自己的一点一滴的努力、进步与挫败。

再如:把教师、学生、家长当作最近区域的领导,时时处处营造每一项活动,都要努力做到精彩。我校任何一项活动都做到方案计划在前,人人参与其中,收到同乐共赢的目的,这就是我个人理解的接地气。

二要优化和谐氛围。榜样没有范示,和谐是大家创造的,一方面把教师当作学校的主人,依靠相信他们;一方面设计活动载体。如:举办十佳教师评比活动、十佳团队的评选,要努力不让一个教师掉队,不让一个学生掉队,寻找他们身边的闪光点,使无情制度有情管理,让每个人感到被重视。

三要激活教师潜力。多年工作中,我深刻地感受到,领导者只有在给予教师、学校科学理念的引领、正确方法的引导、人格的感染,学校一定会形成好的校风、教风,学校的理念、校训、思路一定会内化于教师的心中,教师的认同感、成就感、快乐感就油然生成。寻找快乐,传递快乐,创造快乐,使做事情转为做事业的伟大与崇高。正如高尔基的一句话所言:"工作如果是快乐的,那么人生就是乐园。工作如果是强制的,那么人生就是地狱。"我们要努力去寻找生活中的美好,感受美好的生活带给我们的快乐,享受生活的幸福。

二、课程是学生走向快乐幸福的阶梯

我校建校 111 年来,积淀厚重历史的同时,教学质量始终是稳字当头,稳中求进。艺体多样特色活动持续开展数十年,其中的法宝是活动与课程有机融合。如冰球活动坚持整整 60 年,在全员冰上课基础上,冰球队征战省内外,有近 200 人成为国家级运动员,其中国少队 95 人,国家队 87 人。有 47 人进入天津体育大学、北京体育大学、大连理工大学等高校学习。毕业队员中现从事冰球教练工作有 27 人。2016 年国家主席习近平带领一支 U16 岁男子冰球队出访捷克,其中有我校的 4 名毕业队员。2018 年 6 月 8 日中俄冰球友谊赛中,我校的队员荣幸地与习近平主席和普京总统合影,学校被评为全国群众体育工作先进单位,全国体育传统项目示范校。航模科技活动始创于 20 世纪 70 年代,从全国的四小发明先进单位,到成为全国科技航模基点校,无数孩子乐此不疲,燃起志趣的火种。2010 年至今先后参加了 5 届全国、5 届全省航空航天模型大赛,七十余人次获得个人比赛一二三等奖。创建已有近 30 年的少年军校在活动中编写出国防知识教育校本教材。将国防知识、传统教育、三防演练、战地救护编入教材之中,严格按照教学大纲进行授课。以对少年儿童进行国防意识教育,学习党和人民军队的光荣传统,锻炼和提高广大少年儿童的政治思想、身体和文化素质为目的。学校多次被评为省双拥工作先进单位等等。

在学校的发展历程中,我受到锻炼的同时也不断成长,思想深处越来越清晰地认识和理解到"三观"的概念是:教育观——教育即成长,教育即解放;教育就是对人的成全,培养完整的人;深刻的教育来自学生深刻的体验。质量观——质量体现在全体学生的素质提高上,每一位学生不求一样的发展,但都要发展;每一位学生不是同步提高,但都要提高;每一位学生不必相同的规格,但都要合格。课程观——生活社会、天地万物,都是丰富的课程资源。最好的教育是孩子们自己的教育,最好的教育效果是在情境感受中产生,只有被灵魂接受的东西才能成为教育的瑰宝。

《基础教育课程改革纲要》倡导学生主动参与,乐于探究,勤于动手,培养学生搜集和处理信息的能力,获取新知识的能力,分析和解决问题的能力,以及交流与合作的能力,提出教师在教学过程中应注意培养学生的独立性和自主性,引导学生质疑、调查、探究。

为此在基础课程的施教中,我倡导教与学的主导思想是:

"四转变":一是必须从传统的"重教"走向"重学",激发学生的生命潜能;

二是从"传授"到"体验",使学生感悟生命的价值;三是从"书本"走向"生活",提升学生的生命境界;四是从"约束"到"自主",让学生的生命自主发展。

"四为主":以教师为主导,以学生为主体,以训练为主线,以培养能力、发展智力、全面育人为宗旨。

"三挖掘":挖掘教材的趣味点,挖掘教材的生活点,挖掘教材的发展点。

"六体现":一是参与度,要有学生的全面参与、全程参与和有效参与。二是亲和度,师生之间要有愉快的情感沟通与智慧交流。三是自由度,课堂上要多一些轻松,多一些幽默,多一些欢声笑语,多一些神采飞扬。四是整合度,要整体地把握学科知识体系,不要让学生得到被肢解的知识。五是练习度,学生在课堂上动脑动手动口的程度要高,要让学生充分地调动自己的能动器官,真正地练习和实践。六是延展性,要在知识整合的基础上向广度和深度延展,从课堂教学向社会生活延伸。

"五做到":一做到进教室有目标,关注课堂上自然生成的教学资源;二做到讲起课来有步骤,按照集体备课、个人备课时研究的教学重点、教学步骤进行教学,杜绝随意课;三做到导学生有层次,使不同层次的学生都有所发展;四做到作业有设计、有层次、有梯度;五做到上完课有实效,及时积累典型案例与评析,写好课后反思。

"四步六环节模式":为使每名学生的学习兴趣和主动意识得以长久地保持,做到乐学、主动地学、学有所得。我校明确提出自主探究式学习的课堂结构是激趣—探究—梳理—生成。即在教师的引导下,学生自己发现问题、提出问题,自己独立寻找论据解决问题,同学合作讨论解决问题,最后形成结论。在这样的课堂结构中,教师该做的工作是:激发学生的自主学习的学习兴趣,组织学生合作学习,创设问题情境,让学生懂得合作是一种重要的学习方式,学会勇敢地表达自己的观点,学会听、辨、吸取和修正。创造和谐融洽的人际关系。全体教师在此基础上,不断地总结、创新,最终研究出以辅学案、以辅作业为载体的"四步六环节"(四步:辅、研、练、测;六环节:明确目标、独立思考、合作交流、成果展示、训练提升、归纳总结)的教学模式。不同年级采用不同方式。低年级采用先教后学、中年级是边教边学、高年级少教多学。根据不同学科、不同课型采用不同的教学模式。

"1+6类课程体系":生活社会,天地万物都是丰富的课程资源,最好的教育是孩子自己的教育,最好的教育效果是在情境感受中产生的,为使国家、地方和校本三级课程得到有效落实,我校依据师情、生情和校情、社情,在深研国家级课程的基础上确立了"六类"校本课程:

其中人文教育——培养健全人格(语文主题、口才礼仪、德育校本、传统文化);国防教育——增强国防意识(战地救护、三防、军体拳、国防知识);科普教育——培养探索精神(航模、车模、船模、机器人、多米诺骨牌);健体教育——引导健康生活(冰球、腰鼓、太极扇、乒乓球);艺术教育——培养审美情趣(舞蹈、器乐、合唱、绘画、DIY、创编、形体);社会实践——培养责任意识开阔视野(参观部队、蒙牛公司、图书馆、和平广场、实践种植)。学校将基础国家课程与校本课程有机整合,深度研发,适宜拓展,实现了课上课下、课内课外的共同施教。

从某种意思上说有什么样的课堂,就有什么样的教育。几乎所有关于教育的弊端和困惑,最终都能从课堂上找到症结,几乎所有关于教育的改革和探索,归根结底也要回归到课堂中来。课堂是学生获取知识,增长技能,快乐幸福,走向成功的阶梯。

三、教师的育人能力决定学生快乐幸福指数

教师是教育的第一资源,没有高水平的教师队伍,就没有高质量的教育,为提高教师的整体素质,我的理念是坚持做到三化、一个中心、三个坚信。

一个中心:不让一个教师停步,让每个学生都找到自信,全面提高教学质量。三化:教学研究经常化、教学管理精细化、全面育人个性化。三个坚信:坚信所有的教师都是有潜能的优秀教师,坚信所有的学生都是有潜力的优秀学生,坚信所有的班级都是潜在的优秀集体。

1.夯实校本培训,促进教师健康成长

在不断推进课程改革的进程中,学校不仅是促进学生快乐幸福成长的场所,也是不断促进教师专业提高的场所,所以教学工作要强化落实校本培训工作。

首先,实施"教师发展工程",培养学习型人才。

我校为青年教师的培养制定目标,实施教师发展计划,通过岗位培训——重点精雕——全面提高三大步骤来抓青年教师的思想工作,抓青年教师的业务建设。组织青年教师上好五类型的课——骨干教师示范课、同年组异设课、青年教师展示课、小课题研讨课、特色展示课。通过公开课岗位练兵和青年教师技能展示,进行教学诊断,互听互学,切磋沟通交流,取长补短,激励青年教师迅速成长。

其次,落实反思性学习,让个人反思促进教师专业的提高。

教师在培训学习及教学活动中,自我反思是十分重要的。教师要写好反思周记和个案的学习,强化反思性学习。反思周记:在一周的学习或教学工作结

束后,要求教师写下自己的体会。教师可记录自己的学习教学中的成功或失败,或讲述自己的教学故事,找到自己的问题,发现自己具有特色的闪光点,体验点滴收获。学校提供教师学习交流的机会,教师们共同提高。个案的学习:教学的个案是一个特定的故事,是发生在教学过程中的含有丰富的信息和意义的一个事件,为教师们提供个案学习交流,通过在头脑中进行感知、反思、评价,通过问题的发现而展开相关内容的学习,帮助教师更新教育观念,促进教师理论水平和专业能力的提高。

2. 加强教师岗位培训,在练兵里实现自我

教育是一个使教育者和受教育者快乐幸福的更完善的职业,只有当教育者自己完善自己时,才能更有利于学生的完善和发展,为此,加强教师岗位大练兵显得尤为重要。多年来,我校坚持“以人为本,构建生命课”为基本出发点,立足教师岗位和适应未来发展需求确定练兵内容。真正从制约新课改实施、制约有效教学和制约教师成长的问题入手,突出问题的研究与解决,提高教师教学的有效性,使练兵的成效体现在课堂教学中,落实到每位学生的身上。

首先横向互动。我校构建了“以校长室为主体,教导处为纽带”的“传帮带”模式,组织青年教师结对活动,建立“传帮带”活动档案,举行结对教师论坛经验交流;教导处帮助结对教师制定结对条约,创设结对环境,组织老教师、骨干教师在业务上悉心指导青年教师,使其掌握新课标理念下的教育教学方法,提高教育教学能力。

具体采取“领衔、帮带”的互助方法,促进新老教师、骨干教师和青年教师相互帮助、相互促进、共同发展,让骨干教师找到发挥作用的辐射点,青年教师找到提高业务能力的生长点,普通教师找到教学工作中的发展点。

其次纵向驱动。为了能多元化地培训教师,我校采用分层培养和全员培训相结合的方法,立足本校、本岗,深入开展针对性强、经常持久、切合实际的岗位培训。

一方面从三笔字、简笔画、普通话、制作使用课件、理论应用、案例分析等方面对教师进行通识基本功训练。另一方面每周的教学札记更是为塑造教师独特品格提供了极好的展示空间,每周五教师要参加集体备课、每周三业务学习,都以“优化有效教学 创建高效课堂”为中心,实行配餐式岗位培训,通过开展周末十分钟聚焦口语训练(激情演讲、热情答疑、抒情诵读、闲情杂谈)促进广大教师在交流、学习中分享集体的智慧,感受“同成长 同快乐”的教研氛围,从而拓宽教师发展渠道,提升教师素质。

再次整体联动。学校在教师中积极倡导将朴素的“读书是一种需要”上升

为"读书是一种责任",促进教师提高业务素质。每学期开展"六个一"活动。即精读一册。认真阅读教育理论专著,校级以上骨干教师每学期不少于一本,其他教师每学年不少于一本,做好摘记,写好读后感。精选一刊。要求每位教师订阅教育教学期刊一种以上,要突出自身的专业。精摘一卡。摘录要做到:摘记规范,重点突出,摘录观点、重点、要点、热点,学以致用,学用结合。精备一讲。认真参与"教科沙龙"等业务学习交流活动,根据安排,精心备好一次专题谈话,做到专题鲜明,资料翔实,既有理论高度,又有实践例证。精写一篇。及时撰写教学心得,一学期结合研究专题和自己的教学实践,精心撰写的教育教学论文不少于一篇。精荐一文。每月从网上搜集一篇优秀的文章推荐到学校,可以是前沿理论,可以是与课题相关的,也可以是对教学工作有启发指导意义的文章,让教师利用网络资源有效地为教育教学服务。

3. 探究多元备课方式,促进智慧共融

记得英国著名的课程理论家劳伦斯·斯滕豪斯说:"课程发展即教师发展。"如何改革课堂教学,如何提高教学质量,使教师突破专业瓶颈,集体备课显得尤为重要。

首先我校打破了过去单兵作战的备课方式,变成了"年组协作交互式"的备课形式,在集体备课中,通过上下衔接年段教师的共同备课,将全册教材的共性问题和个人的经验相互交流,形成学科知识网络系统图,充分利用教师的差异资源,让理念、经验、智慧共享。在集体教研中,教师们结合问题进行研讨备课,边实践边积累边总结,使得教学思想与行为统一一致。

其次充分利用学校资源库,进行一课三备两反思。为教师搭建三个平台:一是"自悟平台"即一度备课,二是"交流平台"即二度备课,三是"生成平台"即三度备课。

再次在集体备课中还增加了"个人特色空间展示"环节。这一环节主要是针对书中有限的训练习题进行"量体裁衣"。每位教师可以结合自身对教材的理解对习题进行合理的增删、整合、创编,丰实学生的梯度作业的内涵,每位教师在不断的反思中不仅深化了个人的思考张力,同时学生的学习主动性也得到了显性的提高。

当我们将教师的备课重心由备教材研教法转移到备学情研学法上时,发现课堂上教师留给学生自主学习的时间和空间明显加大,课堂师生交流自然融洽,教师教的轻松,学生学的主动。

教育的真谛是发现人的价值,发挥人的潜力,发展人的个性,实行多元感化,活跃师生的思维,为学校带来生机和活力。学生将在一次一次的进步中收获自信与快乐,教师也将在一次一次的提升中收获幸福。多年来我在校长岗位上快乐工作感受幸福的同时,也深切地体会到:只有快乐工作,才能实现个人价值与事业发展的紧密结合;只有快乐工作,才能在教育事业健康发展中找到自己人生的支点、生命的价值和奋斗目标;只有快乐地工作,才能解开我们工作中遇到的困难及一个一个问题,找到问题的答案,让快乐幸福伴随我们左右;只有在工作中做一名师生快乐幸福成长的引领者,提高自身的人格魅力,实施人性化管理,激发教师的潜动力,才能建构一支高素质、团结合作的团体,成为最受欢迎的领导者;只有在工作中做一名师生快乐幸福成长的引领者,才不枉为人师,教好书育好人,培养一批批优秀合格的人才。